向癒

從難治病與慢性病徹底解脫，
以身心靈中醫為鑰，邁向終極健康

推薦序 1

二〇一六年，是心覺醒重要關鍵的一年，我們經過重重的波折阻礙，邀請到國際大師威爾塔托博士來台，並隆重盛大的舉辦了第一屆世界和平飲食系列活動，也因為這個機緣，讓我在茫茫人海中，於香港認識了這位年輕奇才——李宇銘中醫博士，並一起將人類高意識層次的飲食養生概念及方法，引進台灣。

和李博士互動過程中，我常被他單純真摯的赤子之心，寬廣無私的大愛，以及對此生使命的堅定信念所感動。他行走人世間的基本配備是底蘊深厚的中醫功力，然而更珍貴的是他背後那難以形容、無法言喻的「狀態」，簡言之，以「名醫」或「神醫」來標籤他，實在是過於侷限狹隘了。

由於他的大心願與心覺醒的主旨方向如此的契合，因此我們多次邀請他來台做公益演講及個人諮詢。去年，他的魅力橫掃全台灣北中南及澎湖，無數人親身見證他「望而知之」的神準。他的翩翩風采和平易近人，總在群眾中看見類似粉絲景仰偶像的眼神，也常常在諮詢後，看見個案的朋友流著眼淚，帶著被愛和理解的感動，若有所思地走出諮詢室。

我常想，一位能解決他人身體病痛折磨的醫者是多麼令人敬重啊，而如果還能夠期許自己不用醫不用藥，僅是透過望診，直指核心，協助他人從心的根本改變，脫離依賴醫藥的生活，走向身心靈更大的自由，那真是應該讓更多人有機會親自受惠。

這就是這本書出版的起心動念，非常感謝李博士在教學和看診的忙碌日子裡，提筆將他與個案交流的深刻體會，以及畢生研究的心血著作成冊。

心覺醒致力於全人類的意識提昇，而李博士和這本書的創造過程，正是將過去看待醫藥病痛的角度，以自然全觀的視野拉升至核心根本，這也正是我們在推動的「從心開始」、「從因入手」之意識改造工程。

在這本書的誕生前夕，行筆至此，心中充滿無限的感謝與感動，感謝聖塔達瑪老師創辦了心覺醒，感謝與李宇銘博士相識的因緣，感謝時報出版的慧眼獨具。對於這本書和它即將引發的效應與迴響，從心送出我最大的祝福！

心覺醒文教基金會
執行長　董家霖

推薦序 2

要健康，一定要看過這本書，讓您用淺顯易懂又有趣的方式，了解健康關鍵！

過去在醫學中心，我的工作有一個重要的主軸是「壓力醫學」。涵蓋「壓力免疫病房、綜合病房照會（整合）醫學、難治型疾病（英文是refractory diseases，主要是許多吃藥無效的糖尿病、高血壓、自體免疫疾病、疼痛症、睡眠障礙與其他心身症）與癌症的身心輔助療法、臨終與安寧醫療」等。團隊每一年參加許多國際研討會、蒐羅最先進的研究，試圖找尋疾病背後的病因與最終的解決之道。因為許多患者即使是規律服藥，仍常常會因為環境、壓力、情緒、飲食等等諸多因素，導致病情不穩，甚至治療無效。幸好近十年許多最新的科學研究發現，人與環境的互動，會透過「下視丘-腦下垂體-腎上腺，抗壓荷爾蒙垂直軸（HPA axis）」與自律神經系統交叉作用，調整人體新陳代謝、營養吸收、發炎與抗發炎、細胞分子訊息傳遞、甚至是基因訊號是否活化或關閉等。而調整的機轉，在中醫稱為陰陽生剋，在西醫其實就是「促進因子」與「惡化因子」（例如，與基因有關的癌症，其實會透過「誘癌環境」啟動「誘癌基因」與「誘癌生化因子」，也可透過「抑癌環境」啟動「抑癌基因」與「抑癌生化因子」！

我認識的李宇銘醫師，除了是二〇〇九年北京中醫藥大學博士班港台澳生第一名入學、中國中醫科學院的中醫基礎理論研究所（用西醫方法研究中醫理論）博士後研究、更是仲景醫學（醫聖張仲景）很優秀的實踐家。他的「望診」更是堪稱一絕！從二〇一六年在心覺醒文教基金會舉辦的「世界和平飲食」認識他之後，偶爾會遇到體驗過他「望診」功力的朋友，常常會看到他們眼中綻放出喜悅與清澈的光芒。從他們的分享，可以理解李醫師提供的醫療，不僅只是「醫病」而是「醫病又醫心」。他常常用淺顯易懂的故事做譬喻並用幽默謙沖的態度來說明，他對一個人為何生病的理解與如何康復的建議。這個部分讀者們可以在本書18個案例中的「李大夫心語」中嚐到那個滋味：那是一種很窩心的被理解，同時又很清晰的被提醒！（如果要講學理的話，這個過程就會透過上述的抗壓荷爾蒙垂直軸 HPA axis 啟動身體的自癒系統，就是西醫講的生物恆定性系統 Homeostatic system，讓人體重回健康）。

他一直想成立一個整全的身心靈中醫診所，讓人可以在生活上幫助自己過得健康。教會人怎麼生活，怎麼具體實踐。甚至為了這個夢想，他放棄人人稱羨的大學講師的生涯，開始親自投入身心靈自我淬鍊的過程。如果您二〇一六年前見過他，一定可以從他眉宇之間的氣息、眼神當中的光芒、談吐中間的溫度，驚豔於他生命再上一層的蛻變！

本書的案例許多在醫療上是很難處理的疾病，包括多重癌症、異位性皮膚炎、濕疹、乾癬、二尖瓣脫垂、腸躁症、梅尼爾氏症、僵直性脊椎炎、情緒障礙等等。因為被李醫師的愛感動，他們願意現身說法，仔細分享生病的歷程，以及自己如何透過「身心靈成長」的方法重拾健康的過程，是非常不可多得的好書。而讀者們一方面可以從李醫師幽默淺白的文字中了解「治病、治人、治心、治神」等從下醫（治已病）至上醫（治未病）的方法；進一步還可以用淺顯易懂的方式，深深理解「情志醫學」的關鍵，以及終極情志療法的「以愛治心」的路徑，更可以透過「李大夫心語」，像在看偵探小說一樣，清晰的理解每個人的內心世界是如何影響健康；最後又濃縮李醫師豐沛的醫療專業凝聚出的「李大夫私房養生方法」，最終像書上的18位朋友一樣，成為自己健康的主人，享受健康、幸福、快樂的人生！

光流聯合診所院長

中華民國能量醫學學會常務理事

楊紹民

自序

醫道，療癒世界的鑰匙

中醫學蘊藏著中華文化的智慧，也是根植在我們心中的健康信念，例如很多人在飲食的時候會考慮是否溫熱或寒涼，在西方人眼中就沒有這種觀念。中醫帶給人的影響相當大，有人說，在四大古文明之中，唯獨中華文化得以延綿不斷至今，當中中醫居功至偉，守護著人民的健康，讓我們的文化得以承傳下來。我想這種觀點不無道理。

如果問我，中醫的最大價值在哪裡？很多人覺得中醫能夠治病，那只是中醫的一小部分而已，中醫的知識非常龐大，更重視養生「治未病」預防疾病發生的思想，從這個角度來看，中醫就不只是一種醫病的學問，而是生活的智慧，甚至是通曉天地之道的大智慧。在中醫第一經典，兩千多年前寫成的《黃帝內經》之中，這樣形容醫學之道：

「道上知天文，下知地理，中知人事，可以長久，以教眾庶，亦不疑殆，醫道論篇，可傳後世，可以為寶。」

——**《素問・著至教論篇》**

在《黃帝內經》時代所說的「醫道」，是包含了天文、地理，即是天地之道，更包含了「人事」，亦即是人生活上的各種事情：飲食、文化、溝通、學習、家庭、社會、國家……中醫可以說就是一部百科全書！透過學習醫道學問，目標就是通達天地人三才，這樣的人生自然能夠事業成功、家庭幸福、長壽健康！所以這段文字說，這些知識是要教導平民大眾，而不是只是交給醫師，可以讓人民長久安康。

因此有學者認為，古代諸子百家之中，儒家、道家、墨家、法家、名家、陰陽家等，「醫家」應該是並列的獨立一家，《黃帝內經》則是醫家的經典，就像儒家有《四書》，道家有《道德經》一樣。

於我而言，在我學習研究中醫多年的體會，我認為中醫更是「身心靈合一」的醫學，這種醫學觀在當今的醫學思想之中，依然是超前的、前衛的！一般認為中國古代沒有「宗教」，可是古代卻十分重視心靈，中醫正是以非宗教的角度，認識人的身心靈、認識人與天地萬物關係的一門科學。

這門學問的代表作是《黃帝內經》，凡是被稱為「經典」者，經者，常也、大道也，是永恆不變的規律，經典所記載的內容，往往是透過聖人、得道者、開悟者，他們把自己所看到的世界，告訴我們。這就好像一個人去了特別的國家旅行，他回來之後寫了一本書，告訴我們這個國家的見聞，如果我們沒有去過那個地方，我們或許會覺得很陌生，如果我們聽了介紹，然後真的親身去當地經歷探訪，才能有所體驗。我們凡夫俗子，未必能夠完全體驗聖人的境界，可是我們可以透過這一扇窗，看到另一層次更美的世界。中醫學就是這窗口，讓我們窺探宇宙人生奧秘，獲致健康完滿的人生。

本書是我對中醫身心靈醫學的一些思考總結，過去我們都習慣鑽研中醫的治病部分，可是當我認真研讀《黃帝內經》的時候，每每感到當中充滿心靈智慧，值得一再細細品味。因此本書中將大量引用到《黃帝內經》的觀點，賦予現代的闡述，我們都可以感受得到古人的智慧是如此奧妙，竟然到今天依然是那麼貼切。再加上18個身心靈療癒的案例分享，活生生的擺在眼前，足以讓我們感受到身心靈的神奇力量。這裡特別感謝心覺醒文教基金會的大力支持，協助個案的訪問工作，讓這些美好的故事得以呈現，而本書的版稅收益，將會全部捐出給心覺醒文教基金會，以助意識提升的理念推廣工作。

中醫是「氣」的醫學，傳統觀念認為萬物一氣，天地一氣，萬物相連。如果人生病了，我們的氣也會影響別人、影響環境、影響世界，反之亦然。因此，從身心靈的角度看，有一句名言說：「療癒自己就是療癒世界」，面對社會的問題、環境的問題、地球的問題，怎樣才能夠更好解決？首先要學習改變自己，從身心靈入手。本書希望提供一把鑰匙，將傳統中醫的智慧，貢獻給今天的世界。

作者

二〇一八年一月

前言

我的身心靈醫學之路

我是一名中醫師，在香港出生、在本地念中醫，從大學本科學中醫開始，我一直關注人的身心靈健康。或是因為剛入學沒多久，就了解中醫是一個著重整體的醫學，將人的身體五臟六腑看作是一個整體，也將人與自然、社會也看做是一個整體，當中心靈、情緒、思想，也肯定包括在裡面了。

在我學習中醫的過程之中，大學的課程其實很少講到人的心靈部分，大部分都是講「身」的，就是如何治身體的病。心靈的部分，在講經典古籍的時候，偶爾會提到一些，都是零碎的、片段的。我對於身心靈的知識，大部分是自己的愛好和關注，喜歡找心理學、身心靈、新時代的書籍來看，而我自己在臨床實踐的過程，也特別關注病人的心靈，在看病的時候總會跟病患聊情緒和人生。後來用這個角度重新研讀中醫經典，才發覺，其實在古代的時候中醫已經有系統的理論，只是因為太精煉了、太簡單了！人們反而不覺得珍貴。

治病

我自己雖然關注病人的心靈，可是身為一個醫師，病患總希望你能夠解決他的痛苦，於是，我也努力鑽研醫術，希望臨床看病能夠有快速的療效。中醫有所謂「四大經典」，除了《黃帝內經》最為人熟悉之外，當中還有兩部經典，分別叫做《傷寒論》和《金匱要略》，是漢代醫聖張仲景所著的，當中所記載的藥方，有「一劑知、兩劑已」的美譽，就是吃一劑藥就有效果，兩劑藥就能好過來了！那樣中醫的神效，是我一直所追尋的。

我在張仲景醫學的領域上，研究了許多年，從碩士到博士、博士後，一直從事仲景醫學的理論與臨床研究，鑽研如何恢復古方的效果，經過了多年的努力，也算是呈現了古人的水平，我也將這些神效的病案收集起來，出版了《原劑量經方治驗錄》一書（中國中醫藥出版社，2014年）。

使用古方治病，已經成為了我的習慣。縱使這種治療方式效果甚佳，可是臨床多年之後還是遇到瓶頸，有時候會遇到一些患者，就算很肯定這藥方是開對了，為什麼還是沒有效果？有些病人吃了之後一點反應也沒有？這真是讓我相當頭疼。面對這種現象，如果是過去的我，一定會怪責自己：「是否我學藝未精？」後來因為理論比較扎實了，思前想後，明白到這不是診斷和選藥的問題，這種情況在經典之中也有記載，稱之為「神不使」，也就是與患者的「心神」不聽話有關（見本書73頁《「神病了」會怎樣》一章）。

治人

我開始明白，**有一些人的病，是不能透過藥物或者各種療法治癒的。**

這就回到我當初學醫時的理念了，人的病，跟身心靈也有關係，跟我們的生活作息也有關。

比如一個人患了胃病，是因為每頓飯都吃太飽導致的，如果醫師努力給他治胃，可是他卻不改變自己的飲食習慣，這樣下來，就算用藥怎麼正確，他的胃病也難以治好；又或者一個患失眠的人，是因為工作壓力太大所導致的，如果他不改變工作，或者處理自己的壓力，那麼他就只好一直失眠。既然各種病都跟人的心靈有關，那麼**如果一個人沒有改變心靈的問題，他的病也是難以根治。**

這讓我猛然覺醒，多年來我一直研究醫術，鑽研怎樣用藥給人治病，其實是被困在「象牙塔」中了！每個人應該要為自己的健康負責，如果醫師成為了一個開藥治病的機器，病來了就給他解決表面的痛苦，卻沒有找到背後的根源，那樣並非醫學的原意。

我也進一步反省，如果醫者只是給病人開藥，而沒有告訴病人生病的原因、怎樣改變自己，那麼他的病可能表面好了，可是也總得復發，於是又來找我看病，成為了我長期的病人。這樣，醫師表面好像成功了，實際上卻是建立在病人的失敗之上，**甚至可以說，醫師的治療，**

阻礙了病人的真正療癒！因為病人以為吃藥才能治好病，沒有反思自己的問題，不承擔自己健康的責任，那樣只會一直反覆生病。

作為一個醫師，我們都很想治病救人，解決病人的痛苦，不斷提升自己的醫術，可是我也曾陷入一種「執著」之中——「就算病人不改變，我也要給他開兩劑藥就治好他的病！」這樣的想法，根本是不對的啊！生病是自己的責任，如果將責任交給醫師，沒有改變自己，根本就不會徹底痊癒。這樣的想法，也讓很多患者看病有「購物」的心態，如果看這個醫師看不好，就看另一個吧，而不考慮去改變自己，只是向外尋找治病方法。

我想許多醫師同道也會有這種執著，這是出自好心，希望可以幫助人解除痛苦，可是卻忘記了我們學醫的初衷，我們學醫的人，都希望「治病必求於本」，整全的幫助人解決自己的問題。要療癒，必須將病放回人身上，看到這個人的整體，**這個病跟他整個人生有什麼關係。**

治心

其實現在不少醫師都十分關注生活健康，書店琳瑯滿目的中醫養生書籍，有教導人怎樣生活作息、運動、氣功、穿衣、睡覺、清潔、飲食、音樂、香薰、茶道……甚至應該說，現在的養生方法太多了！就算我們是中醫師，也覺得無所適從，更何況是一般人呢？如果一個人真的很講究養生，鑽研各種養生方法，到最後會覺得，不知道該聽誰講才好了，如果所有養生方法都一起做，人真的會「活不下去」，又怎會有時間過真正的生活？

難道沒有簡單一點的養生方法嗎？這麼多的養生方法之中，何者最為關鍵？我想起老師教導的一句話：「**藥補不如食補，食補不如神補**」，意思就是，用藥補身，不如用食物補身更好；可是如果說用食物補身，更不如選擇精神層面的方法去補養吧！

自古以來，醫分三等，上中下醫，所謂「下醫治病，中醫治人，上醫治心」，真正高水平的中醫，不單是懂得治病、治人，更重要的是「治心」。人之所以為人，就是因為人有理性、有感情，這是人與動物的差別，當醫者要真的治癒一個「人」，他就必須要看到人的心了，看到他的七情六慾、思想性格與他健康疾病的關係。這也是為什麼還有一句話說：「上醫治國」，當上醫能夠治心，了解人性的時候，他就能夠懂得治理人民，這正是治國的相同基礎，能夠治理人這個「小宇宙」，也就懂得治理身外這個「大宇宙」。

真的要發生療癒，治病治人只是基本層次，我們必須要將病患放回整個人去看待，探索這個人的心靈。這方面我也花了許多努力去探索，多年來的臨床訓練，也盡力去觀察每一位患者的臉容，讀出他的心思性格，也跟患者聊聊人生，透過不斷的觀察，開始有不少心得，覺得從知識上、醫理上更深認識人了。可是，為什麼改變患者的問題還是這麼難？怎樣能夠掌握得到「治心」的醫術？我明白到，或許首先最需要解決的是「自己的心」——先治好自己的心。這就讓我走進身心靈醫學的世界。

治神

原來在「治心」之上，還有一層次的醫學，叫做「治神」，這是在《黃帝內經》之中十分重視的養生層次，「神」就是「心神」，中醫認為「心藏神」，也可以理解為人的「靈魂」，也就是「身心靈」醫學之中「靈」的部分。

要解決人心的問題，更重要是看到他的「神」的問題。人之所以為「人」，並非只是因為他的肉體、他的外貌，而是他有靈魂（神），這個靈魂是帶著目的、帶著使命來到的，這在過去通常稱之為「命運」、「上天安排」。如果一個人的心不快樂、有情緒，最根本的原因，就是他沒有活出自己的心神，活出自己真正的人生。

大概兩三年前，在我完成博士後研究的時候，我實在感到身心俱疲，十多年來的研究和學習生活，從來沒有「放假」的一天，即使是週末或者下班的時候。夜闌人靜或者放鬆的時候，頭腦反而比較能夠清晰思考，於是總沒有讓自己停下來一刻。這是我想要的人生嗎？我不覺得自己擁有快樂。於是我決定，要徹底放下研究工作一段時間，好好去尋找自己的心靈，找回自己的人生。

當我一開始決定要這樣改變的時候，我的人生就不一樣了，我走上身心靈的高速公路。在這兩年多的日子，我學習了不少身心靈課程，發現自己原來有非常多的問題！原來這個

「我」有許多的恐懼、壓抑、緊張、憤怒、害羞、自卑、憂慮、悲傷、擔心、痛苦……。各種情緒一直隱藏著，自己沒有看到自己。尤其是自卑的感覺，原來是小時候已經存在，卻一直沒有發現，自卑感並沒有因為我得到什麼成就而消除，就算我得了博士頭銜、在大學做老師，反而讓我壓力更大，更加害怕別人的眼光。

過去我也學習過許多身心靈的知識，但卻只是在頭腦上學習，而後來真的去練習「實修」，多了感受和體驗之後，終於明白是什麼一回事了。例如過去我經常囑咐患者多靜坐，自己卻不太願意去做，後來體驗到當中樂趣之後，才真是愛上靜坐了。透過改變自己，也讓我的人生、家庭、關係，逐步的有改變，讓人看到不一樣的自己。多年來我不懂笑，笑也只是肌肉僵硬的強顏歡笑，後來終於可以輕鬆地笑起來了。

後來緣分驅使，我經常到台灣學習身心靈課程，終於找到了自己的「靈魂使命」（見本書93頁《如何找到自己的靈魂使命？》一章），於是我毅然把大學的工作辭掉，希望可以專心去推動身心靈醫學。這一個決定讓我十分快樂，原來能夠「做自己」，是那麼的重要！這除了讓我的健康逐漸的好起來，更重要是能夠活出從心而發的喜悅，每天能夠做自己喜歡的事情，是多麼的快樂啊！

接受「使命」，是一件不容易的事！以上這樣說幾句話好像很簡單，但要放下安穩舒適的工作生活，跳進去那未知裡面，當中有許多的恐懼。要發現這個使命也是不容易的，首先要願意走進自己的心、面對自己過去的人生，也要仔細觀察身邊許多的聲音，最重要是確認信息之後，勇敢的活出來，知而後行、知行合一，這樣的人生自然是快樂的。

這也成為了我門診上最常問患者的問題之一：「你現在的工作，是否是你最理想的工作？」「你知道做什麼事讓你最快樂？」「做什麼事情才能讓你死而無憾？」我明白到，作為醫者，其實也是一個啟導者，幫助人認識自己，活出自己的人生。當人能夠活出自己，真正懂得「做人」，他的病才能**根本療癒**，不再復發，是最深層的醫學目標。

整全合一療癒

治病、治人、治心、治神，這四個層次的進程，是醫者的提升層次，也是每一個人提升自己的過程。每個人的人生總會經歷疾病，從疾病過程中認識自己，發現自己的問題，只要我們能夠接受疾病的信息，那麼我們就能夠有一次提升成長。

療癒是有不同層次的，例如一個人病重垂危的時候，你問他：「你的夢想是什麼？」這都太晚了於事無補，首先透過醫學幫助救治過來比較重要。所以，雖然我們十分重視心靈，可是每一個人的需要不一樣，我們作為醫者還是會努力幫助患者解除病苦，這就是「整全醫學」、「整合醫學」的觀念，視乎每一個人的需要和階段，給予多角度、多層次的幫助。醫學往往是在治病、治人的層面去給予幫助，而在治心、治神的層面，就需要透過我們自身的努力去幫助自己。

這本書，紀錄了我對中醫身心靈醫學的認識，包括了多年來的一些臨床體會，與大家分享。其中也記錄了18個神奇療癒的案例，案例之中的主角，也是我在台灣學習身心靈課程之中所認識的朋友，每每聽到他們的故事，都讓我感到讚歎！這些在醫學上難治的病，透過他們自身的努力而得到痊癒，讓人不禁驚呼奇妙！這些故事，相信一定能夠感動你我的心，這些故事告訴我們，所謂疑難病的療癒奇蹟，其實並非什麼特別的事情，只要我們願意去改變自己，我們也一定可以獲得健康。

感謝這些學員朋友，願意無私公開自己的生命故事，這些經歷一定可以讓你產生共鳴；也感謝我的病人，是大家來幫助我，讓我學習了怎樣做人、怎樣做一個醫師。透過分享這些故事，能夠讓更多患者朋友得到身心靈的療癒，感恩我能夠成為這個橋樑，帶給世界這些美好的信息！

目錄

第九章　療癒身心的瑜伽九式

第十章 李大夫私房養生方法

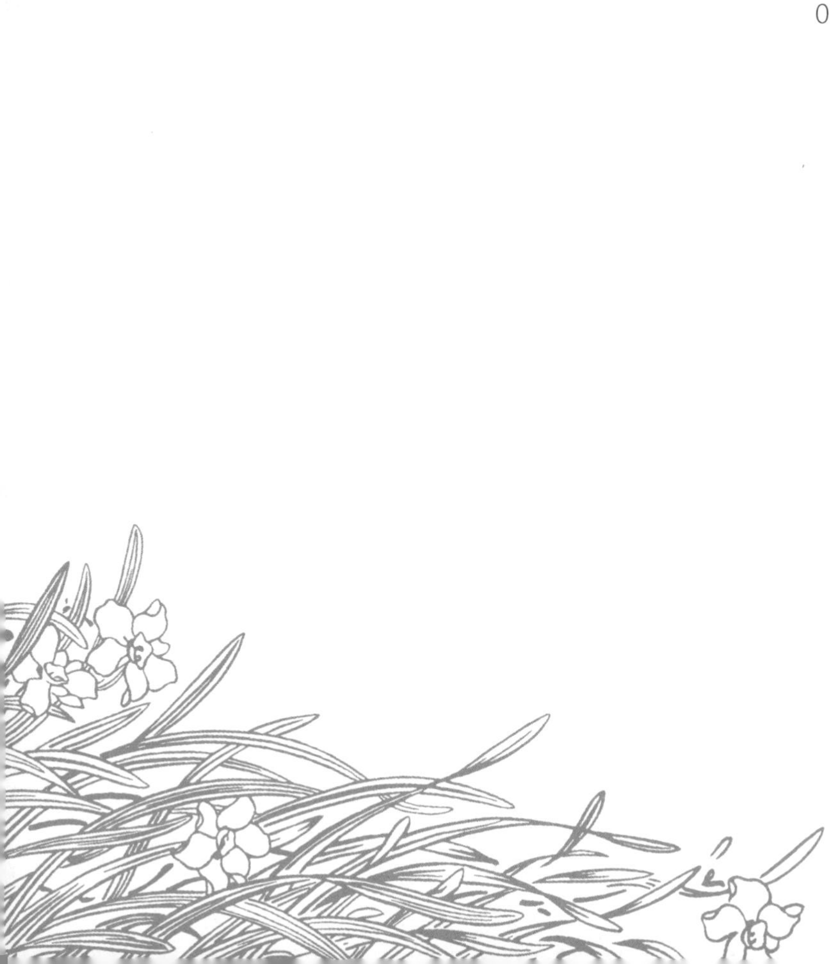

第一章

中醫身心靈醫學觀

「身心靈」是近年流行的說法，過去多說成「身心」或者「心靈」，三者結合，是為了更強調三者合一的緊密關係。「身心靈」的觀念，常用於健康和醫學之上，指出人的健康不只是「身體健康」，而是要全面的包括心靈的健康。

世界衛生組織在一九四八年對於「健康」的定義：「健康不僅爲疾病或羸弱之消除，而是體格，精神與社會之完全健康狀態。」這也清晰地指出了，健康並非只是無病，而是需要三方面的全面健康：身體、精神、社交。「身心靈」則是從另一層面闡述了「精神與社交」的部分，人的精神並非只是心理構成，「靈」的部分更為根本，亦即精神包含了心與靈兩部分；精神與社交可以理解為內外關係，當一個人內部的身體和精神健康，向外的社交生活才能做好。

「身心靈」這個說法，雖然是西方提倡的觀念，實際上這種觀念早已根植我們的傳統文化之中，以下分別解說三者的概念。

「身」就是肉身、形體、身軀，是物質層面的、形而下層面的。人不是機器，人如果死掉，只有肉體很快會腐爛，這就讓我們知道，肉體是依靠背後的無形部分來存活。身必須要跟心靈結合在一起，身體就是心靈的載體，如果分開了，那就基本上不是「人」了，那就只是一個軀殼。

「心」就是心智、心思、心識。它不是指肉體中的心臟，而是形而上層次的心，如成語「心不在焉」、「心無旁騖」的心，也是中醫上的「心主神明」的心。心能夠產生各樣的感覺、情緒、思想，在《黃帝內經》中說：「任物者，謂之心」，心負責「任物」，就是接納、承擔各種事物的能力，亦即是指我們的心能使我們認識世界。透過身體，我們可以「接觸」到各樣事物，但是要「認識」事物，產生各樣思想情感，那就是心的作用，心透過身就能夠產生人的各種能力。想想看，如果一個人沒有「心」，一個人死了，用這個身體去接觸東西，那就什麼感覺也沒有。故此在中醫上，認為「心為君主之官」，心就好像皇帝統領國家一樣，掌管人的一身。

「靈」就是靈性、靈魂、魂魄，又或者傳統上稱為「神」、「神靈」、「精神」，如在《大戴禮記》說：「陽之精氣曰神，陰之精氣曰靈，神靈者，品物之本也」，神靈兩者含義基本互通，在《黃帝內經》之中的開篇第一句即說：「昔在黃帝，生而神靈」（《素問・上古天真論》），這裡說的「神靈」，並非指鬼神，而是指上古的「黃帝」具有靈性、神性，從小已經十分聰明懂事。「靈」在傳統上多稱為「心神」，現代則習慣稱為「心靈」。靈是人的無形部分、無形的身體，一般肉眼看不見，屬於非物質的身體。靈在我們肉體形成之前已經存在，透過天地之精氣而生，《黃帝內經》說：「兩精相搏謂之神，隨神往來者謂之魂，并精而出入者謂之魄」，神進入了人的身體之後，可以再分為魂和魄，然後藏在心中，行於周身。中醫上說的「心主神明」，意思就是神進入到人的心中後，人就能夠「運作」了。

「靈」跟心有密切關係，心是我們的神靈所產生出來的，神靈又是藏在心，這就好像一個人建造了一間房子，然後自己又住在裡面。靈透過心可以持續的認識這個物質世界，故此心就是連接物質與非物質世界的重要地方。而「靈」最特別之處，是他來自天地，與天地相通，本身與萬物之氣是一體的，當神來到人的肉體之中，跟天地分隔開來，局限了自己，就變成了人。如果你問「我是誰？」人的靈才是更根本的我。

身心靈三者就好比一部電腦，電腦的硬體屬於「身」的有形部分，而電流、電波這些則屬於身的無形部分，亦即是身包括了有形的形體和無形的氣；電腦的軟體屬於「心」的部分，其中的運算工作屬於心的思考部分，偵測功能如速度流量溫度等就屬於心的感知能力；有了電腦之後，也一定需要人來操作，給予指令，讓他完成需要做的任務，這操作電腦的人就是「靈」了。三者合一，這台電腦才可以運作良好。

「身心靈」三者本來是合一的，如果能順應自己的心靈來過活，那樣的生活自然順應天地，過健康無病的人生。但人們也經常分開三者，常見的是將身體跟心靈分開，如治病只是治療肉體，或選擇食物只考慮肉體需要；也有人只重視靈性而忽視身體，例如重視靈性修行，但不顧自己的身體與情緒健康，逃避家庭倫理社會關係問題，那就是「離地」的生活，身心分離落不到實處。

提倡身心靈，其實重點是回歸「心靈」對身的價值。例如為什麼要常常做靜心？那就是當我們安靜下來的時候，才能體會自己的心、跟自己的靈連接。尤其是靈是跟萬物相通，本身無所不知，當我們安靜下來跟心靈合一，我們就能夠「接通天地線」，不單明白自己的根本想法，更能得到一切問題的最佳答案。

為什麼感冒也可以是心病？

從身心靈的醫學觀點去看，每一種疾病也可以有「身心靈」不同層次的解釋。就好像西醫給人看病，可以告訴你是某個器官出了問題，也可以深入下去，說是你的細胞有問題，或者是細胞裡面的DNA出了問題，甚至是其中一些化學成分、電波振頻……一層一層的微觀進去。

中醫看病也一樣，有不同的層次理解，卻用宏觀的角度，希望從人體回到生活世界。基本的是「身」的層次，用身體內的陰陽血氣、五臟六腑去解釋，例如你患上感冒了，那就代表你身體的正氣相對虛弱了，受到了風寒的侵襲。在身體層次的疾病，也可以回到生活之中，那就要問，為什麼你會虛弱了？可以因為工作勞累了，或者因為吃得太多，或者因為頭腦想得太多……那麼為什麼你會受風寒？可以因為季節轉變天冷了，或者因為生活環境開冷氣太冷了，或者因為吃了寒冷的食物……有各種各樣的可能性。

感冒的成因，也可以用心靈層次去解釋。先說「心」的層次，如果感冒的原因是因為工作勞累了，那也自然跟情緒有關，例如工作辛苦的時候很容易生悶氣，也可以因為工作繁重而有無力感，這些情緒，都會影響身體的氣血流通而導致正氣虛弱，之後就容易著涼了。可是，同樣是工作勞累，也不見得一定會生病！為什麼？這當然跟每個人的體質強實與否有關，我們進一步到「靈」的層次去說，如果一份工作，是我們自己的夢想、理想，那麼就算多辛苦，我們也知道是自己選擇的，就算多艱難都會享受，相反如果做自己不願意的工作，那人就很容易產生負面情緒了，繼而疾病叢生。

這就是疾病的「身—心—靈」三大層次的解釋。我們一般找醫生看病，都是希望得到「身」的層次的解釋，可是心靈對於健康疾病的影響，絕對不容忽視，因為它才是更根本的原因。

這三個層次，是緊密聯繫的。就好像你感冒了，你可以解釋的原因有太多了，可以說：因為著涼引起的、勞累引起的、吃太飽、生氣了不開心、因為我做了不喜歡的工作……其實每一個解釋，都互有關聯，我們生活在一個真實世界之中，萬事萬物互相影響著，很難說哪個原因必然沒關係。即使是心靈層次的解釋，它與身體層次的解釋也是互相聯繫的，例如我的工作並非我所喜歡的，這就影響了自己的情緒思想，繼而影響了人的整個生活，包括這個人的作息、運動、飲食，也會影響人的血氣流通、五臟六腑。

所謂疾病的「原因」，其實這一切都是原因，而所謂「根本原因」，就看我們自己傾向選擇的角度了，如果這個人重視身體層面，那麼他的解釋就總是用身體去說，重視心靈的亦然，面對疾病的解釋，很多時候是瞎子摸象，如果我們目無全牛，當自己看到什麼、認識什麼，就覺得這是原因了。實際上所有疾病，都可以有身心靈不同層次的解釋，而心靈層次的原因更是值得我們仔細探求，是我們容易忽略的部分。

中醫有所謂「同病異治」的特色，就是同一種病，用不同的治療方法也可以治癒，例如可以用不同手段，吃藥、針灸、推拿都可以治療；又或者用不同的治療思想，例如一個人有腎虛了，有些醫家直接補腎，也有醫師首先補脾，可以說是殊途同歸。在身心靈醫學的角度看，同一種病有不同的治療方法，也反映同一種病有不同的原因解釋，因此在治療時，可以考慮針對不同層次的原因作出治療。例如感冒了，如果是身體正氣不足而受到了風寒，那麼醫師可以選擇用不同手段去驅除風寒，也可以補益身體；也可以建議病人從生活上減少勞累，放假休息；更可以透過情志療法，幫助他在情緒上釋放自己，從而疏通氣血……有著千變萬化的治療方法。

生病是讓你「心想事成」

如果普通的感冒，也可由於心靈原因所引起，那麼各種疾病自然也有心靈層次的解釋，只是我們能否認識察覺得到。

比如胃病，出現胃脹胃痛，這是脾胃的氣不通的問題，中醫來看就跟「**思傷脾**」有關，思慮多可以導致氣不通，換句話說，腸胃消化的問題跟我們頭腦的「消化不良」有密切關係，頭腦想不通事情，反覆的想停不下來就容易導致胃病。又比如中醫上有一種疾病叫做「梅核氣」，是指咽喉的地方有堵塞感，就好像一個梅子的核卡在咽喉之中，可是卻並非真有東西堵住，症狀比較輕的患者則是咽喉經常有點痰卡住，要常常清嗓子的感覺。這種疾病中醫上一般認為是情緒鬱結所導致，通常多見於中年婦女，而這些患者往往有一種心理特點——「有一口氣嚥不下去」，嚴重的則是有一些秘密難以言說，這其實也是一種思慮過度，導致氣堵塞在咽喉。

以上是一些簡單例子，每一種疾病的心靈層次原因，過去已經有不少著作深入討論，其中較為代表的有：《創造生命的奇蹟》You Can Heal Your Life，書後附上了一個詳細表格，指出各種疾病的身心可能原因，以及新的思維模式建議；《疾病的希望》The Healing Power of

Illness，書中對各種疾病與症狀的心靈意義作了深入的介紹；還有《用心醫病：新時代身心靈整體健康觀》、《不藥而癒——身心靈整體健康完全講義》等著作，亦是華文地區身心靈醫學的代表著作，歡迎讀者進一步參閱。本書則會從中醫的角度，介紹疾病的心靈原因與身體的關係。

要知道疾病的心靈層次成因，其實並不困難，除了透過讀書學習之外，只要我們願意從這個角度去觀察，用心去思考感受，自然會逐漸掌握。所謂解鈴還須繫鈴人、心病還須心藥醫，尤其是心靈層次的原因，必須要由我們自己去發現。

對於疾病的心靈層次成因解釋，有時候可用一種簡單的方法，我稱之為「**語帶相關法**」。比如覺得身體皮膚「痲木不仁」、肌肉「僵硬僵直」，這雖然是在形容身體的不適感覺，可是如果你嘗試用心靈的角度——用這句話形容一個人的內心或者他的人生，試試看是怎樣的感覺？

他的內心「痲木不仁」——沒有情緒。

他的人生問題十分「僵硬」——頑固難以改變。

就像前面的例子，一個人「有氣嚥不下去」、「消化不了」，也同樣是語帶相關的話，又或者很簡單的「你令我很頭痛」、「這難辦的事情真讓我頭暈了」、「見到他讓我很想吐」……等心靈層次的話，也的確是可以讓人產生該種病痛。所以，「語帶相關法」的要點，就是**將**

該種疾病的不適感覺，嘗試放回去我們的人生之中，看看這是對人生什麼事情的形容。

疾病的心靈層次成因，都是代表著一些意義，如何發現這些意義？上述「語帶相關法」並不能適用於各種病證不適，有一種最根本的方法可以幫助我們發現疾病的心靈意義，我稱為「**疾病功能法**」。每一種疾病的出現，總是會讓我們的生活，做不到一些功能，也就是在健康的時候身體本身可以做到的正常能力，因為生病了而做不到，這「做不到」其實就是自己「心想事成」。因為我們心底希望做不到，身體便反映潛意識之中的渴望，與表意識的想法形成落差。透過觀察疾病如何影響自己的生活，我們就可以知道疾病背後的意義。

比如一個人患了腰腿痛，那麼他就不能久站、走路，那就代表他生活不能正常走動、工作了，這就是代表他心底渴望要暫停、休息，這也反映出他沒有聽到內心的話，一直在辛苦自己沒有停下來。例如一個人突然出現耳聾，聽不見聲音，那就代表他心底真的希望不要聽到聲音了，可能是覺得人生中聽到很多「聲音」讓他很煩躁，除非他願意放開這些心煩的執著，或者離開這個環境，不然這個病就很難痊癒。又如一個人的濕疹出現在手掌，讓他的手掌搔癢滲水裂開，那就不方便用手去工作了，這就代表他心底不喜歡現在工作的事情，可是又沒有辦法轉變。

身心靈醫學的基本觀念認為：我的心導致了疾病出現，疾病是由我的心所創造出來的。可是每當這樣說的時候，我們就會反駁：「我哪裡會想生病呢？」這就是我們不夠認識自己所致，人很多時候是矛盾的，就像現在的流行語說：「口裡說不，身體卻很誠實」。如很多人說運動很健康，可是卻很少運動；很多人知道吃素比較健康，可是卻天天吃肉、吃垃圾食品；我們說不喜歡自己的工作，卻還是一直在做。**我們的心，有不同層次的自己、不同層次的想法，我們表面的意識所想的，跟裡面潛意識所想的可以截然不同**，因此凡是生病的基本原因——我不夠認識自己的內心。內心希望透過疾病的呈現，讓我們更加認識全部的自己。

有一句諺語說：「思想決定行為，行為決定習慣，習慣決定性格，性格決定命運」，這是從「思想↓行為↓習慣↓性格↓命運」的五個步驟過程，簡言之亦即是「思想決定命運」。如果人生之中有一些疾病，是我們「命運」所安排的話，那也代表著，是我們的思想決定我們要患上這些病的，如果要改變命運，那就要從心做起。

疾病是幫助我們的好朋友

沒有疾病是要傷害我們的，所有的疾病都是給人生成長的功課、磨練、挑戰。疾病是要幫助我們認識自己的真心，讓我們可以過著**順心而行的人生、做「真正的自己」**。

可是我們總是會抗拒，說：「疾病怎麼會是幫助自己？疾病會讓我們受苦啊！」例如西醫有所謂「自體免疫性疾病」，導致身體「認友為敵」，攻擊自己身體正常的細胞，這樣當然是傷害自己吧！又如中醫有一大類屬於「虛火」的病，因為身體虛弱而從內生出火氣，這些火氣也會傷害人體的血氣津液，如果沒有調整過來，身體會不斷變弱，形成惡性循環。

當然從表面看，這些都好像是「傷害」，可是所有痛苦也必然是一次鍛煉。就好像父母見到孩子跌倒，如果每一次都保護孩子，讓他不受傷，那孩子承受逆境的能力就很弱了，就像溫室之中的小花一樣，禁不起風雨。俗語說：「小病是福」，其實不單是小病是福氣，大病更是大福！代表我們有能力承受更大的磨練，這就好像是你有能力才可以升讀大學、讀研究所那樣，「能力愈大、責任愈大」，疾病也是來幫助自己成長，甚至藉著自己的進步而幫助別人。

從基本的中醫學觀點來看，生病是一個「向癒」的過程。生病的原因是正氣與邪氣的關係問題，正氣虛弱受到了邪氣侵入，而病證、不適的出現，也是身體的智慧──是正氣希望驅除邪氣的過程。就好像發燒，是人體受到各種邪氣侵入之後，透過發熱的方式，逼使邪氣向外釋放發洩，所以發燒當然是好的事情了！中醫不會見到患者發燒，就覺得一定要「退燒」，發燒本身並不是敵人，甚至可以說，**所有病證症狀，都不是我們的敵人**。又例如關節疼痛，是風寒濕氣進入到較為深入的部位，疼痛的出現，就是正氣正在那部位努力驅除邪氣，也是希望告訴我們：該處正在出問題，值得我們關注。

各種病證的出現，也是身體自我療癒的過程。現今醫學昌明，尤其是西醫的醫療技術發達，容易令人忘記，所有療癒其實都是自我療癒，**各種治療手段也只是一些幫助而已**。就好像西醫做手術，給人切開腹部，切除患處然後縫合，可是別忘了，如果這是一個死人，你把屍體的腹部切開再縫合，肚皮也是生長不回來的，你給一個死人吃任何藥，都是無補於事的。這讓我們明白，所有治療都是輔助人體，促進人體的自癒能力。

生病就是一個「好轉」的過程。可能很多人會覺得：「不是啊！我的病一直在惡化！」當然了，病的過程有進有退，可是生病的目的是要讓人好轉的，這就好像是去爬山那樣，從A地走到B地，中間過程總會經過上山下山，會有辛苦的時候，可是到最後如果跨過了，我們就會到達新的境界。生病是好是壞，這根本就是一個「半杯水」的道理：你面前有半杯水，你覺得只剩下半杯水這麼少，還是我還擁有半杯水這麼好？悲觀的人看生病就覺得是種懲罰、詛咒，樂觀的人看生病就覺得是種磨練、挑戰，既然如此，為什麼我們不選擇一種更好的態度去面對疾病？顯然是樂觀的態度，對疾病的療癒更有幫助。

為什麼我總是不斷生病？

雖然說生病是一個自我療癒的過程，可是這個過程不一定都會順利，很多病也會演變成為慢性病，甚至導致人的死亡。為什麼有一些病容易自我療癒，有一些病則難以康復？這就是我們有沒有找到疾病的原因了！就像是在爬山時走錯路，沒有發現正確的路一樣。尤其是疾病的心靈原因，如果我們不去面對自己的內心，沒有認識自己的真心，病就只好持續發生，繼續「幫助」你去認識你自己。

曾經在門診看過一位六十多歲的女士，她在多年前患了淋巴癌，曾經做了化療控制，可是五年之後又復發了，她再次選擇看西醫做化療，同時也希望尋求中醫的幫助。看病時我問她：妳除了做西醫的治療之外，生活上有沒有做什麼改變，去幫助自己康復？她說：「沒有啊，就是做治療。」我再問她：妳覺得這個癌症是什麼原因導致的？她回答：「就是不夠幸運吧！」

這或許也是很多人的想法，生病了就覺得沒原因的，就是「上天懲罰我」、「命中註定」，或者覺得疾病都是隨機的，我不夠幸運就得到了。有這些想法，就是不明白疾病跟我們的生活和心靈有密切關係，如果我們一天沒有明白這道理，當然疾病就只好一直出現啊！就好比火災警報器一樣，如果火沒有熄滅，警報器只好一直響著，提醒你趕快去救火。

不斷生病的原因其實很簡單，就四個字：「推卸責任！」很多人生病時，都會嘗試找尋原因，可是這些原因，往往都是向外去找尋，推給身外之物，覺得是環境不好，是細菌病毒讓我生病；或者是食物不夠營養，食物不夠乾淨，食物的寒熱不對；或者是父母遺傳，從小體質不好，家庭環境不好；或說是工作壓力太大，工作環境不理想，人事關係複雜……各種一大堆原因，總覺得是別人有問題、環境有問題，而不覺得是「我」的問題，忘記了「我」才是這些原因當中的主角。人之所以為人，是因為我有心靈，當病者有一天明白到，人身的各種疾病都跟心靈有關的時候，才是真正療癒的開始。

這種推卸責任的想法，讓許多人有一種「消費」的看病心態。找醫生看病，覺得這個醫生應該要看好我的病，如果看不好，就是這個醫生不行、水平不夠，或者是藥不夠好，要找更好的藥……總是不斷找尋更佳、更貴、更新的療法。將自己的疾病健康，全部交給了醫生，而沒有檢討自己的問題，這正好是疾病反覆不癒的原因。

對一般人來說，生病是有很多「好處」的，這種好處也是四個字：「逃避責任！」**生病是逃避人生責任的最佳方法**。很簡單吧，比如你感冒了，找醫生看病就可以得到病假，那就可以不用上班上學了。生病可以讓我休息而沒有罪疚感，這其實也是為什麼很多人經常生病的原因，因為他的心底渴望休息、逃避，可是他表面逞強，不願意說出口，因此身體就幫助你

「心想事成」了，讓你生病就幫助你逃避責任。

當然了，如果真的要療癒自己，逃離不斷生病的魔掌，方法很簡單，就是需要「承擔責任」。如果我們願意百分百為自己的生命健康負上全責，療癒就自然發生。好像我們不願意做現在的工作，做得心情鬱悶而生病了，如果要真的療癒，那麼當然要處理這「不願意」的問題了。怎麼處理？是否換另一份工作就可以？或者是繼續做下去？改變的方法有無限多種可能，找到自己最想做的工作當然是最理想的，可是很多時候我們不一定一下子就能夠改變環境，那就要記住一句話：「無論環境可否改變，都應該先改變自己」，或者說：「我們不一定能夠改變環境，但我們可以改變自己的心境」，**調整自己內心的想法，這就是療癒的第一步**。

疾病是我們的好朋友，他願意不斷來提醒我們，要更加努力去聽從自己的內心，所以持續不斷的生病，其實也是一種自我的祝福和提醒。這就好像如果我們做錯事，身邊的死黨總會來提醒你，可是如果我執迷不悔，一直沉溺在錯誤之中，好友就會變本加厲，給你狠狠的批評教訓，希望你能夠醒悟。疾病也是一樣，他是來提醒我們要走回正道，如果疾病日益嚴重，那就代表我們沒有聆聽疾病提醒我們的道理，偏行歪路，如果我們能夠早日「改邪歸正」，疾病自然會功成身退。

透過療癒三部曲——回到「一」

中醫對於疾病的發生觀念，相當精闢，在《黃帝內經》之中從不同角度提到正邪關係的問題：

「正氣存內，邪不可干」——**《素問・刺法論》**

「邪之所湊，其氣必虛」——**《素問・評熱病論篇》**

「風雨寒熱，不得虛，邪不能獨傷人」——**《靈樞・百病始生》**

雖然生病是因為邪氣侵犯人體所致，可是只要人體的正氣不虛弱，邪氣是不會侵犯進來的。這就是「邪不能勝正」的觀點，中醫的世界觀可以說是相當正面！認為人只要正氣充足，病總是可以療癒。人的心靈是正氣的主要部分，如果我們保持「正心」，能夠使正氣恢復，邪氣自然得去。

自古以來，在許多的宗教、文化之中，人們生病了，通常會認為跟這個人犯錯、犯罪有關，因此如果要療癒，首先需要做的是認錯、懺悔。這種想法，在有了現代醫學之後，很多人會覺得這樣想是「不科學」的，可是現在明白了身心靈醫學的觀點之後，我們就明白到古人的智慧了！「科學」成為了很多人推卸責任的擋箭牌。

凡是療癒也會有「三部曲」——「認錯、改過、病癒」。

「認錯」就是要承認，我們人生的身心靈出了問題，尤其是找到心靈部分的原因，承認自己有問題；

「改過」就是願意接納自己的問題後，決心給自己更好的選擇，使自己的身心靈重回正軌；

「病癒」就是最後自然會發生的事了，當我們活出身心靈合一的人生，那樣的人生才是終極健康。

所謂生病，其實就是來自「分別」、「分裂」的狀態。從中醫的理論上看，人本身就是「一」的狀態、是「一氣」的，或者稱為「大氣」、「真氣」。這一氣是流通的，除了身體內流通，也跟整個天地宇宙流通合一，這時候的人是身心靈合一的健康人體。人的氣在「一」的時候是最健康的，可是如果一分為二，人分開成「陰、陽」，那就是病的開始了，人的氣就開始不流通，甚至分開成三、四、五……當人五臟六腑的氣出現個別不流通的時候，那麼人就不在健康狀態了。

從心靈的角度看，人的心如果不是處於「合一」的時候，心開始分成了陰陽兩部分，人就開始生病。這裡所謂的心分陰陽，是指我們的心並不認識自己，不認識自己真心的想法，也是我們的表意識和潛意識不能互相溝通，人的心也就割裂了，心神難安。故此人要活得健康，這必然是「身心靈合一」的健康，在《黃帝內經》之中稱之為「形與神俱」，就在《黃帝內經》第一篇的第一段：

「形與神俱，而盡終其天年，度百歲乃去」

——《素問・上古天真論》

若人的形體與人的心神能夠合一，可以獲得什麼結果？可以讓人活到長壽百歲，能夠無疾而終！這不就是人類最理想的願景嗎？《黃帝內經》還說：

「知調陰與陽，調陰與陽，精氣乃光，合形與氣，使神內藏」

——《靈樞・根結》

「形與氣相任則壽，不相任則夭」

——《靈樞・壽夭》

人的陰陽調和，並不分開的時候，回到「一氣」的狀態，那就是形體與氣血合一，這時候人的心神才能夠安穩地內藏，能活出順心如意的人生，這樣合一的狀態，自然活出長壽健康。

中醫自古就是提倡「身心靈合一」的醫學，中醫從根本處重視形體與心靈的密切關係，即使在幾千年後來的今天來看，這種觀點依然是相當前衛的身心靈醫學觀，實有無窮智慧值得我們細味學習。

第二章

情志為養生之首

「養生」是中醫的特色觀念，其實養生即是「健康生活」，養生之道即是健康生活的方法。

「養生」一詞出自《黃帝內經》，說：

「故智者之養生也，必順四時而適寒暑，和喜怒而安居處，節陰陽而調剛柔，如是則僻邪不至，長生久視。是故怵惕思慮者，則傷神，神傷則恐懼，流淫而不止；因哀悲動中者，竭絕而失生；喜樂者，神憚散而不藏；愁憂者，氣閉寒而不行；盛怒者，迷惑而不治；恐懼者，神蕩憚而不收。」

——《靈樞．本神》

這段第一句提到，養生包括順應四時季節的生活，也包括情緒喜怒、生活居所等部分，如果能夠順應這些陰陽變化規律而生活，人就不會受到邪氣侵犯，可以長壽健康。接著後面強調，如果人不懂情志養生，就會影響人的心神和氣血，繼而產生各種疾病。由此可見，養生方法雖然非常多，但情志養生是各種方法之中的核心。

中醫養生的三大範疇

中醫的養生方法，可以分為三大類，按「天地人」三才作區分，分別為：四時養生（天），飲食養生（地），情志養生（人）。

四時養生就是順應「天道」的健康生活方式，天道運行而有四季出現，人就應該順應氣候生活作息，例如不同季節有不同的起床與睡覺時間、穿衣、飲食、運動等等。

飲食養生就是順應「地道」的健康生活方式，食物主要是從大地種植而來，我們吃食物就是等於吃地所生之五味。飲食養生是一大類養生方法，其中講求不同體質和病證的飲食，如何配搭、食物的寒熱虛實屬性，食物跟水土氣候的關係等等。

情志養生就是順應「人道」的健康生活方式，所謂「情志」是中醫專有用語，包括了**情緒與思想**兩大方面，透過釋放情緒和平靜內心，甚至達到形與神俱的境界，是長壽百歲的養生方法。

三大類養生以內外區分，四時養生屬外，是外在環境對人的影響；情志養生屬內，唯有情志是從人內自生，**沒有人可以替你產生情緒**；飲食則是內外之間，食物看似身外之物，卻又可以進入人體，消化後成為人的一部分。

三大類養生之中，何者最為重要？以傳統中國文化的觀點，重視內在修為多於外在因素，就像在四書五經中《大學》一書的名言說：

「修身，齊家，治國，平天下。」

——《禮記．大學》

這是一個從內而外的過程，先從自己的修身開始，然後才到身外的家國。養生也是一樣，先從情志入手，這對人的影響最為直接，情志直接影響人體的血氣，相對來說飲食與四時對人體屬於間接影響。此即「正氣存內，邪不可干」的基本發病觀，如果情志養生做得好，人的正氣正常，那麼就算飲食和四時養生沒有做全，人也不一定會生病，這就是為什麼有一些人生活飲食都很隨便，卻能夠健康長壽的原因。

運動算是什麼養生？

如果說養生只有三類，或許你會問「做運動」算是什麼養生方法？坊間的養生方法有這麼多，例如有氣功、打坐、音樂、書法、旅行、棋藝、花藝、種植、茶道、香道、房事、閱讀、宗教、舞蹈、集藏、聊天、天倫、交際……這些養生該算是什麼？

答案很簡單，這些都屬於「情志養生」。當然運動可以強健體魄，可是運動的人，都會體驗得到運動的快樂，輕鬆自在！甚至是傳統的武術，例如練習太極拳等功夫，練武之人到最後也肯定為了修養心性，達致形神合一、意氣相連。例如寫書法吧，書法之所以是養生，是因為書法要寫得好，必須要專心一致、全神貫注地落筆，將心意寫出來，這也是形神合一的體現。聽音樂、茶道和香道等養生方法，雖然是透過聲音、味道和香氣等媒介影響人體，過程中容易令人專注，從而達致內心平靜。更普通的例如看書、種花、旅遊等，這些事情讓人感到愉悅，顯然是對情志有幫助的。

更進一步說，就算是其他兩大類養生，四時養生和飲食養生，其中的核心精神也是要為了情志養生。在《黃帝內經》之中，對於四時養生的記載，其中十分重視情志的調養，例如在《素問．四氣調神大論》中提到：春季應「廣步於庭，被髮緩形，以使志生」，是指出春天應該早點起床，在庭園之中散步，頭髮鬆開放鬆身體，讓我們的心志慢慢從內甦醒；夏季應「無厭於日，使志無怒……若所愛在外」，是指不要討厭猛烈的陽光，應該多到戶外接觸自然，使心志喜悅而不容易生氣；秋季應「使志安寧……收斂神氣……無外其志」，是指秋季需要開始收斂了，減少活動讓內心安寧；冬季應「使志若伏若匿，若有私意，若已有得」，是指冬季需要更多收藏，人的情感也應該一樣藏伏，不如春夏那麼外向。這些也是在提醒我們，四時養生的最終目的，也是為了情志養生。

至於飲食養生，我們都知道飲食跟情緒有密切關係，有情緒的時候會吃東西，開心的時候會吃，不開心的時候也是吃！食物也會影響人的思想情緒，這方面特別要介紹素食養生了。所謂素食，並非只是不吃肉，「素食」是相對於「葷食」而言，葷食除了指吃肉之外，也包括了「五辛」如蔥蒜韭菜一類植物，可知傳統的素食觀並非只是為了不殺生。什麼叫「葷食」？在《說文解字注》中說：「古文葷作薰」，葷與「薰」相通，亦是成語「利欲熏心」的熏，在《黃帝內經》也有相關的討論：

「辛走氣，多食之，令人洞心，何也？少俞曰：辛入於胃，其氣走於上焦，上焦者，受氣而營諸陽者也，薑韭之氣薰之，營衛之氣，不時受之，久留心下，故洞心。」

——《靈樞・五味論》

這裡提到多吃薑、韭菜等辛味的食物，會出現一種叫做「洞心」的病情，就是心中有空虛感覺，簡言之即是心煩！這裡解釋其機理，就是說這些食物的辛味，會從胃往上走，可是氣走到心下的部位則會「卡住了上不去」，經常影響人的心氣，故此就出現這種不適感覺。這其實也就是「葷食」的問題，葷食就是「熏心的飲食」，亦是讓人「昏沉的飲食」，這就是為什麼各種宗教、修行方式，大都要求人首先吃素、齋戒，就是因為這能夠幫助人內心恢復平靜。

各種養生的目的，最終都是為了情志養生，情志養生是長壽百歲的根本方法。怎樣可以健康長壽？這個重要的「秘密」，在《黃帝內經》第一篇《素問．上古天真論》之中開宗明義已有明言，當中幾段精華內容，一定要認真學習一下：

「上古之人，其知道者，法於陰陽，和於術數，食飲有節，起居有常，不妄作勞，故能形與神俱，而盡終其天年，度百歲乃去。」

這裡提到上古的人為什麼可以長壽百歲，是因為他們明白這個宇宙天地之道，能夠順應陰陽之道而生活，由於他們的生活起居、飲食、勞動也是遵從「道」，因此他們就能夠達致「形與神俱」的境界。值得留意，這裡沒有說要人透過什麼特別方法去做情志養生，而是透過飲食起居勞動，最後達到情志養生的效果，可以說生活即是心的修行。後面繼續說：

「夫上古聖人之教下也，皆謂之：虛邪賊風，避之有時，恬淡虛無，真氣從之，精神內守，病安從來？」

怎樣可以長壽不生病？《黃帝內經》揭露了這個秘密，就很簡單的兩方面：首先要避免受到各種「虛邪賊風」的干擾，讓人生病的因素，當然要防避接觸，這是從外環境角度說的，而從內去說則是要「恬惔虛無」，要保持恬靜、清淡、愉悅、虛靜的心，這樣就可以使人體的真氣暢順，「神」自然能夠內守，這就是「身心靈合一」的境界，當然不會生病了！再次提醒，《黃帝內經》沒有說要做什麼運動、吃什麼東西才能夠長壽健康，而是只告訴我們，「恬惔虛無」是重中之重啊！再看下去：

「是以志閑而少欲，心安而不懼，形勞而不倦，氣從以順，各從其欲，皆得所願。故美其食，任其服，樂其俗，高下不相慕，其民故曰朴。」

《黃帝內經》想讓我們知道，如果能達致身心靈合一的境界，這樣的人生是多麼的快樂！這個人會心志安閑，淡泊慾望，心安沒有恐懼，這些都是情志養生的極佳典範；就算勤勞也不覺疲倦，身體的氣血暢順，生活能夠順心而行，能夠達成自己的心願夢想，這不就是「心想事成」、「隨心隨欲」嗎？這時候，無論吃什麼也覺得好吃，穿什麼也覺得無所謂，什麼社會風俗也樂在其中，不同階級的人也不需要互相羨慕，這種人的生活就是真正的「樸素」了。還有最後一段：

「是以嗜欲不能勞其目，淫邪不能惑其心，智愚賢不肖不懼於物，故合於道，所以能年皆度百歲，而動作不衰者，以其德全不危也。」

這樣身心靈合一健康的人，就算是嗜好慾望也不會引起他們的注視，就算遇到淫邪的事情也不會誘惑他的心，無論是智者愚者賢人抑或弱者，也不會因為事物改變而恐懼，這樣的人生就是符合「道」，能夠長壽百歲，而且到老時身體動作也沒有衰退，有如年輕人一樣的身心！正是因為他完全掌握了這些修心養性的方法，情志養生做好了，就不容易受到外在因素的危害了。

一切病皆是心病？

明白了情志養生對於健康養生的重要性，對於疾病而言，疾病的產生也是有三大類原因，其中情志也是最為重要。

中醫理論上認為，疾病的原因可以分成三大類：內因、外因、不內外因。內因就是情志，包括人的七情六欲；外因是邪氣，包括風寒暑濕燥火這些自然之氣；不內外因包括其他生活因素，例如飲食、勞倦、外傷、蟲獸所傷等。

這與養生的三大類是相對應的，疾病的外因是相對於四時養生，四時養生的基本目的就是防避外邪所傷；不內外因之中飲食是最常見的部分，飲食養生也是希望不要因為飲食傷害人體；內因情志是相對於情志養生，如果情志養生沒有做好，人就很容易生病了。同樣的，三大類病因之中，也是以情志養生最為重要，先內後外。

疾病有不同的成因導致，但這三類病因（邪氣、飲食、情志），並非並列的三類原因，三者之中是以情志為核心，甚至可以說，一切病也是心病！

「一切病皆是心病」，這樣說或許很多人不明白，覺得：「如果是這麼簡單，那麼所有病不是治心就可以了嗎？」「有些病明顯不是因為情志，例如跌傷扭傷，這怎麼會是心病？」

這些想法就是不明白中醫的疾病觀，因為中醫並非單純「治病」的醫學，中醫強調「治病中的人」，以看到整個人為目標，最基本起碼要做到「治人」的境界才可以稱為「中醫」（中等水平之醫）。如前文所言，人身體的病，可以有不同層次的解釋，心神的作用是最根本的，所以《黃帝內經》就把心稱為「君主之官」，就是指心是最重要的！是國家領導人，統領整個人的身心健康。如果從「問責」的角度看，一家公司出了問題，無論是怎麼低層次的錯誤，對一個負責任的領導人來說，所有問題也是跟這個公司的老闆有關吧！「所有病皆是心病」，也就是這個意思。

簡單一點的說，中醫的觀點認為，所有病都跟情志有關。在三類病因之中，情志屬內，情志可以直接影響人體的氣血，相對而言，邪氣、飲食等其他因素也只是間接影響情志，所以三類病因之中，情志與「正氣」的關係最為密切。如果情志出了問題，才會干擾正氣，導致邪氣內侵而出現疾病。更簡單的說，情緒和性格，是造成我們是否容易患有某類病的基礎條件，就好像一棵樹被吹倒了，風是直接的原因，土壤則是基礎條件，如果長在好的泥土上，就不容易被吹倒。

在《黃帝內經》之中，明確提到情志對「氣」的影響：

「余知百病生於氣也：怒則氣上，喜則氣緩，悲則氣消，恐則氣下，寒則氣收，炅則氣泄，驚則氣亂，勞則氣耗，思則氣結，九氣不同，何病之生……」

——《素問·舉痛論篇》

文中提到，所有病也是由於「氣」的問題所致，這是中醫的基本醫學觀點，中醫是「氣」的醫學。其中提到了氣的九種問題，可以概括了所有疾病的基本原因，九種問題之中，有六種是情志，另外有「寒熱」（炅即熱）兩類，還有「勞」，由此可以理解：情志是疾病的最常見成因。「怒」可以導致氣往上行，「喜」導致氣緩和，「恐」導致氣往下行，「驚」導致氣運行混亂，「思」導致氣鬱結不通，這囊括了人體氣病的大部分原因。

由於情志與氣密切聯繫，我們從病情也可以反推其背後的情志原因，例如一個人的病是由於「氣下行」所導致的，那就代表他背後有恐懼，所以**從人體的病情與體質狀況，我們可以推知這個人的情緒狀態、思想方式，甚至是他的性格！**這就是為什麼，有一些中醫師看病的時候，往往能夠說出患者的性格特徵、心中所想！就是因為中醫是這樣的身心靈醫學，可以從身體狀況認識一個人的心。

愛與喜樂能治百病

各種情志可以影響人周身的氣血、五臟六腑，而從源頭去看，各種情志也跟心有關，是由心神所生起，心主管人的各種感覺、情緒、思想，所以我們才說：一切病皆是心病。

從這個角度來看，如果一切疾病要療癒，有一個最核心的方法！那就是——「治心」。治心的確能治百病，這方面在《黃帝內經》有明確的理論：

「心者，君主之官也，神明出焉……故主明則下安，以此養生則壽，歿世不殆，以為天下則大昌。主不明則十二官危，使道閉塞而不通，形乃大傷，以此養生則殃，以為天下者，其宗大危，戒之戒之。」

——《素問・靈蘭秘典論》

由於心中藏神，人的神能否掌管人的全身五臟六腑，就好像一個君主去統領國家一樣，如果這是一個「明君」，他的朝廷、這個國家就會平安，因此如果我們能夠「養心」，心神平安自然能夠長壽健康。相反的，如果遇到這個君主是個「昏君」，那就很可能國家大亂，文中說「十二官危」，就是說身體的六臟六腑也出現問題！會導致氣血通道閉塞不通，最終使人的形體大傷，就算怎樣養生也沒用呢。因此，治心、養心，是治病和健康的關鍵。

怎樣才可以「治心」？怎樣讓我們內心這個「君主」恢復明亮，做一個明君？在《黃帝內經》之中認為，心屬火，心之志為喜，喜樂、喜悅是心的情志，所謂「順心」，實際上就是要讓人心中有喜，那麼我們這個心神的君主，自然能夠做好自己了！另外值得留意的是，在整部《黃帝內經》之中，「愛」這個字只出現過一次，就是在上文提到的《四氣調神大論》之中，對於夏季情志養生的要點：「若所愛在外」，夏季屬火與心相關，實際上喜即是愛，喜愛喜愛，這也是普世的價值觀：愛是從心中發出的、用心去愛，也因此可以說——愛能夠治百病！

為什麼喜和愛能治百病？這在《黃帝內經》亦有解釋！在前文討論六種情志對氣的影響之中，提到「喜則氣緩」，其後還對此有深入解說：

「喜則氣和志達，榮衛通利，故氣緩矣。」

——**《素問．舉痛論篇》**

「喜」是在七情「怒、喜、悲、憂、恐、驚」之中，最獨特的情志，其他各種情志也會「致病」，可是唯獨喜是可以「治病」的！這裡說，喜可以導致氣的流通和緩，意志思想通達，讓人的氣血通利，所以說「喜則氣緩」，這個「緩」是**緩和流暢**之意，是最好的身體狀態，人的氣血通暢，百病自消。

更進一步說，心怎樣才能夠「喜」？這就要上升到「靈」的層次回答。心本身只是負責去感覺、認識這個世界，可是怎樣去判斷這事物的好壞對錯，這就是「神」的作用了，我們的神、我們的靈魂，有自己的想法。舉個例子，曾經看過一個新聞報導，說有一個年輕人本身夠資格去念大學，可是他卻放棄了進入大學的機會，而去當「公車司機」！很多人會覺得開公車是一種普通的職業，可是這個年輕人不同，從小非常愛好公車，無論做什麼活動也跟公車有關，喜歡記憶公車路線，出去拍照也是拍公車，不喜歡玩遊戲機，就算玩的話也只是選擇公車遊戲！他的夢想就是要當一個公車司機，後來他成為了公車司機的時候，他真的很快樂！他說每天都很有動力工作，他通常會比其他人早一小時去上班，下班勞累了回家也是滿心歡喜！

從這個很特別的例子，大家就明白心和神的作用了，如果我們能夠做自己喜歡的事情，那種快樂是不言而喻的！心中藏喜樂、藏著愛，心也是藏神的地方，從這個角度去說，可以說：「神就是愛！」這句話雖然跟《聖經》的話一樣，而從中醫的角度理解，我們的**心靈本身就是愛和喜樂的源頭**，也是健康療癒的原動力，因為「神」本身是難以用語言文字去理解的，只能用心去體驗。

除了說喜樂、喜悅、愛這些形容，我們也會說「開心」，這也很有中醫學的道理，當我們的心是封閉的，那麼心中的氣、愛和喜悅就不能流出，我們的神也不能呈現了，這當然就是「不開心」了。要有喜樂其實很簡單，我們的心中一直都有喜存在，只是我們是否願意將心打開而已，所以**開心是一種選擇**、**一種習慣**。還有「快樂」，在《說文解字注》中說：「快，喜也，引申之義爲疾速」，快樂即是喜樂，當我們有喜樂的時候，身心靈都健康，每天的生活就會充滿動力，那麼做事情一定會很爽快呢！

怎樣才能夠讓自己經常保持喜樂？在書末「李大夫私房養生方法」一章會介紹一種「內在喜悅」的方法，這裡先略述，喜樂並非只是吃喝玩樂，尤其是過於喜樂也會「樂極生悲」啊！在《黃帝內經》之中也提到「喜傷心」、「暴喜傷陽」，為什麼喜能夠治心，卻也能傷心？這就是中醫學的基本觀點，所謂「水能載舟，亦能覆舟」，凡事有太過與不及，適當的喜對心、對全身都有幫助，可是太過喜也是傷心的。這就牽涉一個關鍵問題，什麼才是「真正的快樂」？這個問題我們讓大家先思考一下，後面我們再說。

養生即是「養德」

既然情志養生這麼重要，可是在《黃帝內經》之中，主要提到了情志如何影響人體以及相關疾病，對情志養生的具體方法論述並不算很多，這是為什麼？

所謂「大道至簡」，其實內容多少並不是最重要的，書中的確反覆強調了心神情志對人健康的作用，而在具體的養生方法上，情志養生則是透過四時、飲食等的養生方式來呈現，即是說，情志並非一件獨立的事情，所以中醫沒有像西醫的「心理學」那樣，特別將心理分別出來論述，中醫認為人是一個有機的整體，情志與我們的生活密不可分。

進一步說，養生的根本是「修養道德」，情志養生的內容在古代其實相當普遍，不少人從小學習。情志養生實際上是家庭、社會、待人處事的養生，亦即是怎麼「做人」的問題！怎樣讓自己遇到事情也心平氣和、處變不驚？怎樣面對別人的情緒自己也不會被牽動？這些都是我們每天生活要面對的事情。這些在現代可能有各種的方法去學習，例如學習心理學、倫理學、社會學，或者各種身心靈、勵志人生的書本知識，可是在古代是怎樣學習的？一般人未必去看醫書《黃帝內經》，最直接的方法，就是看古代的經典，例如四書五經，《論語》《孟子》等儒家經典，就是重視人倫之道，重視孝道、家庭關係的；又如《道德經》，就是論述這個宇宙天地之道，其中的所謂「道德」，德者、得也，道德即是「得道」，怎樣能夠得到這個宇宙之道，從而去過我們這個人生。因此，所謂修養道德，其實就是能夠明白這個大宇宙天地的運作，以及小宇宙人體身心靈的運作，繼而面對我們的生活。

這也是在《大學》之中所謂「修身齊家治國」，這句話幾乎人人都懂，可是在前面還有八個字：

「格物，致知，正心，誠意，修身，齊家，治國，平天下。」

——《禮記．大學》

這八個字就是「格物致知，正心誠意」。「格物致知」，就是等於研究思考之意，懂得怎樣去觀察認識這個世界，然後就需要「正心誠意」，這是在「修身」之前的重要一步。「正心」就是使內心平正，情緒容易平復，不會被喜怒哀樂所羈絆，那樣我們才可以做到「誠意」，誠意就是認識自己的真心，知道自己需要什麼、喜好什麼。做到這幾步內心層次的修煉，我們才可以進入到下一步「修身」，然後才有可能推己及人，到了家國天下。這就是修養道德，也是提醒我們情志養生的重要性。

從這樣來看，所謂「身心靈健康」，其實是「靈─心─身」的發展層次，先明白自己的心靈，才可以有健康的身體，心是之間的橋樑，只要認識好自己的心，才能獲得身心靈合一健康。

情志養生並非是高深的學術知識，它就是生活，就是我們的人生！因此不需要在《黃帝內經》之中刻意著墨，而是提醒我們要回到自己人生之中，學習怎樣做一個更好的人。這是一個很好的提醒，這就好像很多人覺得要「出世修行」才更好，實際上如果出世修行，的確可以減少很多煩惱，可是當我們回到原來的生活就立刻「破功」的話，那樣的修行是無益的。就好像如果一個人說自己情志養生做得很好，可是他的家庭關係卻不好，這是矛盾不可能的。

回來看世界衛生組織對健康的定義，是：「體格，精神與社會之完全健康狀態」，如果我們跟我們的家庭、社會關係並不健康，我們這個人也不是真的健康。這也是為什麼有些人的生活起居飲食運動都很好了，可是卻依然生病的原因。我們忽視了人與社會的關係，這關係之中，情志就是鑰匙，真正全面的健康是心靈的健康，而心靈的健康必然會呈現在人際關係之中。不要認為健康養身是與人生分開的事情，而應將各種健康疾病的問題，放到真實的人生之中去看。「每天的生活就是養生」，只要明白這種觀念，我們的生命就自然會變得完整了，拿回我們的力量，掌握自己的健康人生。

第三章

「治神」——最高層次的醫學

自古醫分三等：「下醫治病，中醫治人，上醫治心」，而在《黃帝內經》之中對於不同等級的醫師，有療效水準的要求，在《靈樞．邪氣藏府病形》說：「下工十全六；中工十全七；上工十全九」，這就是說，初等水平的醫師治病十個病人能夠治好六個，中等的醫師能十個治好七個，上等的醫師能夠十個治好九個。

這段話可以有幾個層次的解讀：第一，古代對於醫者要求相當高，初級的醫生也要有六成的療效，這很不容易啊！這其實是為了超越隨機，如果十個病人治好五個，基本上是等於二分之一的機率，或者好、或者不好，這就是碰運氣了！有些普通人不懂醫術，有時候隨便找點療法，也有這層次的效果，所以做為醫者，是不可以只靠運氣的。第二，從下工過渡到中工水平，也只是多治好一個病人，可是要到上工層次，那就是突然飛躍了，能夠多治好兩個病人，可以說如果能夠做到治心的層次，這個對於臨床診治的水平，則是一個高度的提升。第三，完美主義者可能還會問，難道上工只能十全九，而不可能十全看好所有病嗎？當然面對這個問題，看自己是樂觀還是悲觀了，或者許多人都會回答，不是所有病都能夠治好的，可是如果按《黃帝內經》的記載，人本身是可以長壽百歲、無疾而終的，所謂「十全」應該是指讓人過無病的生活，那究竟可能嗎？

要回答這個問題，我曾經對《黃帝內經》做過一些研究[1]，其中對於醫生的分等，除了基本的分三個等級之外，其實還可以分為五等，下工之下還有「粗工」，就是那些不懂醫術可是卻給人治病的人，社會上的確有不少非醫生的人在給人醫病，他們也會有療效的，只是療效很多時候是「十全五」或以下，即是因為治療並非基於準確診斷的前提，因此療效有隨機性。而在上工之上還有一個更高的層次，《黃帝內經》將之稱為「聖人」，書中經常提到「聖人」的特別能力：

「故聖人雜合以治，各得其所宜，故治所以異而病皆愈者，得病之情，知治之大體也。」

——《素問．異法方宜論篇》

「聖人之治病也，必知天地陰陽……守數據治，無失俞理，能行此術，終身不殆。」

——《素問．疏五過論篇》

「聖人之為道者，上合於天，下合於地，中合於人事，必有明法，以起度數，法式檢押，乃後可傳焉……聖人之為道也，明於日月，微於毫釐，其非夫子，孰能道之也。」

——《靈樞．逆順肥瘦》

「是故聖人不治已病治未病，不治已亂治未亂，此之謂也。」

——《素問．四氣調神大論》

「故聖人自治於未有形也，愚者遭其已成也。」

——《靈樞．玉版》

這幾段文字都提到，聖人有超卓的醫術能力，明白天地之道，能夠治病皆癒、萬全，不會遇到危險，這更是因為聖人治病，能夠早在先機，在病情未嚴重之前就預防了。

當然所謂「聖人」，他就不是只是一個醫師這麼簡單了，他是一個面面俱全的「完人」！

是完美之人，他能夠做好自己的修心養性，能夠幫助自己，才能夠幫助病人。再看看以下兩段：

「故聖人傳精神，服天氣而通神明。失之則內閉九竅，外壅肌肉，衛氣散解，此謂自傷，氣之削也……是以聖人陳陰陽，筋脈和同，骨髓堅固，氣血皆從。如是，則內外調和，邪不能害，耳目聰明，氣立如故。」

——《素問．生氣通天論篇》

「是以聖人為無為之事，樂恬憺之能，從欲快志於虛無之守，故壽命無窮，與天地終，此聖人之治身也。」

——《素問．陰陽應象大論》

聖人本身能夠做到身心靈健康，長壽百歲，疾病不生，才能夠幫助教導身邊的人不生病！尤其是前面一段說，聖人的特點是「傳精神，服天氣，通神明」三大特點，聖人能夠「通神明」，這個「神明」並非是鬼神上帝的意思，而是「心主神明」的神，這個神就是身心靈的「靈」的層次，而我們的神是能夠通天地的，所以說「服天氣」，聖人的這種「通神明」的狀態也是可以影響其他的人，所以可以「傳精神」，將自己的精、氣和神傳給他人，透過這種方法來幫人治病。所以，聖人治病的方法，並不單純是給人做吃藥針灸等治療，而是有「調神」的方法，直接針對人的心神，是「治神」層次的醫學！

---

1 李宇銘，《原劑量經方治驗錄》〈黃帝內經的醫生分等〉，中國中醫藥出版社，2014，頁414～428。

治神是最高層次的醫學。在「治病、治人、治心」之上，還有更高層次，聖人就是達到了「治神」一層次的醫學。這種醫學是在《黃帝內經》之中極為重視的，可是或許因為治心、治神比較難以掌握，治病、治人相較容易直觀，因此後來這種醫學思想幾乎失傳了。

什麼是「神」？

當然一般人要健康養生，並不一定能夠做到「聖人」層次，也不一定能夠成為醫師，可是這不代表我們就要放棄認識自己的「心神」，只要我們能夠明白多一點「治神」層次的醫學思想，對我們的健康就有莫大裨益。「神」是怎樣來的？我們先看一下《黃帝內經》的論述：

「天之在我者，德也；地之在我者，氣也；德流氣薄而生者也。故生之來謂之精；兩精相搏謂之神；隨神往來者，謂之魂；並精而出入者，謂之魄。」

——《靈樞．本神》

這裡解釋了「人」是怎麼來的問題，用了七個步驟去說明。首先是，人都是從天地而來，我們從天道所得到的氣，稱之為「德」，亦即是前文提到的「道德」，從地道得到的氣稱為「氣」，這德與氣互相交合，就成為了「生命」！這是傳統的觀念，認為人是從天地而來。這個天地之氣創造的生命，形成了有形的肉體，那就叫做「精」，精就是精華的意思，人的身體是稟受天地的精華而形成；有了肉體還不夠，需要有「神」進入這個身體，才能夠成為形神俱備的人，文中提到「兩精相搏謂之神」，這個「兩精」狹義的是指男女雙方的精氣交合，廣義的是指天和地的精氣創造了人；神來到人的肉身之後就成為了人，之後還可以分成魂和魄，魂魄即是將人的神分成了陰陽兩部分，在人的身體流通出入，主管人的生命健康。

「神」一方面來自父母，更是來自天地，如果要「治神」，不單需要認識我們的內心，更是需要認識我們與天地萬物的關係。

如果要進一步問：「神」是什麼？這個問題其實相當難回答，本身中醫上的「氣」是無形的，一般人肉眼看不見、摸不著，是形而上的東西，是一個更高層次的世界，需要經過修煉才能夠觀察得到的。「神」也是一種氣，而且是比氣更背後的宇宙世界，確實不容易言說，《黃帝內經》之中也曾經花了不少筆墨，對神嘗試作出形容：

「帝曰：妙乎哉論也！合人形於陰陽四時，虛實之應，冥冥之期，其非夫子孰能通之。然夫子數言形與神，何謂形？何謂神？願卒聞之。

岐伯曰：請言形。形乎形，目冥冥，問其所病，索之於經，慧然在前，按之不得，不知其情，故曰形。

帝曰：何謂神？岐伯曰：請言神。神乎神，耳不聞，目明心開而志先，慧然獨悟，口弗能言，俱視獨見，適若昏，昭然獨明，若風吹雲，故曰神。」

——《素問・八正神明論篇》

這裡嘗試解釋「神」是什麼，可是直接言說神是相當不容易理解的，這裡用「形」作為參照對象。先說「形」，就好像人的形體、疾病形態，這些是我們可以很清楚觀察得到的，也可以用手觸摸得到，當然如果是對於沒有掌握醫學的人，就算一個同樣形態的病人在你面前，你也未必能夠診斷這是什麼病情和原因。

然後說「神」，神是無形的，必須要我們用心去感受，這裡形容一個聖人接通了「神」之後的感覺：這好像耳朵就算沒聽到，但我們心眼都打開了而心志就已經明白了一切；口裡雖然很難用言語去形容，但其實已經看到了一切，也像在一個昏暗的地方，卻唯獨你能夠看清楚這個環境，就好比風吹動雲一樣，風是看不到的，明心的人卻知道風真實存在。

看了我用現代語言去形容「神」，是不是仍感覺一頭霧水？那就對了！神啊，當然不是這麼容易就弄懂啊！不然就不是「聖人」之事啊，聖人能夠「通神明」的這種狀態，必然是要經過修煉，努力平靜自己內心，向內找尋之後才能體驗得到的狀態。這種狀態也就像是開天眼、天眼通、打開了心靈眼睛、遙距視力等的形容，是「直覺力」的一種，神即是人根本的意識，這意識能與宇宙的意識相通，是自古以來醫者所追求的境界，例如春秋戰國時期的名醫扁鵲，在《史記》之中就記載在他有這種能力：

「……視見垣一方人，以此視病，盡見五藏癥結，特以診脈為名耳。」

——《史記．扁鵲倉公列傳》

扁鵲擁有「X光眼」！有看穿牆壁的能力，可以看到牆後面的人，他用這個能力，根本可以直接看穿人體的五臟六腑，知道病的癥結所在。扁鵲也是中醫脈學的始祖，《史記》斷言「至今天下言脈者，由扁鵲也」，是指後來的脈學都是源自於扁鵲提出的理論，可是把脈對於扁鵲自己，只是一種「名號」而已，他根本不需要把脈啊！可是為什麼他還要把脈？想想看，如果一個人在你面前突然說：「你肚子裡面有個腫瘤，需要趕快治療」，你會相信他嗎？通常我們都會懷疑對方是不是想欺騙自己。因此，扁鵲也要找方法讓人相信他，於是就用把脈的方法，接觸一下患者，讓人感覺你是有方法「觀察」出來的。

扁鵲的例子讓我們知道，中醫學的建立，是由通神明的聖人，他們將自己看到的世界紀錄下來，就形成了醫學理論。而這也是醫學的終極目標，讓人可以回到這理想的狀態之中，就算我們未必能夠完全「通神明」，只要我們能夠接通一點，那對身心靈健康有一定的好處。

「神病了」會怎麼樣？

身體可以患病，情志也可以患病，那麼「神」可不可以生病？在《黃帝內經》記載了不少「神」的病證（注意，並非完全等同於西醫上的「精神病」），其中有一段特別提到一類情況，解釋為什麼有時候明明用了正確的治療方法，可是卻依然沒有效果？

「帝曰：形弊血盡而功不立者何？岐伯曰：神不使也。帝曰：何謂神不使？岐伯曰：鍼石道也。精神不進，志意不治，故病不可愈。今精壞神去，榮衛不可復收，何者？嗜欲無窮，而憂患不止，精氣弛壞，榮泣衛除，故神去之而病不愈也。」——《素問・湯液醪醴論篇》

這裡提出一種情形，當人到了生命垂危，氣血耗盡、形體敗壞的時候，就算用對了治療方法，為什麼沒有療效？這種情況在臨床上經常出現，所以才有人「藥石無靈」，救治不過來的說法。這裡的回答很精煉，就三個字：「神不使。」這是什麼意思？《說文解字注》說：「使，令也……令者，發號也」，使者就是發號施令之人，所謂神不使，就是我們自己的神，不聽自己的號令！這樣說起來挺奇怪的，神在人體之中，本身就是君主啊！就是個號令者，怎麼會不聽自己的號令？這可能表示，這個君主的號令出了問題，又或者這號令發佈不出去，導致手下不聽話。

《黃帝內經》也繼續解釋，神不使是指這個人的**精神思想意念都無法使用**，病才不能治癒，細究其原因，是由於這個人「嗜欲無窮，憂患不止」，這個人太多慾望了！到了生命危急的關頭，還抓住貪慾、不停地擔憂，這有什麼用呢？這會導致人的氣血不通，精氣衰敗，最後神無法存留在人體，於是病就不能痊癒而死了。這就好像一家公司的老闆，如果公司管理層昏庸無道，這個老闆就寧願離開放棄這公司了。

這一段文字，發人深省！從一般人的角度理解，病重的時候能夠康復，通常叫做「求生意志」，是他自己願意努力，讓自己從死亡邊緣走回來。而《黃帝內經》重點告訴我們，人的這個求生意志，並非唯一決定的因素，如果這個人的意識中有各種負面的情緒和思想，他就算有再多的求生意欲，也是形成了內心的二元分化，心神無法合一。

這段話雖然是針對重病而言的，但就算是普通的病情，其實也有神不使的情況，想想看，病重的人有這樣的思想，肯定是過去建立而成的，不是一朝一夕的事啊！在健康的時候有這些思想，不會令我們立刻死掉，生病時就算用對治療方法卻治不好，我們也未必會察覺是自己的問題，於是會推卸責任，覺得是治療方法不對、醫者不對，可是我們卻忘記了，其實對於一切疾病，我們也應該有自癒能力。

這個自癒能力是從哪裡來的？從神不使的討論告訴我們，一切的療癒，其實都是來自「神」！所謂的「神不使」，並非真的是神自己病了，我們的神、靈魂是無形的，接連天地，有無窮的力量，神就好像太陽一樣，有無限的能力，可以供養整個宇宙的生命。只是神來到人體之後，被限制了自己的能力。這就好像一個有能力的明君，如果他生存在一個腐敗的朝廷之中，或者整個國家的國力太弱、陷入戰亂，就算他再怎麼厲害也會受困。這也是告訴我們，如果平素我們太多情緒干擾，思想混亂，那就導致心神不定，自然容易被環境影響。怎樣才可以讓我們的神，發揮根本的自癒能力？這其實並不困難，除了要找到自己的本性之外，更重要的是你要願意**「允許」神去做自己**，這方面就需要從「治心」入手，做好情志養生。

神的病，其實就是情志所導致的，在前面介紹情志養生的時候，我們曾經引用過一段話：

「是故怵惕思慮者，則傷神，神傷則恐懼，流淫而不止；因哀悲動中者，竭絕而失生；喜樂者，神憚散而不藏；愁憂者，氣閉塞而不行；盛怒者，迷惑而不治；恐懼者，神蕩憚而不收。」

——《靈樞．本神》

這裡提到六種情志的所引起的「神病」，分別是：

第一、因為驚惕而思慮之人，就會傷神，那也會繼續加重恐懼，形成惡性循環。

第二、悲哀傷心之人，神就會耗竭而甚至喪失生命。

第三、喜樂之人，神就會勞累耗散而不能安藏。

第四、憂愁之人，神就會閉塞致氣不通而寒冷。

第五、盛怒之人，神就會惑亂而難以治療痊癒。

第六，恐懼之人，神就會搖動不安勞累不能收斂。

這裡指出了神病的特徵，神病是直接由情志所引起的，而神病了之後就會再影響情志，形成了惡性循環，情志產生不能自行調節疏解的狀況，這方面基本上等同現代西醫的精神病病情，可是在《黃帝內經》的神病，不單是影響人的情志，更會影響人的身體層面健康，耗傷人體的正氣，也會導致疾病難以痊癒甚至死亡，那就是神不使。

因此神的病，首先都是情志的病，是屬於「治心」層面的問題，那就是「身—心—靈」三個層次之中，如果心的層次出了問題了，靈也會出問題。實際上，如果身的層次病了，人體的氣血出現問題，這也會影響到情志，繼而影響神而生病，因此身心靈三者是環環緊扣的，治神雖然是最高層次的醫學，要達到這個層次，也是要由下往上層層遞進的，就是從治病、治人、治心再到治神。

怎樣才是真正的「神醫」？

「神醫」，在人們的心目中，是神奇療癒的醫師，起死回生、不藥而癒、快速神效，是我們所渴求的拯救者，雖然好像是傳說之中的故事，可是在我們生活之中，又偶爾能聽說到這樣的故事。

其實真正的神醫，是「治神的醫學」，這是自古醫學極為重視的、秘而不宣之醫學層次。通常神醫最厲害的地方，就是他能夠在你還未開口，就準確的斷證，甚至預測發病或死期。在古代的時候，扁鵲就是神醫的佼佼者，或者醫聖張仲景，他們都有這樣神奇斷證的歷史記載。

神醫的神，也是因為他們的療效卓越，能夠起死回生，甚至很多時候能夠不藥而癒。愈是高水平的醫者，他的治療就愈簡單，用藥愈少，「能夠兩味藥治好病，就絕不用三味藥」，用藥相當精準，甚至連一味藥也不用，那就是更高層次的醫學！

這裡說一味藥都不開也能治病，不單是說可以用針灸、推拿治病，而甚至是什麼都不用，只是給患者說幾句話、做一些動作也可以療癒。可是這樣的人，在現代不一定被叫作神醫，而是被稱為「神棍」！或者是因為這個世界有太多騙子，反而讓人忘記了真有神醫存在，如果扁鵲再世，恐怕我們也會說他是騙子。

現代通常把這一類神奇的治病方法，稱之為「氣功」、「特異功能」，而在《黃帝內經》之中，把這種方式稱為「祝由」，是一種將近失傳了的治病方法，《黃帝內經》只是提到為什麼後來沒有用這種方法治病，卻沒有具體提到這種方法是怎樣操作的：

「黃帝問曰：余聞古之治病，惟其移精變氣，可祝由而已。今世治病，毒藥治其內，鍼石治其外，或愈或不愈，何也？

岐伯對曰：往古人居禽獸之間，動作以避寒，陰居以避暑，內無眷慕之累，外無伸宦之形，此恬憺之世，邪不能深入也。故毒藥不能治其內，鍼石不能治其外，故可移精祝由而已。當今之世不然，憂患緣其內，苦形傷其外，又失四時之從，逆寒暑之宜，賊風數至，虛邪朝夕，內至五藏骨髓，外傷空竅肌膚，所以小病必甚，大病必死，故祝由不能已也。」

——《素問．移精變氣論篇》

這段文字提到，上古的時候醫師治病，是透過「祝由」就可以轉變人的精氣而治癒疾病，可是到了當時的時代，卻要使用各種方法，例如用藥物、針灸、砭石，卻也不一定能夠治癒，這是為什麼？這個問題挺有趣的，像是前文提到「神不使」的延伸討論，就是普通的病情，就算用對了治療方法也不一定治好的問題。

《黃帝內經》解釋了這時代出現了什麼變遷。上古的人生活在自然環境之中，透過活動身體去避免受寒，透過居住而避免暑熱，內心沒有眷戀貪慕等過多慾望，外在沒有要爭取做官宦等的思想負擔，生活在一個清淨愉悅安穩的世代，因此就算受到了邪氣的侵害，也只會在表面而不會深入人體，所以可以用簡單的祝由方法治癒。

到了後來的世代就不同了，人們內心充滿憂患，勞苦又傷害形體，又沒有跟從四時變化去調整生活作息，違背了冬夏寒暑的宜忌，每當生病的肇因出現時，那些讓人虛弱的邪氣，就很快進入到身體的五臟六腑、皮膚肌肉五官，所以小病就很容易變嚴重，大病則容易死亡，因此單純用祝由解決不了。

這段《黃帝內經》的文字相當深刻，在兩千多年前所記載的「今世」，其實到今天還是一樣。這些就是沒有做好三大類養生，當然會病得深入了。

《黃帝內經》沒有寫明「祝由」的具體方法是怎樣，而到了後來的古代醫學發展，將祝由變成一種專門的科別，就好像中醫的針灸科、骨傷科那樣，稱之為「祝由科」、「祝由術」，一般認為祝由就是指用「咒語」去治病，屬於一種「巫術」，感覺是迷信的東西，所以到現在一般避而不談。

放棄巫祝是醫學的誤解

現代對「祝由」的理解有了太多負面標籤，可能是因為騙子實在太多吧！讓我們對這個部分相當懷疑。其實祝由的本身相當簡單——透過直指人心，調整心神來治病。

《說文解字注》說：「祝……謂以人口交神也」，是指透過人口中的話語、聲音，去跟神交流。「祝」就是祝福、祝禱，實際上即是祈禱；「由」即是「經由」，祝由即是透過祈禱的方法、途徑去治病。很多人覺得祝由就是一種祭祀，向「天神」溝通，其實就算要跟天神溝通、要祈禱，也是需要先跟我們的「心神」溝通，透過自己的心神接通天地。簡言之，祝由就是通過醫者的說話和聲音，跟別人的心神去溝通，讓病者可以明白自己的心神，不就是這麼簡單的一件事啊！並不複雜。當然，醫者能否「看到」病者的心神，這是需要經過訓練的。

有些人覺得祝由屬於「巫術」，認為醫者不應該學習巫術，對巫術有更多負面標籤，這裡也希望來做一些澄清。這些負面的想法，首先來自《黃帝內經》有一句話說：「拘於鬼神者，不可與言至德」《素問．五藏別論篇》，然後在《史記．扁鵲倉公列傳》之中亦提到扁鵲說的一段話，認為有六種病人是治不好的，其中最後一種是：「信巫不信醫，六不治也」，將巫和醫相對起來，認為醫學不應該相信巫術。

這裡頭實在有太多的誤解了！如果要了解清楚真相，首先必須要放下巫術和騙子的偏見，在古代，「巫」這個字是中性的，沒有說是好是壞，放下偏見才能明白真相。我們先來看看，「巫」字和「王」字的本義：

「巫，祝也。女能事無形，以舞降神者也，象人兩褎舞形，與工同意。」

——《說文解字》

「王，天下所歸往也。董仲舒曰：『古之造文者，三畫而連其中謂之王。三者，天、地、人也，而參通之者王也。』孔子曰：『一貫三為王。』」

——《說文解字》

「巫」就是在「工」字兩邊，有兩個人在跳舞的意思，是希望透過舞蹈以「降神」，降即是下降，希望可以透過舞以接連神。這裡還需要了解什麼是「工」，要認識「工」的意思，需要先認識「王」，王字有三橫畫，分別是代表了天人地，中間以一條線貫穿，比喻王者就是能夠通曉天地人三才之道的聖人。工相比王少了中間一橫，那就是只有上下兩畫，工的意思就是指貫通天和地之人，所以古代「工」並非如現代「工人」有從事專業技術或勞動工作的人的意思。成為工也是相當高明了，所以《黃帝內經》將醫者稱之為「工」，還有上工、中工、下工之分。回來看「巫」，巫就是工旁邊有兩個人在舞動，希望透過舞動接通天地之意，引申的意義，巫就是透過動作去接連天地之人。要能夠接通天地，巫者就必須要能夠接通自己的心神，或者接連他人的心神，那樣才能夠做到祝由治病的目的。

順帶一說，身心靈的「靈」字，下面也是有「巫」字，三個口是什麼？上面一個「雨」而下面三個「口」的「霝」字本意是指天上降落雨，加上了「巫」則是透過巫去祈求上天下雨，因此靈亦是接連天地之意。當中為什麼靈有三個口，而不是一、兩個？三這個數字在傳統文化上有特別意思，《道德經》中提到的「道生一，一生二，二生三，三生萬物」，三就是代表萬物變化的開始，也是提醒我們這「三一」的關係，就好像「天地人」、「日月星」、「身心靈」、「精氣神」……傳統文化之中十分重視「三而一」的概念。

在《黃帝內經》中，只有一次出現「巫」一詞，在這段話之中，的確是說用「祝由」方法來治療，可是《黃帝內經》並沒有貶低巫的含義：

「黃帝曰：夫子之所言者，皆病人之所自知也，其無所遇邪氣，又無怵惕之所志，卒然而病者，其故何也，唯有因鬼神之事乎？歧伯曰：此亦有故，邪留而未發，因而志有所惡，及有所慕，血氣內亂，兩氣相搏，其所從來者微，視之不見，聽而不聞，故似鬼神。黃帝曰：其祝而已者，其故何也？歧伯曰：先巫者，因知百病之勝，先知其病之所從生者，可祝而已也。」

——《靈樞．賊風》

這一段後面提到了「巫」，是說過去的巫者，他們能夠知道各種病的原因，特別是情志方面的原因，若能在病情深入之前先治理，那就可以透過祝由的方法治癒，即是透過語言去溝通心神治病。這跟之前說的祝由是同一回事，只是這裡提到實施祝由的人稱之為「巫」，《黃帝內經》對此形容，首先表示，其實並非上古才有人懂得祝由，而是當時依然有這樣的醫者存在，而且《黃帝內經》是對這些醫者作出正面評價的，解釋這也是一種有效的治病方法，並無半點負面之意。

這段文字前面，提了一個很有趣的問題：通常病人自己都是知道疾病的原因，可是也有患者說自己沒有特別遇到邪氣（例如受寒），也沒有什麼驚恐的情緒問題，卻突然發病了，這是什麼原因？難道是有鬼神作怪？《黃帝內經》解釋說，這肯定也有原因，是過往有邪氣在身體內停留了（例如身體平素有寒），沒有發作出來，而實際上這個患者也是有情緒問題的，例如有一些厭惡、貪慕等，導致他體內的血氣混亂了，正氣與邪氣就抗爭，只是這種邪氣和情緒的原因很細微，較難觀察得到，於是就好像是鬼神作怪了，實際上並不是。然後才引申出祝由治病的問題，其實後來所說的祝由治病，就是說這種細微的情志變化，往往患者不察覺，如果能夠透過巫者的幫助引導，那麼他就可以不生病了。

「巫」本意是指可以實施祝由的人，而「祝由」則是這種情志治療的方法，兩者合稱為「巫祝」。其實所謂的巫者，在現代也可以包括了一些善於觀察的心理學家、催眠師、輔導員、社工，他們也是在做「巫」的事情，當中現代的催眠術，跟祝由的概念相當接近，祝由並非什麼特別的東西，就是透過說話動作等心理暗示方法，影響人的心神，改變潛意識。傳統上也可以包括一些懂得面相的師傅，當然更高層次的就是一些得道之人，能通天地者才是真正的巫。

其實巫祝本身並非什麼神怪的事情，在上述**《黃帝內經》也提到巫的工作，是用在診斷疾病的邪氣與情志，而並非用在鬼神上的**。然後前面提到古籍上的兩句話，其實也有誤解的地方，首先是《史記》扁鵲說的「信巫不信醫」不可治，其實這不是說不可以相信巫，而是說，如果一個人的病情比較深入，要用醫學方法治療，那時候當然不應該執著於只用祝由的方法治療了，這句話本身沒有反對巫，而是反對那些迷信的人——**不願意面對自己的疾病，諱疾忌醫**；另一句《黃帝內經》說的「拘於鬼神者，不可與言至德」，那些認為鬼神是導致一切疾病發生的人，當然是迷信啊！是很難跟他說那些高深的道理，這不是反對巫祝，祝由本身也不一定跟鬼神有關的，祝由在治病層面的考慮，重點是如何透過病人的情志進入他的心神，從而幫助他轉變自己的精氣，那樣就能夠正氣自己對抗邪氣而病癒。

為什麼從「毉」到「醫」？

明白了「巫祝」的含義之後，那就可以放下心底的懷疑了。可是，為什麼在《黃帝內經》之中，很少討論「巫祝」的具體內容和方法？這可以分開幾個層面去回答。

基本的原因是，「巫祝」要求醫者的高水平修為，這是聖人的工作，聖人非常著重個人修行，尤其是到了「神」的境界，這是很難用言語去說的，這必須要修煉和體悟。

另一方面，祝由本身並非神秘的事情，可以是一般與患者溝通，尤其是病情比較輕的前提下，才能透過祝由治癒，就像前面引述的《黃帝內經》，提到上古的人生活輕鬆自在，所以病情才不會深入，因此需要的治療就比較簡單了。這個層面來看，或者祝由是太簡單，所以就沒特別要記載啊！舉例說吧，比較輕的病例如感冒，可能醫師告訴你：「你這感冒沒什麼特別，是有點緊張和勞累了，只要放鬆心情，回去好好休息，很快就會自己好了。」這也可以是祝由啊！根本是太簡單了，普通人也懂得啊。只是在現代來看，如果一個醫者這樣跟患者說話，患者可能不相信，覺得「不吃藥怎麼可能好呢？」於是就找別的醫生再看，實際上「不相信」就是一種「驚惕而思慮」啊！那就會「傷神」，於是病就一直不好、繼續深入了。

無論如何，就算「巫祝」是那麼有用，在《黃帝內經》後的醫學發展少用了這方面的方法，這牽涉到「醫」這個字的演變。在上古的時候醫寫成「毉」，是「殹」下面作「巫」，所以中醫有「醫巫同源」的說法，說古代的醫者是由巫師或宗教人員擔任，後來「醫巫分家」了，才將巫字改成了「酉」，成為後來的「醫」字。

這個從「毉」到「醫」的過程，反映了整體人類的健康逐漸倒退！為什麼？前面《黃帝內經》的文字提到，上古的人身體比較健康，所以用祝由治癒，後來身體差了，所以就要用上各種治療方法。後來改成了「醫」這個字，下面寫成「酉」，其實也有這個含義在內！「酉」即是「酒」，亦即是中醫開始用藥治病的意思，參看這段《黃帝內經》的文字：

「帝曰：上古聖人作湯液醪醴，為而不用，何也？

岐伯曰：自古聖人之作湯液醪醴者，以為備耳，夫上古作湯液，故為而弗服也。中古之世，道德稍衰，邪氣時至，服之萬全。

帝曰：今之世不必已何也？岐伯曰：當今之世，必齊毒藥攻其中，鑱石鍼艾治其外也。」

——《素問．湯液醪醴論篇》

這裡問了兩個問題，第一：上古的聖人，已經懂得用湯液和酒去治病，可是他們卻沒有真的去用，為什麼？這是因為上古只是為了準備不時之需，實際上當時的人病情也比較輕，根本不需要用這些東西；到了中古時代，因為社會道德稍有衰落，導致邪氣容易侵入人體，服用這些湯液和酒就能夠治癒疾病。這也就是從「毉」字改到「醫」字的原因，曾經有一些時代，經常用酒來幫人治病的。

然後問第二個問題：為什麼到了今世（當時的時代），就不必用湯液和酒去治病？因為到了後來，人的病都很深入，這就反映人的道德更敗壞，不懂養生，於是就必須要用毒藥、針灸、砭石等更強力的方法去治療。這也是為什麼，現在的中醫已經很少用酒給人治病了，這就是因為現在的病，每每一開始就比較深入了。

《黃帝內經》反覆的告訴我們，人類的健康並非不斷進步，而是相反不如上古之人般長壽健康，我們離開了自然的生活，沒有順應四時，尤其跟我們離開了心靈層次的養生有關。這也就是現在經常說的，當今社會「世風日下、道德淪亡」，這並非只是指傳統文化的喪失，而是指我們不懂天地宇宙之道、《道德經》的道，背離了宇宙的規律而生活，那樣當然不能健康了。

雖然這樣說好像很悲觀，其實也並非如此，不是到了現代，人就沒辦法到了「治神」的層次。《黃帝內經》之中提到的祝由方法，後來也是有用的，當然今天也會有輕病的人，更有許多人沒病啊！我們要趁著沒病或者輕病的時候，預防疾病發生，那樣就可以避免疾病深入了。

每一個人都要做自己的神醫！不要依賴等候神醫來救治自己，如果你有幸這一輩子能夠遇到一位神醫，最多只是拯救你一次、兩次，怎麼可以每一次都被拯救？「神醫」就是能夠通神明的醫者，可是就算你遇到神醫，恐怕他也不可能有空，告訴你「你全部的心神」是怎樣，要認識自己全部的神，唯有靠自己。

怎樣觀察人的「心神」？

要認識一個人的「神」，最直接的方法是透過觀察人的眼睛，眼睛就是「靈魂之窗」，在《黃帝內經》中將眼睛稱之為「神門」，就是神的門戶，我們從眼神可以看出一個人的心神。

這屬於中醫望診的一部分，中醫望診主要觀看人的面部，會看面部的氣色和形態，其中看眼睛屬於觀看神態的部分，亦稱之為「望神」。這部分在《黃帝內經》是相當重視的，例如說：

「診病之道，觀人勇怯，骨肉皮膚，能知其情，以為診法也。」

——《素問・經脉別論篇》

「黃帝曰：願聞勇怯之所由然。少俞曰：勇士者，目深以固，長衡直揚……怯士者，目大而不減」

——《靈樞・論勇》

在診察病人的時候，應當觀察人的勇怯，也透過觀察他的骨骼肌肉皮膚，可以幫助判斷他的情志。其中，判斷人的勇怯分法，主要就是觀察人的眼睛，勇士的眼睛深，眼神堅定；怯士的眼睛大而不深、不堅定。

透過眼神去辨別人的情志性格，這實在是高深的學問！其中對此研究深入的學問，非中國相學莫屬，只是相眼的學問，將眼睛可以分成數百種眼神，相當細緻。其實，只要人有多少種情緒性格，就可以有多少種眼神，人是多麼複雜的生物啊！眼神的變化肯定千變萬化，如果說還要加上觀察人的面容氣色形態等資料，那的確是一個複雜的學問。

我學習和應用望診多年，覺得「望神」確是望診之中最深奧的部分，很難說可以完全掌握，至今我仍然對許多眼神，會覺得有感覺但難以形容，這也是因為「神」本身是難以用語言文字說全的，只能心領神會。

關於望神的學習，我有兩套方法可以跟大家分享。第一套我稱之為「**左右比較法**」，這方法是多年前看一本書叫《解讀面孔》Reading Face（北京：社會科學文獻出版社，2005 年），本書是由美國的精神病學教授、心理學臨床教授利奧波特・貝拉克所撰寫，書中提到透過比較面部左右上下，去分析人心理的方法。這套方法相當實用，為我至今最常用的觀察方法，集中說其望神的部分，那就是比較左右眼是否平衡。由於人的左右腦與人體是交叉對應的，那就是人的左眼對應右腦、右眼對應左腦，而左腦主要負責人的邏輯思考、理性、語言，那就是我們希望給人看到的一面，而人的右腦是負責人的情感、直覺、圖像，是我們比較內心底層的一面，換句話說，**人的右臉能看這個人想給人看到的一面，人的左臉則是反映人心底的一面**。由於右腦的圖像能力較強，因此左眼觀察能力是比較強的，如果用我的左眼去看對面人臉的時候，左眼所看到的一般是右臉，而右臉就是反映我們希望給人看到的左腦一面，因此我們看人的時候，通常比較少去看人的心底。

左右眼神如果是平衡的、對稱的，那就代表這個人內外表裡合一，是一個知行合一正直的人；如果左右眼不同，那就特別要觀看左眼，就可以看出這個人心底的情感了。這個方法不單強調要看左眼，其實要看左右眼兩者的比較，只要你多觀看身邊的人，你就會發覺，其實很大部分的人，左右眼都總有一定程度的不同，那就是代表，我們很多時候內心並不合一，那也就是心靈生病的原因了。

再介紹另一種方法，我稱之為「**直覺感知法**」。與其透過看書去學習不同眼神的特徵，記憶幾百種眼神的代表意義，那不如多點觀察更好，古人去認識眼神，都是「用心」去觀察的，憑著自己的心神跟對方的心神對應，那樣就可以直接得知對方的情志心神。這種方法，簡單來說就是用自己的「直覺」吧！這方面通常女性的能力比較強，很多女性有「第六感」，直覺知道對方想什麼，其實男性也有這種能力，只是男性通常比較理性，壓抑了感性直觀的能力而已。

練習「直覺感知法」，首先需要習慣「直視」對方雙眼，當然這本身是一個難度，很多時候人都不習慣這樣眼神接觸，這正是我們心底害怕別人看到自己的眼睛，就會被看穿一些什麼。有些人會做「對望三分鐘」的練習，不是覺得很尷尬，就是感動的流淚，其實這也代表著，看著對方的時候，很容易勾起了互相的一些情感。當然這一開始需要訓練，慢慢習慣了，就不用長時間盯著對方了。在看著對方眼神的時候，我們內心自然會生起一些感覺，知道了對方的心神、情緒、思想，但是因為對方的「神」難以言說，於是我們要習慣將之「翻譯」成為語言。這個過程並不容易，一開始總是覺得不知怎說，但是透過多一點嘗試講出來，就會慢慢變得自然了，我口說我心。

這種方法通常在練習過程中，我們也要告訴被觀察的對方，我們看到什麼，例如說：我看到你有很多憂慮。可是，對方有時候會說：「我沒有啊？那裡有這問題？」這時候首先記得不要氣餒，初學者看錯是很正常的，但很多時候不一定真的是看錯，而是對方未必知道自己心底的想法，就好像「精神病患者不會說自己有精神病」一樣，我們自己有情緒、是什麼性格，很多時候都不知道的，所以才需要別人去幫忙觀察，所謂當局者迷、旁觀者清，就是這個道理。

以上方法最好的練習對象，就是我們自己了！每天照鏡子觀察自己，問自己內心：對這個人有什麼感覺？這個人的左右眼是否平衡？嘗試說出自己內心的感受，這就是一個很好的向內認識自己的方法。

如何找到自己的靈魂使命？

要讓一個人的「神」得以發揮，達致最高層次的健康，除了要身體氣血流暢，情志平和，達致「身－心」層面健康的基礎，更重要是要讓我們的「神」活出真正的自己！

由於神是來自天地，我們每一個人出生來到這個世界之前，都是帶著一些使命、帶著一些想法而來的，可能是要為了學習、體驗一些經歷。在身心靈界有很多這類的說法，例如說人生就是一場旅行，是一場遊戲，是一齣戲，是完成功課、是修讀學分……無論怎樣形容，也是指靈魂是有目的，這可以稱為「靈魂使命」，也有的稱為「靈魂藍圖」，傳統也叫做「命運」，或者通俗一點叫做「人生的意義」。

關於「治神」醫學層面的應用，我在每天的門診中，也會努力幫助患者進入這個層次的治療，其中最常問患者的問題，就是我在前言提到的：你現在的工作，是否是你最理想的工作？你的夢想是什麼？你的最大興趣是什麼？你這一刻的生命最想做什麼？有什麼事情，做了會讓你覺得很快樂？如果你只剩下三個月壽命，你會最想做什麼？你覺得自己人生有什麼意義？……這一類的問題，就是幫助我們直指核心，問我們的心神真心想要的是什麼。

當然這一類問題，有些人一輩子也不一定想過，或者有些人想了好久也沒有想到答案，又或者答案會隨著成長改變。這也沒關係的，這是一個發現之旅，認識自己的過程，每個人的能力不一樣，學習階梯也不一樣，最要緊的是找到自己的步伐，一步一步去探索。最重要的是我們**有這個意識去問這個問題**，就好像我們在森林之中迷失了，如果你根本不覺得這是迷路，反而覺得在這個森林裡面挺好玩的，那就根本不需要去找尋，或者繼續迷路本身也是現階段的使命。

所謂「使命」，不一定是大事情，不是只有拯救地球，或者做偉大的科學家，做國家領導人，就算是一些看似平凡的事，也可以是自己的使命。例如有人的使命就是要做一個好媽媽，照顧自己的孩子成長；或者我去世界各地旅行，將不同文化帶給其他人認識；或者就像前面說的故事，我要做一個公車司機，讓乘客每天安全到達目的地。不要忘記，這個社會環環緊扣，就算是耶穌佛陀也會有媽媽照顧，當好一個媽媽，也是可以幫助許多人的。

關於靈魂使命，在《黃帝內經》就沒有多少記載了，看來上古之人可能在順應自然環境之中，比較容易觀察得到自己的內心，現在我們需要更加努力才能回答這個問題。這問題於我而言，其實從小也有探索，小時候就是想自己「人生的意義」、「我的志願」，想著日後要做什麼，比如高中升讀大學，那時候的選科，也算是這一類問題的開始。直至大概一年前，有朋友告訴我，確定自己「靈魂使命」的方法有三個特徵，這問題我也尋找了多年，當時我一聽到這三點，就很快確定了自己的靈魂使命，沒多久就毅然辭掉大學的工作，專注追尋自己的人生，此後奇蹟就不斷出現了！

這裡想跟大家分享，這個靈魂使命的三個特徵，希望你也能夠從中獲益！

靈魂使命的三大特徵

- 這件事情你一直都堅持在做，並不是新的事情；
- 這件事情是利益眾生的事情；
- 要做這件事情的過程雖然會面對艱苦，但會愈做愈感覺正確。

最後補充一點，當你找到這個靈魂使命，結果會怎樣？如果你全身投入去這件事之中，上天一定會讓你足夠生活下去，甚至生活比以前更為富足！

當時我決定，實踐自己的靈魂使命，全身投入進去推動「中醫身心靈醫學」的工作之中，成為一個「身心靈中醫」，我毅然放下自己在大學的安穩工作，當然也曾擔心「你怎麼生存？」可是我也相信，上天一定有祂的安排，放心別想太多，盡力去創造自己最想要的人生吧！我首先建立了自己的診所，決定一週最多只開兩到三天門診，讓我有更多時間可以做推廣身心靈醫學的工作：寫書、修行、講課、研究、學習等。沒料到，我在離開大學後的第一個月，我的收入已經超過了原來的工作，而且生活得更輕鬆自在！

有一句話這樣說：「決定要去旅行最難的部分，就是決定的那一刻，只要決定了，一切都不是難度。」恐懼就是人生最大的敵人，只要超越了自己的恐懼，一切美好都自然來到；又有一句話這樣說：「當你為你自己的生命去奮鬥，活出真我，整個宇宙都會來幫助你、支持你！」要實踐靈魂使命，看似是一個很「自私」的事情，其實是我們必須要首先幫助自己，才能夠有能力去幫助身邊的人。實踐靈魂使命的本身，就已經是利益眾生的事情了，所以為了眾生的利益著想，我們更要努力活出自己！這也是所謂的「愛己愛人」「愛自己」的終極體現，從中醫身心靈醫學的角度來看，能夠認識自己的心神，展現自己心神的力量，那樣才是真正的愛自己，讓自己心中的愛、心中的神呈現出來，那樣才能獲得終極健康。

第四章

「治心」是療癒關鍵

「治心」本身就是語帶相關的一個詞語，這可以理解為「治療心病」，是醫學用語，也可以理解為「治理心性」，亦即修心養性的，是人生思想品德的生活用語。從中醫的角度看，心病跟心性並非兩回事，中醫的心本身就是形而上的心，所以養心並非只是吃藥的事情，而是回到生活每天面對的事。

上一章我們講述了「治神」這最高層次的醫學，亦即是「身—心—靈」之中屬於「靈」層次的醫學觀點，別以為只要直接切入養神就可以健康，實際上「養心即是養神」，由於心是神的基礎，我們無法跳過心而直接到靈的層次。要認識自己的神，就必須要達致內心平靜，這方面就要情志養生的功夫做得深入，才能夠層層遞進，逐步上升。

更進一步說，在身心靈三者之中，認識心是最為重要的，心是「身」和「靈」的橋樑，心可以帶我們認識自己，身體生病了可以透過心去發現疾病的原因，更是通往靈的門徑，通往身心靈合一健康的法門。

什麼是「情志」？

在「治心」層面，心有認識世界的能力，就是掌管人的情感、思想，如果用傳統中醫的話來說，那就是兩個字：「情志」。

「情」就是情感、情慾、情緒，「志」就是意志、心志、志向。在中醫上，有所謂「七情五志」的說法，七情是指：「喜怒憂思悲恐驚」，而五志則是：「怒喜思悲恐」，從這個角度來看，七情和五志其實是重複的，情志二字亦可相通，五志之說只是將七情歸類五行之後，將其中的「悲憂」歸屬一類，「驚恐」歸屬一類而已。

情志之中，情的部分我們比較熟悉，而志則是比較獨特的部分，所以才形成了「情志」這一個中醫特有的詞組。在《黃帝內經》之中，深入地闡述了整個意志思想的發生過程：

「任物者，謂之心；心有所憶，謂之意；意之所存，謂之志；因志而存變，謂之思；因思而遠慕，謂之慮；因慮而處物，謂之智。」

——《靈樞．本神》

心的作用是「任物」，「任」即是承擔之意，亦即是能夠**承載**、**接納**各種事物，心具有認識事物的能力。當心開始認識事物，就開始產生一些念頭，這些念頭也是一些初步的印象記憶，這就稱為「意」。然後我們將這個意念，好好的記在心中，那就是「志」了，所以我們有所謂「胸懷大志」，大志其實就是把大的記憶深深記住了，讓人很想去做某些事。我們將這些意志記憶，在心中存留而且思考，這個思考變化的過程，那就叫做「思」了，所以哲學家有一句話說：「思想是思想著的」，思考就是一個變動的過程，停止了，那就是沒有思了，只是前面的意或志層次。我們把這個思考，為了某些目的再想遠一點，為了未來而計畫，這就叫「慮」，我們平常所說的思慮，那就是除了一般思考之外，還牽涉比較複雜的長遠考慮問題。到最後，我們能夠用這個思慮去待人處事，將思考應用到生活工作上，那就叫做「智」。

如果上述這麼多個過程，我們都能夠一一的做好，這樣的思考是有效的，最後的結果可以叫做智慧、智者！《黃帝內經》如此深入地論述人的思考過程，可見古人對於思維科學的認識相當深入。要做好每一個階段並不容易，比如頭兩個部分，意志講求記憶，怎樣提高記憶力，是現代學習經常遇到的一個難點；再說思慮，理性思考是需要學習的，並非人人天生就懂得，因此才需要哲學、邏輯學的幫助，很多人不善於思考，那就容易衝動、感情用事了；最後說智，想得到的不一定會做，很多人想的事情很多，卻做不出來，能夠「知而後行」的當然是智者了！可是很多人卻「知易行難」、「知而不行」，這都要看自己的決心，是否足夠果斷。

情與志，合而言之，是心的養生方法，分而言之，可以說是兩種養生角度，一者重視情緒，另一重視思想，所以情志養生即是情緒與思想的養生。兩者也會相互影響，情緒出現的時候很容易影響思考，而思慮太多的時候也會影響情緒。

於人而言，最獨特的養生是「志」的養生，所謂「眾生皆有情」，可是「思想」卻是人所獨有的，就像哲學家亞里斯多德對「人」的定義：「人是理性動物」，人是動物的一種，與動物一樣有情感，可是人的獨特之處是人有理性思考、語言能力，思考可以說是人類的祝福與咒詛，是一把雙刃劍，善於思考可以幫助人類創造發展，不懂思考亦可以帶來人的健康問題，甚至阻礙人通往靈性層次的路。

五志包羅一切情志

有些人會問，人的心理這麼複雜，為什麼中醫所說的情志可以這麼簡單，只需分為七情五志？是不是有很多其他情緒沒有包括在內？

這是中國人的智慧，中醫自古以來都是執簡馭繁，只是後來的人類文化發展喜歡複雜，就好像古文的用字都很精煉，通常說一個字就表達了意思，後來語言則喜歡組成詞組，甚至成語、短句才能表達同一個意思。就好像中醫上說「喜」，現代的人通常都不會單純說喜一個字，語言上都會說：喜歡、喜愛、喜悅、喜慶、喜樂……當我們組成這些不同的詞語之後，就會感覺不同詞語所表達的意思有差異，於是就會再思考，例如「喜歡」和「喜愛」有什麼不同？這其實只是文字遊戲而已，本質都是一樣的。在《黃帝內經》有一段話說：

「知之則強，不知則老，故同出而名異耳。智者察同，愚者察異，愚者不足，智者有餘，有餘則耳目聰明，身體輕強，老者復壯，壯者益治。是以聖人為無為之事，樂恬憺之能，從欲快志於虛無之守，故壽命無窮，與天地終，此聖人之治身也。」

——《素問・陰陽應象大論》

這段文字提到一句名言：「智者察同，愚者察異」，就是智慧的人善於觀察事物之間的相同特徵，愚笨的人習慣觀察事物之間的差異，兩者帶來的分別可大了！這是傳統中國文化所強調的「類比」概念，《黃帝內經》十分強調「援物比類」，看到不同事物之間的關聯，亦即是所謂「求同存異」的思想，重視觀察相同點而非相異點。近現代的西方文化則習慣於「察異」，側重於「具體」概念，重視事物的個別性，認為每一個事物都是不同的，於是要仔細區分每一個事物的特點，所以西方的科學研究得這麼深入，知識龐大無盡，就是這種原因。傳統中國文化的思想認為，這個宇宙是有特定規律的，只要我們掌握這套規律，我們就可以應用在生活的各種範疇上，有「大道至簡」的觀念，認為各種事物背後的規律也是相通的。

察同和察異的思維方法習慣，會對人體健康造成影響！上述《黃帝內經》的這句話，就是說智者氣血有餘，所以身體強壯，生病了容易治療，是聖人的養生方法，故此能夠長壽，而愚者則身體氣血不足，為什麼有這種區別？顯然，智者的思慮較少，愚者思慮太多了！要察異，這個世界如此千變萬化，總是要看到各種事物的不同，那樣實在太累人了。

察同和察異，就算在人際關係上也一樣，如果總是看到我與其他人有什麼不同，那就是所謂的「分別心」、「論斷人」，總是去給其他人評價，這很容易讓我們產生情緒，心中不平。如果我們跟人相處的時候，總是習慣看到別人跟我有什麼相同？那就是一種向內觀察「內自醒」的養生方法（參見書末一章介紹），看到別人有好的地方可以學習，看到別人有不好的地方則要反省自己有沒有這個問題，這樣不就是一種提升自己身心靈的最好方法？能夠懂得這樣做人，各種事情也回到自己身上，承擔自己人生的責任，當然是一個最好的養生方法啊！

中醫上的七情五志，看似簡單，實在有無窮的智慧！七情五志其實已經包羅萬有，包含了所有的情緒、思想在內，只是傳統的理論實在太簡煉了！太精華了！因此一般人未必容易進得去。

為了現代人的方便，這裡也嘗試用現代語言，從最簡煉的「五志」歸類，看看五種情志可以包含了哪些情緒思想，都是一些形容詞，大家不妨在看的時候，同時感受自己有沒有這些情緒？就可以知道屬於五志的哪一類，方便使用後面將介紹的情志療法。記得，請不要問我這些情志的形容之間有什麼差異，這又是回到察異的思考模式了，這裡重點是察同呢。

怒：憤怒，憤慨，惱火，氣憤，生氣，怒氣，憤恨，仇恨，憎恨，敵意，敵視，仇視，嫉妒，妒忌，怨恨，反感，可恨，可惡，厭惡，彆扭，不快，不爽，煩悶，難受，窩火，窩囊，心煩，煩躁，煩悶，厭煩，蔑視，輕視，輕蔑，鄙視，看不起，苦悶，苦惱，激憤，惱怒，氣惱，惱恨，惱人，盛怒，震怒，抱恨，痛恨，痛惡，憎惡……

喜：喜悅，喜歡，喜慶，喜愛，開心，快樂，快活，愉快，快意，高興，喜出望外，好受，慶幸，舒暢，舒服，舒坦，幸福，爽快，甜美，甜蜜，心花怒放，心曠神怡，入迷，著迷，入神，心醉，陶醉，得意，自豪，高傲，驕傲，自負，自傲，自高自大，沾沾自喜，狂妄，優越感，體面，光彩，光榮，敬仰，敬重，崇敬，佩服，欽佩，敬仰，仰慕，讚歎，感動，圓滿，滿意，期待，嚮往，樂觀，信心，欣慰，抑揚，衝動，鼓舞，激動，興奮，振奮，振作，歡暢，闊然開朗，寬暢，狂喜，舒心，怡然，愉悅，自滿，自恃，貪戀，愜意，遂心，遂意，宜人，快慰，欣幸，激昂，亢奮……

思：思想，思考，思慮，反思，思維，思量，思念，思緒，思索，沉思，想念，懷念，念頭，意念，念念不忘，念念相續，掛念，憂慮，憂思，擔心，牽腸掛肚……

悲：悲傷，悲哀，悲慘，悲心，悲觀，悲苦，悲酸，悲辛，悲愴，悲痛，沉痛，難過，傷心，痛苦，痛心，心酸，慘烈，慘然，慘苦，可憐，憐憫，可惜，惋惜，同情，慈悲，沮喪，失望，失落，孤單，孤獨，孤立，寂寞，低沉，消沉，低落，氣餒，喪氣，厭倦，疲累，哀傷，哀痛，發愁，犯愁，淒慘，辛酸，失意，不得志……

恐：恐懼，驚慌，驚恐，膽小，膽怯，膽戰心驚，害怕，畏縮，畏懼，畏怯，怵惕，發怵，警惕，驚惕，懼怕，恐怖，驚訝，驚嚇，受驚，吃驚，心有餘悸，無力感，心慌，發慌，恐慌，心慌意亂，害羞，怕羞，羞怯，羞澀，靦腆，愧疚，虧心，自卑，沒自信，誠惶誠恐，惶惶，惶惑，心驚肉跳，氣餒，自餒，自慚形穢，歉疚，愧疚，心中有愧，無地自容，頹廢，萎靡，頹喪，淪喪，頹唐……

以上說的主要是單一情志，而在真實生活中通常是幾種情志一起出現，尤其是情與志兩者混合，即是在思考基礎上引發各種情緒，雖然上述「思」的相關形容詞看似比較少，實際上思很多時候是隱藏在各種情緒的背後。

以下再列出一些兩種以上情志相合的的形容詞，遇到以下的情志，有時候覺得比較難理解，不妨回到以上五種情志的基本來分析，看看這一類情志有多少種基本情志在內，例如「緊張」就是「思＋恐」，「憂鬱」通常是「恐＋思＋怒」等等，其他例子如下：

驚喜，悲憤，受寵若驚，悲喜交雜，幸災樂禍，愛恨交纏，憂傷，憂愁，壓力，壓抑，悲鬱，鬱悶，沉鬱，委屈，冤枉，浮躁，輕浮，急切，焦急，心急，心切，忙亂，羞恥，恥辱，難堪，難為情，後悔，好奇，懷疑，可疑，困惑，迷惑，迷惘，不開心，悲憤，苦澀，傷神，痛心疾首，辛酸，懷疑，煩擾，愁悶，焦躁，煩亂，紛亂，忐忑不安，如坐針氈，彷徨，疑忌，哀憐，憐憫，憐惜，痛惜，戀慕，渴慕，抱歉，遺憾，落魄，惘然，惆悵，悵恨，悵惘，愛思，哀怨，丑哭，仇怨，愧恨，悔恨，後悔，痛悔，追悔，自怨自艾，詫異，愕然，驚詫，感憤，戒懼，驚疑，敬畏，愧痛，疑懼，羞憤，疑慮，憂煩，憂懼，怨憤，厭棄，忘情，淡漠，淡薄，索然無味……

此外，還有一些「沒情緒」的形容，即內心平靜、情緒不生，是最理想的情志狀態，屬於「喜」之上的境界，恬淡虛無的其他形容：

如意，如願，順心，隨心，寬心，隨意，自在，自得，安寧，安然，安詳，安穩，安舒，安然，放心，寧靜，輕鬆，坦然，心安理得，心靜，清淨，清爽，心平氣和，鎮定，鎮靜，泰然，閒適，如釋重負，吐氣揚眉……

記得，在看了這麼多情緒之後，如果覺得「這麼複雜啊！」，那就是落入了「察異」的思維模式之中了。不妨放下這些不同名詞上的表面差異，直接回到最基本的五大類情志之中，各種情志其實也是這五大類的組合，就好像色彩一樣，三種原色可以幻化成七彩繽紛的世界，透過分析每一種情志背後的基本元素，可以幫助我們直接切入問題核心。

為什麼情志是疾病療癒的關鍵？真實的人生太複雜，導致情緒的生活事件太多了！我們難以了解別人全部的人生問題，可是就算不知道具體發生了什麼事情，也可以知道怎樣治理，因為最後都可歸類到這五種情志之上，這就是執簡馭繁了！透過觀察人體的氣血，觀察人的眼神，那就可以知道這個人的關鍵情志問題，情志就是一把鑰匙，讓我們打開心窗，是接連身和靈的捷徑。

情志並無對錯之分

一般社會文化會覺得，人應該要平穩沒有情緒才好，所以比如在公眾場合，如果有人突然大哭大笑吵鬧，大家會覺得這樣好尷尬，這反映出集體心理是抗拒有情緒的。在一般男女溝通的技巧觀念，通常說男性比較理性，女性則偏於感性；男性習慣找出具體解決方法，女性比較需要別人理解她的感受，這也是理性和感性的特點分別，從這個角度來看，社會上普遍男性也有情緒壓抑的心態，覺得男性不應該有情緒，較少分享自己的感受，也習慣忍耐、堅持，通常男性比較少去看醫生見輔導、不太願意參加身心靈課程。

像這一類現象，代表社會上對情緒有負面評價，習慣用理性去壓抑感覺，覺得情緒是有問題的、不應該的。因此，就經常有所謂「負面情緒」的說法，把情緒分為正面負面。

「正和負」雖然是一種分類角度，可是這種正負的標籤，就是壓抑情緒的主要原因，因為覺得負面的情緒，憤怒、悲傷、恐懼，都是不好的，有這些情緒是不對的，於是就不讓他們發洩出來。

要用正面情緒與負面情緒去區分中醫上的情志，那就是只有「喜」是正面的，其他怒思悲恐都是負面的。可是，這種正負的分別，並非中醫的觀念，中醫雖然會分陰陽，可是情志並非如此理解的。

其實各種情志，如果符合節度，也可以是好的！亦即是說，所有情志也可以是正面的、也可以是負面的，這就是「水能載舟，亦能覆舟」的基本觀念，適當的產生情志是好的，太過才會傷身。可是，這樣說也好像是一種「正負觀念」，其實這是從一到二的兩個階段過程，《道德經》說：「道生一，一生二」的兩個階段，情志如果要能夠分得到正負，那就代表已經太過，故此就出現了「二」了，可是如果情志都是平和的、有節制的，那就不是負面，這時候情志其實都是「一」的，這時候不分正負，或者說只有正面的。在《黃帝內經》說：

「人有五藏，化五氣，以生喜怒思憂恐。」

——**《素問．天元紀大論篇》**

人的五臟藏著氣，這氣本身是一體的氣，化成五種氣就會收藏在五臟，而這五種氣又可以化成人的情志，各種情志都是藏在五臟之中，本身應該是好的東西，對健康有幫助。所有情志，能幫助我們認識自己，尤其是透過情志去認識心神，也幫助我們認識身體狀況，情志是溝通「身心靈」的關鍵。

情志本身是中性的，各種情志也是一種氣，現代的語言通常稱之為「能量」，它反映著身體內的變化，是我們對事情反應的習慣。產生情志背後的原因更為重要，情志生起來，本身沒有分好壞，可是如果我們沒有理會情志，情志就會被壓抑；如果我們沒有處理背後的原因，那麼情志就會反覆產生，對身體造成影響，甚至產生疾病，那時候的情志，一般就叫做負面情緒了。

情志本身都是好的，可以引導我們發現自己的問題，幫助我們看到病因。情志是一種現象，就好像火警的時候，警報器響起來了，你不會說：「警報器響起來是不對的，趕快關掉它吧！」這種想法相當危險！完全是治標不治本，警報器沒有錯啊，錯的是火災，聽到警報器的提醒，我們應該好好發現背後的問題是什麼。情志就像警報器，它告訴我們身體內部出現了問題，就好比人體的各種不適症狀一樣，都屬於現象層面的問題，我們應該**透過現象的提醒，去追溯本質的問題**。

情志養生的兩種層次

情志出現了、或者身體出現疾病症狀，通常反映生活層面出現了問題，例如家庭、工作、社交、社會等問題，這也可以跟習慣、性格、成長環境有關。每一次有情志出現，就是一個認識自己的好時機，如果能夠處理根本的生活問題，那樣才是疏解情志的方法，而不是見到情志就壓制情志。

就好比中醫治病，就算不知道病情的生活原因，醫師也可以治療病家的不適，只是這樣的治療未必治本，病情容易復發。在治療情志導致的疾病時，中醫有「情志療法」可以給予治療，但這也屬於短期舒緩的作用，如果要治本，還是需要在生活上解決和預防問題。

情志養生可以分為兩種層次，先來看看《四書》之一《中庸》的一句名言：

「**喜怒哀樂之未發，謂之中；發而皆中節，謂之和。**」

——《中庸》

這句話是《中庸》的核心，討論怎樣實踐「中庸之道」，其中就提到了「中」與「和」兩個層次。

基本層次叫做「和」，就是指平和、和諧的狀態，是指各種情感發出來卻能夠符合節制、節度。人有情緒並不是問題，可是不要維持太久、**過於執著**，讓情緒自行釋放與平伏，那都是正常的。就好像諺語說：「床頭吵架床尾和」，「兩夫妻沒有隔夜仇」，又或者《聖經》有一句話說：「不可含怒到日落」，意思都是生氣了，應該要盡快放下，不要影響自己的休息生活。如果夫妻倆吵架的時候就翻舊帳：「十年前你傷害我的那件事，到現在我還是很生氣！」這般執著過去的情緒，過了這麼久也沒有放下來原諒對方，顯然就是「不和」，情志持續影響人體的氣血，造成疾病的基礎。

在這個層次的養生，是透過各種方法讓情志得到疏解，可以「疏導」，讓情志發洩出來，例如去山上大叫一下，或者找個枕頭拳打洩氣；也可以「逃避」，離開現場環境，冷靜下來，抽身出來讓心志轉變；也可以「轉移」，找一些別的事情去做，做運動、唱歌、吃東西、玩遊戲、看電影、旅行，讓自己忘記事情；也可透過「專一」的方法，讓自己專心做一些事情，例如去寫書法、打坐、呼吸等等。這些都是情志養生的常用方法。

更高層次的情志養生，就是「中」這個層次了，就是中庸、中道、中性的狀態，是指各種情感沒有發出來。很多人一聽到這樣說，就會疑問：「不是說有情緒不應該壓抑，要釋放出來才好嗎？」對啊！如果有情緒的話，是要透過上述的方法好好處理的，可是這裡說的「中」，是指更高層次的：打不還口、罵不還手，遇風浪仍處變不驚、不為所動的**穩定狀態**，這個人內心堅定平穩，無法動搖他！這是多麼高的境界啊！是聖人層次的目標，也是中醫養生的最高境界：「恬淡虛無」。這樣層次的人並非麻木沒有情緒，而是時刻處於恬靜愉悅的心，不為外環境所動。

「中」這個層次的情志養生，顯然是需要透過訓練的，尤其是從小對道德的學習、個人的修心養性做好，才能夠逐步達致，也要先做到「和」的境界之後，才逐步提升上來。記住，聖人不是天生的，只是他們經歷磨練比較多，付出努力才能做到。雖然並非每一個人都能夠做到聖人的層次，但這也是給我們一個最終目標，讓我們可以不斷改進自己。如果問：人生的最大成就是什麼？達到「中」這個層次的境界，這就是人類生命的最大成就。

情志為何能夠生百病？

如果情志養生沒有做好，連「和」的境界也做不到，執著於情志不放，那就可能導致疾病了。在《黃帝內經》之中，多次提到情志跟五臟相關：「怒傷肝」、「喜傷心」、「思傷脾」、「憂傷肺」、「恐傷腎」，這是最直接的對應關係，讓我們知道情志如何傷害人體。可是，情志不單是傷害一個臟腑，實際上也會影響一身之氣，只是對某臟腑比較側重而已。

前文曾經提到，六種情志與人的氣血如何關聯：「怒則氣上，喜則氣緩，悲則氣消，恐則氣下，驚則氣亂，思則氣結」，在該篇《黃帝內經》之中，還對這些氣的問題作引申說明，如何導致疾病的機理：

「怒則氣逆，甚則嘔血及飧泄，故氣上矣。

喜則氣和志達，榮衛通利，故氣緩矣。

悲則心系急，肺布葉舉，而上焦不通，榮衛不散，熱氣在中，故氣消矣。

恐則精却，却則上焦閉，閉則氣還，還則下焦脹，故氣不行矣……

驚則心無所倚，神無所歸，慮無所定，故氣亂矣……

思則心有所存，神有所歸，正氣留而不行，故氣結矣。

——《素問．舉痛論篇》

各種情志之中，只有「喜」對人體有好的影響，導致人的氣血通利緩和，其餘五種情志都會帶來疾病。發怒、生氣，會導致人的氣往上行，比如有成語「怒髮衝冠」，如果經常有頭部或上肢的疾患，就需要考慮是否和怒氣有關了，這裡說甚至會導致嘔血和腹瀉等的病情。

悲哀憂愁，會導致人的心氣不通，繼而導致人的氣血在上部不通暢，出現心中鬱悶、熱氣在中的不適感覺，也由於氣血不能流通周身，故此覺得疲倦乏力。因此一個人經常覺得疲乏、心胸不適，就要考慮自己有沒有悲了。

恐懼導致人的精氣退卻不能上升，因此上部分的氣血不通，也導致氣只能堵在下部，於是出現下腹脹等問題。由於氣不能流通到身體下部，故此下腹、下肢出現的病證，就要考慮是否與恐懼相關了。

驚慌會導致心中沒有依靠，所謂「神不守舍」，就是神不能安居在心中，於是就容易出現心慌、心悸的不適，也導致人的思慮太多不能自止，心煩意亂，周身的氣出現混亂，可以有多種病證出現。故此如果周身出現許多不適，混雜一起，整個人感覺亂糟糟的，那就要考慮內心是否有驚慌了。

思想、思慮太多導致的病情，首先思慮會使得「心有所存，神有所歸」，心中的神能夠存留、沒有散亂，這其實也是好的事情，適當的用腦思考有助集中精神。可是人的「神」本身應該流通周身的，經常想東西就會導致「正氣留而不行」，所謂「氣結」就是氣好像繩結一樣卡住了、不順了，中醫有所謂「不通則痛、不通則病」的說法，換句話說，思慮可以導致人百病叢生！

以上是從單一情志致病的情況而言，而真實生活中往往是幾種情志相兼，例如悲喜交雜，又驚又喜，悲憤不已……人的氣血就有多種因素牽拉影響，導致複雜的病情。這也是中醫病因的基本觀點，**情志屬於內因，直接影響人的氣血**，正是為什麼情志能夠導致各種疾病的基礎原因。

情志的急性與慢性中毒

上述提到的情志致病，一般是從急性發病的情況來看的，例如突然悲傷流淚的時候，我們會感到周身疲乏；突然憤怒的時候會感到氣往上湧。我將這種情況稱為「急性中毒」，通常情志突然出現，我們都知道要先急救處理，不然就會影響身體健康。

急性中毒的問題我們會高度關注，容易忽略的是情志「慢性中毒」。所謂慢性中毒就是我們每天生活之中長期有一些情志，依然是這些怒喜思悲憂恐驚，可是這情志不那麼激烈，因此我們不覺得有問題。就好像所謂「溫水煮青蛙」的道理，如果天天在水中下一點毒藥，每天喝一點可能你不覺得有不適，可是累積下來亦可以致命！

尤其是當情志成為了習慣，我們就不一定察覺。說誇張一點，就像「精神病人不會覺得自己有精神病，喝醉的人會說我沒醉」一樣，我們自己有什麼情緒，如果適應了，就沒有感覺了。當我們長期有一些情志，這不單成為了我們的習慣，甚至形成了自己的性格、還會影響相貌體型。很多人都不認識自己的性格，所以很多人喜歡學習性格學的知識，做問卷、找專家了解自己是什麼性格，就是因為我們未能反觀自己了。

情志的慢性中毒，比急性中毒問題要棘手！急性中毒出現時，通常會採取行動處理，做一些事情調節情緒，減少思慮。可是慢性中毒，我們就是沒有察覺到，不覺得自己有問題，後來慢慢形成疾病，又沒有留意到疾病跟自己的情志有關，於是將疾病跟情志割裂，只是向外尋找疾病原因和治療方法，那就是治標不治本。

因此，情志的慢性中毒，是我們最需要密切關注的問題，這部分甚至可以說成：「性格可以致病」。如果我們有一些不良的性格，就會導致健康問題，也會影響我們的行為、面容、眼神，更影響我們的修身齊家治國。這是最需要關注的部分，在下一章我們將會深入討論，各種情志性格與健康的細微關係。

第五章

五大情志的淺深層次

中醫有人體五臟為核心的理論，五臟分別為心、肝、脾、肺、腎，五臟與人的情志緊密聯繫，在《黃帝內經》說：

「天有四時五行，以生長收藏，以生寒暑燥濕風；人有五藏，化五氣，以生喜怒悲憂恐。故喜怒傷氣，寒暑傷形。」

——《素問．陰陽應象大論》

人有五臟，就會將人的精氣化成五個部分，這五部分的精氣形成了人的「五志」——「喜怒悲憂恐」，稱為「五志」。情志出現問題能直接傷害人身體的氣，外在環境的「寒暑燥濕風」則會傷害人的形體。要特別提醒，中西醫的概念不同，中醫的五臟並非人體內有形的解剖器官！中醫的五臟是「氣之五臟」，是五個收藏氣的地方，所以中醫的五臟，是一般人肉眼所看不見、摸不著的，所以西醫上例如患有肝病、腎病，不等於中醫上有肝病、腎病。

中醫上的五臟，有不同的排列方法，例如從五行的分類來說，按「木火土金水」的順序為「肝心脾肺腎」，五志為「怒喜思悲恐」。五行的分類是將五臟平等看待「平」的分類，而傳統的中醫理論對五臟有不同角度的認識，例如《黃帝內經》認為心是五臟六腑之大主，所以後來通常把五臟的順序說成「心肝脾肺腎」，將心排在最頭。五臟的排列，而如果回到真實的人體，五臟之氣本身就是來自人的一氣，人體的氣本身是合一的，當氣分成五個部分的時候，就形成了「五臟」，五臟在身體上是有具體部位的，按中醫經典《傷寒論》的記載：

「問曰：經說，脈有三菽、六菽重者，何謂也？師曰：脈者，人以指按之，如三菽之重者，

肺氣也；如六菽之重者，心氣也；如九菽之重者，脾氣也；如十二菽之重者，肝氣也；按之至骨者，腎氣也。」

——《傷寒論．平脈法》

這裡用脈象的層次去說明了五臟的高低順序，這種理論不單是在《傷寒論》有記載，而且其它經典包括《難經》、《脈經》也有相近的記述，是古代中醫的共識，如果將五臟的高低與情志對應起來，五臟的排列從人身體上到下就是：肺心脾肝腎、悲喜思怒恐。（見圖）

五臟	五志（七情）
肺	悲（憂）
心	喜
脾	思
肝	怒
腎	恐（驚）

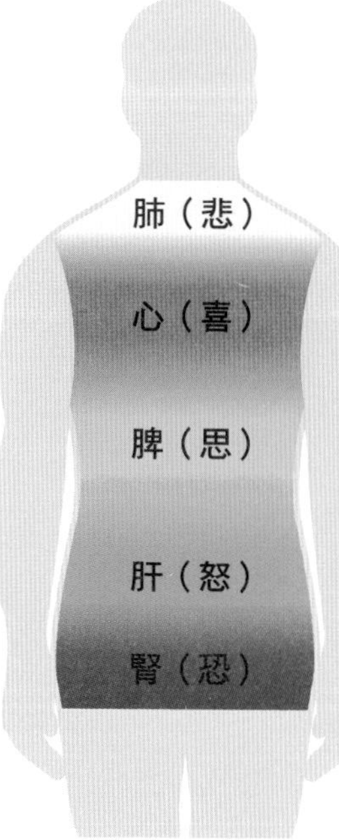

這種五臟高低層次的理論，是中醫對人五臟之氣的認識觀點，五臟合而論之是人的一氣，分而論之則是五臟，這就是中醫的整體觀念，人體的五臟六腑並非分開獨立的。這樣排列起來，五臟與五志的關係也對應起來，從中醫發病的觀點來看，一般是從上而下，是病情從淺到深的逐步深入，所以偏上的情志問題比較輕，偏下的比較重。

說起來也相當有趣，這種情志排列的理論，與印度瑜伽的七脈輪理論有頗多相似之處，五志與七脈輪的下五個脈輪對應（上兩個脈輪在頭部而不在軀幹，無需對應五臟），例如一般認為海底輪與恐懼有關，心輪與愛和喜悅有關，這與中醫的觀點一致。更加有趣的比較，按筆者的研究[2]在中醫經典《傷寒論》之中，也有人體中線七個關鍵點的論述：

三焦	臟腑部位	對應體表部位
上焦	肺	喉中
	肺	胸中（膻中）
	心	心中（心窩）
	心之下、膈之間	心下（胃脘部）
中焦	脾胃	腹中、肚臍外
下焦	腎、膀胱	少腹、腰、臍
	氣街	氣衝穴（肚臍下五寸）

《傷寒論》是漢代醫聖張仲景的著作，他記載的理論與七脈輪的觀點十分相近，是將身體部位從上到下容易發病的部位紀錄下來，代表這些部位是「氣」比較集中的地方，這七個部位之中有五個位置與七脈輪的部位基本相同，兩者具有可比性。由於本書重點是討論中醫觀點，我們不打算展開深入比較，這裡想指出一點，在七脈輪的理論中，認為七個脈輪跟人的心靈有密切關係，實質上中醫的五臟與五志對應的觀點亦相當一致。

本章我們將會討論五志如何致病，尤其是「慢性中毒」的部分，這跟我們細微的情緒、性格有關。五志太過雖然會傷害五臟，若五志的調養做好則亦能補益五臟，這就好像吃「五色」食物可以補養五臟的理論一樣，還是過猶不及的道理。以下除了論述五志導致的問題外，在這些問題的背後，往往是出自一些正面的想法原因，是驅使自己變好的原動力，只是正面的想法用得太過也會成病，就好像中醫裡面正氣太過也可以成病一樣，因此我們不妨穿透黑暗、看到光明，看到**五志問題背後的價值**，如何透過情志去認識自己內心的真善美。

疾病發生的原因，往往是多種情志綜合的結果，以下我們也嘗試從五臟五志、上到下逐一分別討論。

2 李宇銘，《傷寒六經原意》〈三焦與體表部位對應關係〉，北京：中國中醫藥出版社，2014年：頁32～48。

疾病的初始原因：悲觀

《黃帝內經》說：「憂傷肺」、「悲則肺氣乘」，悲憂也會傷肺。肺是五臟中最高的臟腑，是人體軀幹最高的部位，如果邪氣侵入人體內，部位上首先會侵犯肺，因此可以說，肺的病是初始階段，如果肺病沒有改善，病情就可以繼續深入五臟六腑。

肺病直接的病證是咳嗽、氣喘等呼吸問題，比較輕的例如運動時容易氣促也跟肺虛有關。中醫上認為「肺主一身之氣」，身體表面皮膚肌肉等的病情，也與肺虛弱有關，常見如感冒、怕冷、頭痛，頸緊、手冷等，也與肺虛有密切關係。

悲憂包括了悲哀、哀痛、哀傷、憂愁、悲慘、傷心……（參考前文「五志包羅一切情志」一章的形容詞），悲憂是非常常見的負面情緒，可是悲憂不一定會哭，這也是急性中毒以及慢性中毒的問題，當然急性的悲憂情緒可以痛哭流淚，可是慢性中毒才容易讓人掉以輕心。

人們口中的不開心、提不起勁、笑不出來，也是悲憂的慢性中毒特徵，尤其是人有悲憂不一定會釋放出來，諺語常說：有苦自知，強忍淚水，或者男兒有淚不輕彈，這些也是內心有悲憂，只是被壓抑了，時間久了或者連自己也不知道。有時候，說起一些陳年往事，我們還會有哀傷感覺，那就說明這情緒還在，情緒持續影響人體健康。

《黃帝內經》說：「悲則氣消」，悲傷會讓人的氣有消失了的感覺，就是沒氣力了，是一種「無力感」。想像一下，肺氣不足，氣不能上行到頭面上肢，那樣真的會導致身體無力，沒有動力工作活動。

這種悲憂的無力感，如果從性格去說，代表這個人「悲觀」，想事情負面，總是覺得自己無法解決問題。如果有這種想法，人就會變得被動，甚至是消極，覺得一切都是身外環境所決定，自己做不了多少改變。如果時間久了，肺虛弱之後，邪氣繼續內侵，影響人體的其他臟腑，可能出現更多情緒，例如因為無力感而出現憤怒，那就代表邪氣影響到肝了。

在悲憂的背後，其實有正面的原因，是因為這個人希望消除世界上的憤怒。在中醫肺屬金，五行理論是金剋木，情志上則是「悲勝怒」，一個人有這種「悲心」，本來的目的是為了制勝這個世界的憤怒，所謂憤怒可以理解為眾人的怒氣、不和、負面情緒、二元對立分化……當一個人面對世界的問題，希望努力去改變世界，這種心可以稱為同理心、同情心、憐憫心、慈悲心，就是能夠站在他人的角度，設身處地去感受別人的痛苦，所以才讓自己悲憂了！

因此，凡是有肺病以及相關上部的問題，首先要反觀自己，是不是太想去幫助這個世界了？是不是太辛苦自己了？人有這種想改變世界的心本來是好事，可是別人不一定有能力和智慧去改變啊！有一句話這樣說：「不要嘗試改變其他人，唯一要改變的只有一位——在鏡子裡面的那位。只有他改變了，這個世界就自然改變。」當我們執著於改變世界，可是別人又不去改變的時候，我們就會產生這種悲觀、無力的感受，實際上只要回到自己，明白只需要改變自己，那就可以拿回自己的力量。

各種疾病的基本成因：不快樂

《黃帝內經》說：「喜傷心」，一般情況下喜是正面的情志，可是過於喜也會傷身。心是人體上部的第二層次之臟，肺虛弱了，邪氣就可以進入到下一層影響到心，如果再過了心，那就進入人體中間的脾胃了。

由於心的特殊性，心是五臟六腑之主，古代中醫認為心不應該「受邪」，如果心受到了邪氣，病情就很嚴重了！這其實意思就是，心中藏神，本身有很強的自癒能力，因此就算受邪也比較輕，如果心真的病了，往往病情嚴重。由於心有這種自癒的能力，溝通人的「身」和「靈」，如果心不好就會影響情志，繼而影響五臟六腑，是各種疾病的基本成因。

心的病證最直接的是心痛、胸悶、氣短，甚至神志不清、昏迷、癲狂，這些都是比較嚴重的病情。如果心影響人五臟六腑的功能，那就產生各種情志問題，凡是情志病皆與心有關。

喜傷心是不容易察覺的，過喜往往不是指笑得太誇張、哭笑不得的狀態，而是指太過沉醉在喜的感覺之中，不能自拔回到平靜，做不到「發而皆中節」。急性中毒的喜，可以是狂妄、自高自大，趾高氣揚，而常見的慢性中毒則是沾沾自喜、優越感、驕傲、自負、貪戀自恃……另一方面，有些人習慣讓自己每天面帶笑容，也可能是一種壓抑的情緒，不去面對自己內心的痛苦，只是追求表面的快樂，這種喜只是一種逃避，現在不少人提倡「正面思維」，其實不一定是好事情。

《黃帝內經》說：「喜則氣緩」，氣流通緩和本身是好事情，可是氣也可能太過緩和，那樣的人缺乏動力生活工作、懶散，不願意改變，覺得自己沒問題，以為自己現在什麼都好了。除了這些過喜的問題，缺乏喜、缺乏愛，也可以導致心病，導致心虛弱而成病。缺乏喜愛，基本的就是不開心了，嚴重的就是怨恨！所謂「愛的反面就是恨」，也就是這個意思，實際上怨恨是一種憤怒，代表了邪氣深入影響到肝，因此產生了更多情志。

喜背後的正面原因，是因為這個人希望消除這個世界的悲傷。在中醫上心屬火，五行理論是火剋金，情志上則是「喜勝悲」，愛與喜樂能夠消除悲傷，代表這個人富有同情心，能夠看到別人的痛苦，而且他心底擁有強大的正能量，希望給世界帶走痛苦，離苦得樂。

患有心病的人，首先要反觀自己，是否執著於幫助這個世界，把眼光聚焦在痛苦悲傷的事情上？或者有時候反過來，覺得這個世界的問題太多，反而由愛生恨？本來悲傷並非錯誤，很多人可以在悲傷、傷痛之中學習成長，因此要學習調整心態，放下「悲憂就是敵人」的觀念。要消除別人的悲傷，首先需要讓自己有正面積極的力量，從心中發出喜悅，這喜悅並非因為別人改變而來的，而是來自自己身心安康，心靈自然會自在幸福。

人類獨有的疾病成因：想太多

《黃帝內經》：「思傷脾」，思慮可以傷脾，脾是在人體中央的臟腑，處於關鍵位置，如果虛弱了，邪氣侵入過了中間的部位，那就容易深入到下部的肝腎。

脾病的直接病證是腹脹腹痛、胃脹胃痛，影響胃口，所以有廢寢忘餐、茶飯不思等的成語。脾與胃密切相連，胃是人體非常重要的腑，中醫上說「有胃氣則生，無胃氣則死」，胃是主管人的整個消化能力，如果胃虛弱了，人就難以從飲食中獲得精氣，自然容易衰敗了。由於脾胃互相影響，如果一個人思慮多，也會影響胃的消化，儘管吃很多東西也吸收不好，身體虛弱導致百病叢生！脾胃在人的中央，透過飲食所產生的精氣可以輸送到全身上下，因此脾病了，人就會周身虛弱。

思慮就是思想，只要人有思想，人的正氣就不通。就好像人不會整天在運動，可以休作有時，人的頭腦也是一樣，思想的時候會導致正氣不通，那麼只要有多點時間不去思想，也可以抵消思慮的問題。

思慮多的人，往往不覺得自己想得多。要注意，「思想」並非只是學習、工作時候用腦才算是思想，很多人就算沒有工作，生活輕鬆，頭腦也有很多思慮。在《黃帝內經》對思的理解，只要頭腦有念頭，那就是有思了！只是我們很多時候適應了，沒有感覺到，就好像如果家裡長期開著電視收音機，我們就會習慣了這些聲音但沒有真正聽進去，成為了頭腦的背景聲音而不自知。

要觀察自己有沒有思，最直接的方法就是做靜心、打坐，嘗試安靜坐下來最少十分鐘，看看頭腦是否可以沒有念頭生起？是不是有很多瑣碎的想法跳出來？例如想要吃什麼、哪裡覺得癢、要買什麼東西、有事沒做完、要找什麼人……這個時候，通常就會察覺得到自己難以平靜。人思想太過的時候，往往會伴有其他情緒，例如憂思，那就是悲傷加上思慮；擔心，就是思慮伴有驚慌甚至恐懼，因為驚恐在背後推動迫使頭腦想個不停。這些也代表思慮影響到人體上下的臟腑了，加上憂傷是影響上面的肺，驚恐是影響到下面的肝腎，本身思慮傷脾已經可以影響人體上下的氣，再加上其他情志，影響更遠。

都市人普遍有思慮的慢性中毒！一個人從小到大，透過教育逐步學習了思考，隨著壓力逐漸增大，頭腦的思想負擔日益增多，再加上其他憂慮驚恐逼迫自己頭腦不能停下來，頭腦就逐步超過負荷。因為思慮一直都存在，逐步增加沒有察覺，當自己生病的時候，才察覺到生病是跟自己的思慮有關。問問自己，有多久沒有到自然的環境去「無所事事」？例如到公園森林海邊沙灘坐上大半天，什麼都不做也沒有覺得浪費時間？思慮過度之人，通常不習慣讓自己停下來。

《黃帝內經》說：「思則氣結」，氣結就是氣不通，在中醫上看所有疾病發生的基本原因，也是因為正氣虛弱、邪氣侵犯，繼而氣血不通導致生病，而思慮則直接致使人的氣血不通，因此思是各種疾病產生的基礎原因。為什麼靜坐能治百病？是因為讓內心恢復平靜，氣血自然通暢，百病自消。

思考是人類獨有的能力，相對於動物而言，動物雖然有情感，但較少思考能力，尤其是人類有語言文字的獨有能力，正好給了人理性思考的工具，然而這種能力同時也是人健康的障礙，如果一個人不懂「**不思考**」，那就是想太多了，就好像一個人只懂得運動工作而不休息，當然會傷身了。

思慮背後的正面原因，是因為這個人希望消除這個世界的恐懼。在中醫上脾屬土，五行理論是土剋水，情志上則是「思勝恐」，一個人的思考是為了克服恐懼，思考的目的是為了解決問題。這個世界上有許多的問題，例如疾病死亡、環境、戰爭等等，思考就是創造新事物的原動力，是為了解決問題為目的。如果不需要解決問題，人實在不需要思考，可以無憂無慮的生活。

凡是脾病、甚至人所有的疾病，也應該要學會減少思慮。其實方法很簡單，就是明白不是所有問題，都需要透過思考去解決的，有些事情是需要用感情、用直覺去處理。再者，並非每個人都懂得正確的思考方法，思考需要學習有效方法，不然只是一些胡亂的頭腦雜訊，例如前文提到，中醫主張採取「智者察同」的觀察方式，那樣已經可以讓人減少大量思慮，不用努力去分別不同東西。美國心理學家瓦拉斯 G. Wallas 提出創意思考包含四個過程：準備期、醞釀期（孵育）、豁朗期（頓悟）、驗證期，這四個階段之中，通常我們所說的思考就是在第一個階段準備，而實際上要得到解決方法，更需要第二個階段的「醞釀」，這就是要學習「不思考」，不思考的目的，是為了安靜下來連結自己的心神，因為我們的神是接通天地的，可以幫助我們回答一切問題，是直覺的來源，讓我們可以不費力的過活。

深層的疾病原因：生氣

《黃帝內經》說：「怒傷肝」，憤怒會傷肝。肝是人體下部的臟腑，人體內的五臟之中，下部有肝和腎，肝在上腎在下，由於肝腎緊密相連，所以中醫上有「肝腎同源」之說，如果邪氣進入到肝，那就代表病情已經比較深入了。

肝的直接病證，是兩脅或下腹的不適如脹痛，也可以影響一身筋肉血氣，中醫上認為「肝藏血」，人身體的血病也跟肝有關，女性的婦科問題亦重視肝的調治。

憤怒包括了憎恨、嫉妒、輕蔑、煩躁、惱火……這些也是急性中毒的形容，如果說更常見的慢性中毒，則是生氣、不開心、鬱悶、無奈。

《黃帝內經》說：「怒則氣上」，怒可以讓人的氣往上升，那為什麼特別容易「傷肝」呢？中醫理論把肝的氣叫做「少陽之氣」，意思就是這個氣比較薄弱，因為肝在人體的下部，本身主要是收藏人的血氣，這些血氣上升的力量比較弱，因此如果有怒氣出現，就很容易逼迫下部的氣上行，影響肝的血氣上升太過。

這也是為什麼中醫經常講「肝鬱」！肝鬱就是「肝氣鬱結」的簡稱，這幾乎是壓抑情緒的代名詞，而實際上各種情緒都可以被壓抑，不單是怒氣，各種情志都可以有鬱結，只是肝鬱最為常見。舉例說，上下班的時間在交通工具中擁擠著，旁邊有人不小心踩到你一腳，用手肘撞到你、用背包壓著你、又或者他一身汗臭逼人……這些時候，你有什麼感覺？正常人都會產生一些情緒，感覺鬱悶、厭惡、委屈等等，可是在情緒生出來時，我們通常不會破口大罵，不會拿刀出來殺人！我們覺得自己是受過教育的人、是有理性有禮貌的人，覺得情緒不應該隨便發洩。於是，我們會將這些情緒留在心中，當你下車後繼續生活，你以為自己已經忘記了，但是情緒沒有離開，這就成為了壓抑的情緒，這就是「肝鬱」了。

肝鬱就是因為生氣了，引動肝的氣往上升，可是肝的氣本身比較弱，因此就容易升不上去，再加上肝的上部有脾，由於人的**思慮很容易壓抑了情感**，不讓自己生氣，因此肝鬱很常見，很多人都會敢怒不敢言、有苦往肚子吞、怒火中燒。生氣壓抑在心中，沒有發洩出來的，通常稱為：憤世嫉俗、憤怒青年、批判思考、感慨、負面……生悶氣對身體的影響更大呢！有些豪邁的人口直心快習慣罵人，如果說出來之後，情緒釋放了不記掛在心，那樣對身體可能更好。

憤怒的背後，往往存在著驚恐，中醫的理論認為肝下面是腎，《黃帝內經》說：「恐傷腎」、「藏精於肝，其病發驚駭」，肝病可以出現驚和怒，實際上是同一個問題的兩個側面，就好像你見到一隻小狗在睡覺，當你靠近牠的時候，牠突然跳起來大叫：「汪！汪！汪！」這時候小狗是憤怒還是驚慌？其實兩種情緒都有，表面是憤怒，背後是驚慌。這也是現代心理學所謂「戰和逃」（fight of flight response），面對問題有人會選擇逃避，有人會選擇勇敢面對，也有人會選擇什麼都不做。憤怒的情緒背後藏著驚恐，中醫上理解為肝腎兩者互相影響，如果一個人腎虛較重，那麼面對恐懼就只有退縮，而未必有氣力去「生氣」了。

憤怒背後的正面原因，是因為這個人希望消除這個世界的思慮。在中醫上肝屬木，五行理論是木剋土，情志上則是「怒勝思」，怒氣從正面來說，就是一個人的果敢、動力、勇氣、果斷，希望能夠透過行動力帶來改變、革命，而一個經常生氣的人，代表他不喜歡看到混亂、分爭、吵架、不統一，當頭腦的思慮不能制止這些狀況時，他就想透過怒氣去平息一切、帶來和平，只是過用了這種力量，反而變成武力、帶來更多的混亂。所謂「化悲憤為力量」，其實只要好好善用這向上的力量，明白自己力量有限，就算改變不了別人，其實我們也可以改變自己，我們的生命就可以時刻充滿動力，轉化力量。

疾病的最終根源：驚恐

《黃帝內經》說：「恐傷腎」，驚和恐也會傷腎，腎是五臟中部位最低的臟腑，是人體軀幹最低的位置，如果邪氣侵入到腎，代表病情已經最為深入了，不單是腎病，甚至代表邪氣已從上到下侵犯了五臟。腎是負責藏根本精氣的臟，就像我們把錢藏起來，可以藏在錢包、褲袋、櫃子、保險箱、銀行戶口……腎就好比我們收藏私房錢的地方，這些錢就是應急才能動用的緊急預備金，一旦都拿出來用了，就代表其他地方的錢也不太夠用了。所以腎虛的時候，身體其他臟腑也會虛弱。

腎病直接的病證是腰酸痛、小便和生殖等問題，所以身體經常腰酸乏力勞累，也跟腎虛有關。再者，腎主管人身下半部的氣血，腎虛也會導致下肢乏力、膝痛足痛、足冷等等。

驚恐即是驚慌和恐懼，可理解為兩種輕重程度，驚慌較輕、恐懼較重。驚恐也包括了驚訝、畏縮、害怕、慚愧、氣餒……這些都是急性中毒的特徵，而慢性中毒的恐懼更常見，可以是自卑、沒自信、害羞、膽小、畏縮、慚愧……這些也是不少人的性格特質，尤其是容易在小孩身上看到。一個人容易緊張、有壓力，其實就是他有驚恐，再加上不斷思慮所導致的。

《黃帝內經》說：「驚則氣亂」、「恐則氣下」，驚慌使人的氣血混亂，恐懼使人的氣血下行，這兩者也是驚和恐的感覺差異，驚慌是讓人感覺心亂，心中不停地想事情，忙亂的處理事情；恐懼則是讓人下沉無力，甚至害怕得腿軟遺尿，頭腦沒法想事情。

驚恐以及上一節的肝鬱，都是導致人整體虛弱的原因。記得有一次我要演講，是對著一些教授老師做報告，為了準備那次演講我感覺挺有壓力的，於是前一天就開始手腳冰冷，當時還在想是不是天冷呢？後來演講結束手腳就立刻回暖了。這讓我很深刻體驗到，驚恐導致人的氣血混亂或者下沉，加上人的思慮，又或者肝氣鬱滯不通，這些因素也會導致人的氣血不能向外向上行走，於是表面就虛弱了，容易受寒等各種邪氣入侵。驚恐是百病的終極原因，人類有著各種深層的恐懼，恐懼疾病死亡，恐懼錢財物質，恐懼工作生活，恐懼關係不和等等，如果人能夠克服自己的恐懼，疾病發生機會自然大減。

恐懼背後的正面原因，是因為這個人希望消除世界上的自負！在中醫上腎屬水，五行理論是水剋火，情志上則是「恐勝喜」，恐懼本身看似都是負面的，其實恐懼是人生十分重要的原動力，就好像一個人在面對火災的時候，有恐懼才會逃生，如果我們沒有恐懼，就不願改變和行動。恐懼所針對的，就是不願意改變的心，例如驕傲自負的人，會覺得自己已經很完美不需要改變，而恐懼就是讓我們看到自己的問題，希望可以做得更好。

凡是有腎病、以及患有各種疾病的人，首先要反觀自己，是不是太追求完美了？希望這個世界變好，本身是好的想法，可是是否習慣於負面思考，總是覺得這個世界有太多問題，於是不停改進，卻沒有看到美好的一面？有適當的恐懼是好的，如果習慣於恐懼而跳不出來，執著反而困住了自己，什麼都改變不了。回到自己的初衷，看到自己希望改變的決心，勇於面對自己的恐懼，恐懼就自然會消失。

第六章

基本情志療法：以情勝情

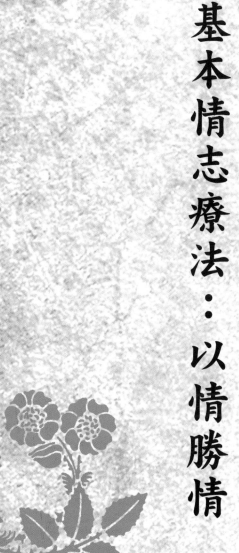

情志本身是一種氣、一種能量，情志可以影響人的氣，而氣本身沒有好壞，只要作出適當的引導、流動、轉化，情志和氣也可以得到疏解。

這就是「情志療法」的思想，中醫的治療方法，除了可以透過藥物、針灸等方式治療，還有一大類稱為「情志療法」的治療方式，可以透過改變患者的情志以治病，屬於「治心」層次的上醫觀念。情志是一種選擇，我們可以學習擺脫被情志牽著走，干擾自己的人生，透過訓練可以做到隨時調整情志，才是真正掌握自己的人生。

上一章已經提到五行生剋理論，解釋每一種情志背後的正面意義，實際上這種情志相剋的理論相當簡單，就只有五種情況：悲勝怒、怒勝思、思勝恐、恐勝喜、喜勝悲。這是情志療法應用的核心理論，除了可以用在治病、調暢情志，甚至可以用在日常生活的人際溝通上，本章進一步介紹其方法。

情志療法是我們每天生活常用的溝通方法，很多人不自覺的應用了而不自知，例如許多人都讀過《范進中舉》的故事，范進本來被岳父瞧不起，後來突然知道自己中舉了，太高興突然跌倒不省人事，醒來之後就變得瘋癲，這就屬於「過喜」所導致的疾病。之後鄰居幫忙出主意，找了他最害怕的岳父來，范進被岳父兇了一頓、打了一巴掌，然後就逐漸好過來了！這樣的故事十分符合醫理，這就是「恐勝喜」的方法，透過恐懼克制了太過的喜。

情志療法是中醫用來治病的一種專業治療手段，這裡希望透過介紹情志療法的精神，幫助我們在日常生活之中，應用這種思想去幫助自己舒緩情志的困擾。情志急性中毒時應用會很快見效，而就算是慢性中毒，也可提醒自己每天應該往那些方向去轉變。

以慈悲心勝過憤怒

如果遇到一個人充滿憤怒，或者他的病是因為憤怒而生的，我們可以透過「悲勝怒」的方法去治療。這裡所謂的「悲」，很多人以為是「哭」，怎麼可以突然讓一個病人哭起來啊？當然如果能夠透過一些方法，挖掘他內心的鬱悶痛苦，如果真的能夠釋放大哭一場，的確可以疏解病情。可是面對怒氣沖沖的人，往往不是那麼容易讓他哭啊！

這裡的悲，也包括了慈悲心、憐憫心。通常一個人生氣，大多是生某人的氣，只要我們能夠站在對方的角度「換位思考」，感受他人的痛苦、難處，怒氣很自然會消除。舉例而言，比如我們遇到先天智力低下的人或者殘障人士，我們很少會生氣說：你怎麼這麼笨？你怎麼這麼沒用？因為我們會感受得到他們的難處。如果我們遇到其他人，因為事情做不好而讓我們生氣，別人當然是不懂啊！肯定有自己的難處，為什麼我們不能體諒對方？

有時候我們對別人生氣，也不是那麼容易可以放下，對於這一類情況，我的建議是：無論你能否原諒別人，也必須學會原諒自己。憤怒是傷害自己的啊！為什麼要對不起自己？有一句話說：「生氣就是將別人的錯誤去懲罰自己」，何苦要虐待自己呢？如果我們未能對別人產生慈悲心，起碼要對自己慈悲，接受自己在生氣。

生氣的根本原因，很多時候是自己的驚恐所導致，而非真的是別人不好，往往是由於我們不能接受自己心底的恐懼，我們抗拒自己、壓抑自己的情緒，於是就對別人生氣，希望把別人壓下去，抬高自己感覺好過一點。在生活中面對令自己憤怒的人事物，其實也是因為自己心底的憤怒被勾起，如果內心真的沒有恐懼憤怒，就算遇到怎樣的事情也是不會生氣的。所以有句話說：要感激你的敵人、感謝苦難艱難，就是因為這些人和事，幫助我們認識自己。

「悲勝怒」亦可用在人際溝通上，比如工作時遇到一些怒氣沖沖的客人投訴，我們怎麼處理？首先要避免繼續爭拗或者辯論，可以透過讓對方理解公司的難處、自己的難處，希望得到對方的體諒，退一步海闊天空。

恐嚇勝過沾沾自喜

如果面對一個自大自傲的人，他的病是因為**不願意改變**而起的，那要怎麼辦？這就可以用「恐勝喜」的方法。這裡的恐很簡單——學會出言「恐嚇」他！其實很多醫生都會不自覺使用這種方法，例如告訴患者：你這病不治療的話，之後可能很嚴重。的確，有一些患者是需要恐嚇的，可是恐嚇的方法，並非每一個人都適合，只適合於這一類過喜的患者，比如一個本身已經憂慮、悲傷或者恐懼的患者，你還恐嚇他，他就更失去改變自己的動力。所以，情志療法並非可以隨便運用的，用錯了可會出問題。

恐勝喜的方法，在《黃帝內經》之中舉了一個很好的例子：

「夫中熱消癉……黃帝曰：胃欲寒飲，腸欲熱飲，兩者相逆，便之奈何？且夫王公大人，血食之君，驕恣從欲輕人，而無能禁之，禁之則逆其志，順之則加其病，便之奈何，治之何先？

岐伯曰：人之情，莫不惡死而樂生。告之以其敗，語之以其善，導之以其所便，開之以其所苦，雖有無道之人，惡有不聽者乎！」

——《靈樞．師傳》

這裡說一種病情叫做「中熱消癉」，這種病後世多稱為「消渴病」，現代很多中醫認為這類病與西醫的「糖尿病」病情相近。這裡提到，這種病情有一種相反的腸胃寒熱情況，導致人喜歡熱飲又喜歡冷飲，兩者相反矛盾，該怎麼辦？這裡解釋這一類病的原因，在過去多是王公貴族有錢人容易得病，因為他們肉吃太多，這一類人的性格驕傲、自大、縱慾、輕視別人，沒有人能夠禁止他，如果你叫他改變這種飲食習慣，禁止他吃肉，他就會不開心，但你讓他照樣飲食生活則會加重病情，該怎麼辦？這個情況現在也非常多見，很多人患有文明病，不單是糖尿病，還有三高、心臟病、中風、癌症等，也跟吃肉太多有關，你建議他不要吃肉、要多吃素，很多人就會說：「不吃肉人生還有什麼意義？」這就是自傲、過喜了！

《黃帝內經》教導我們，人之常情是「好生惡死」，總是希望活下去而害怕死亡，如何跟這類患者溝通，我們首先可以告訴患者，如果這種病沒治好、失敗的結果如何，當然就是死亡或者是病重了！這就是「恐嚇」的部分。當他明白了之後，停止了自傲的想法，再給他更美好的願景，病癒後的快樂是怎樣，誘導他往正確的方向去改變自己的生活，就算是不明白養生之道的人，也很少會有聽不進去的！《黃帝內經》真是相當有趣的一部書，這樣的實際情況，在我們今天也是非常多見。

「恐勝喜」用在人際溝通上，比如工作上面對蠻橫不講理的客人，我們必須要對他們作出嚴厲的警告，告訴他這樣做會遇到什麼後果。面對這類人，我們需要提起自己的勇氣，如果被他們的自滿自恃所威脅而退縮，那他們只會得寸進尺，有更多的苛求。

以果斷勝過想太多

面對一個思慮太過，擔憂多疑的人，首先採取「怒勝思」的方法。這裡所說的「怒」並非是指要發怒發脾氣去罵人，而是用怒的正面特點，用果斷的言語，去終止頭腦的混亂。例如面對一個人頭腦很多思想，經常提出很多問題，如果你被他帶著走，每一個問題都回答他，只會讓他繼續想下去，最好的方法是要帶他抽離，離開這個思想困局，跳出框框才能夠放下頭腦。

這種怒勝思的情況，很多人生活之中也是不自覺的用著，可是並非用怒的正面特點，而是真的用上負面的怒，例如家中兩夫妻，當其中一方十分多慮，另一方就會容易煩躁生氣，於是就會罵人吵架了！這是常見家庭不和的原因。這種生氣煩躁是自然反應，為了克制對方的多思，因為很多人總是要被罵才會醒來。當然這種做法並不好，反而壓抑了思慮，只是治標不治本，日後還是會再想事情，所以很多家庭經常終日吵鬧，就是用錯方法了。

果斷也是代表決心、信心，要勇敢的去面對自己的問題。頭腦的思想雜亂，很多時候來自習慣，人要改變一種習慣，需要下定決心，比如要每天早一點起床去做運動，需要堅持做一段時間，自然會形成習慣。頭腦也是一樣，要習慣不去思考擔心，需要我們習慣停止，其中最好的方法，是透過靜心的活動，決定讓頭腦每天有一些時間平靜下來，那樣才能夠根本解決問題。

人的頭腦就好像一個頑皮的孩子那樣，比如你帶他出去餐廳吃飯，他卻嚷著要去玩不願吃飯，如果你說：「沒辦法，他就是這樣子」，或許有些父母會採取打罵的手段：「你怎麼這樣不聽話？你給我乖乖的吃下去！」當然旁邊的人看到，可能都會覺得這個孩子真沒有家教。我們的頭腦也一樣，裡面就好像有一個小孩子，頭腦在活蹦亂跳，需要我們好好教育自己，讓頭腦平靜下來，這需要訓練、需要努力才能做到的。

「怒勝思」用在一般人際溝通上，比如我們面對一個麻煩的客人，總是懷疑你提供的服務或產品是否騙人，我們不需要慢慢給他解釋，而是要果斷的告訴他基本觀點，只需要重複簡單原則就可，不要給他更多的資料去思考，甚至應直接指出他憂慮的情緒，讓他跳出問題表面，看到自己背後的問題。

喜樂的心勝過悲傷

面對一個悲傷、悲觀的人，最直接的對應方式是「喜勝悲」。這是很簡單的道理，正在悲傷流淚的人，也會以善言安慰對方，而這裡提到的喜，除了找方法讓人笑起來外，更著重看到悲傷事情背後的正面意義。

例如一個人因為家人離世而悲傷，要怎樣安慰他？最基本是要讓這個情感釋放，如果這個人願意哭出來，釋放這種情緒，這還是比較容易解決的，很多人對家人離世的傷痛都會隱藏在心中，多年後還在自責。這就要帶領他往「喜」的方向看，比如一個人離世，其實他是解脫了痛苦、一身輕鬆了！對於他來說是一件好事，而且對方離開會對自己的生活有所影響，這對自己有什麼幫助？例如學習要自己獨立起來、給自己放下包袱等等。只要看到了這些正面的意義，自然逐步離開傷痛。

一個人悲傷，其實是來自於自己的習慣，而非只因外在環境。有些文化或者家庭之中，家人過世是要開派對慶祝的！為什麼總是覺得死亡就是壞事？對很多人來說，面對別人死亡，是觸動了自己內心底層的憂慮，擔心自己也會死亡，也觸動了自己的孤獨感，覺得自己失去了東西，其實是悲傷自己而不是悲傷別人。這些也是自己的悲觀心態，導致了這樣的情感產生，看得到自己的底層原因，是我自己造成自己的悲傷，而不是環境造成的，那樣就有力量走出來。

「喜勝悲」用在人際溝通上，例如面對孩子、下屬有悲觀性格，對自己做事情沒自信，就要逐步培養他們正面樂觀的視角，給他們肯定自己的能力，而不是用責備的方式，那樣只會讓他們沉溺在這種情緒之中。

想清想楚勝過恐懼

面對一個恐懼的人，尤其是重病的患者，怎樣幫助他們克服恐懼？這就要用「思勝恐」了。恐懼是源自於「無知」，我們害怕不知道的事物，例如有人會怕黑，但是通常在家中睡覺不會怕黑，只是在陌生環境會害怕，就是因為我們不熟悉環境；又如家中門鈴突然在夜半作響，卻發現門外沒人，原來是天氣潮濕導致電子零件故障，那就會覺得沒什麼好害怕。當我們能夠想清想楚，自然能夠克服恐懼。

恐懼很多時候來自成長環境，形成了自己內心的陰影和習慣，這會影響我們的性格情緒。例如有些人小時候被狗咬傷過，於是就很害怕狗，其實小時候因為個子小，會覺得狗是很恐怖的動物，可是當長大後回過頭去看，現在都這麼高大了，就不需要那麼害怕狗了。又比如有人小時候家庭環境比較貧窮，於是長大後還是一直擔心自己不夠有錢，生活過得很刻苦，其實只要明白現在的自己根本不缺乏，感受當下的感覺，回過頭去看小時候的環境，當時的恐懼就自然消除了。

這種回顧的方式可以克服過去的恐懼，其實也可以用於克服當下的恐懼，方法稱為「抽身回看」。我們如果站在今天，回看一些過去的事，發現容易消除自己的恐懼，那麼面對未來的事也一樣，比如今天我很恐懼考試、壓力大，可是想想看十年之後的我，肯定會覺得今天給自己的壓力都是很笨的，一切都是過眼雲煙了，無論成敗得失都不重要，這就是「抽身回看」的方法，讓我們抽離一下現在的恐懼，去看到未來，明白一切都會過去的。

恐懼本身沒有好壞正負，適當的恐懼是有意義的，例如天災人禍發生時，懂得恐懼才會逃生；又如害怕讀書成績不好，影響日後人生，我們才會努力讀書。當想清楚恐懼背後的意義，自然能夠放下恐懼。

進一步說，消除恐懼還有一類更深入的情志療法，在中醫上稱為「從者反治」的方法，就是透過面對恐懼，以恐懼消除恐懼！即是「以恐勝恐」的方法。這也是思勝恐的深層解釋，思考恐懼什麼，那就是「面對恐懼」了，有一句話說：「最恐懼的就是恐懼自身」，例如恐懼自己做不到某件事，那麼就要問自己，做不到又如何？我們可能會有千萬個不允許自己做不到的理由，但是其實就算真的做不到，大部分情況也是可以接受的，不會讓你死掉！更何況死亡又有什麼好恐懼？生命無常，死亡要降臨的時候沒有人能夠阻止，倒不如放開坦然接納一切吧。

只要願意放開對恐懼的執著，允許和接納自己可以失敗、可以痛苦、可以重頭來過，又有什麼可以令你恐懼？只要我們願意深入進去恐懼背後的原因，穿過恐懼的障礙，恐懼自然消失。要克服和面對恐懼，首先需要的是勇氣。勇於面對恐懼、挑戰恐懼，背後要對自己有更大的慈愛，包容寬恕自己有恐懼，唯有我們自己願意離開恐懼、放開恐懼，恐懼才會離你而去。

「思勝恐」用在人際溝通上，例如面對的孩子、下屬是害羞、自卑、怕事的，這就需要幫助他們知道自己在怕什麼，看到恐懼的正面意義，甚至用面對恐懼的方法。這裡可以理解為面對恐懼的三個層次，基本層次是「以思勝恐」，更進一步可用「以喜勝恐」，而最終極的解決方法則用「以恐勝恐」，這三種方式一般是層層遞進的技巧，面對比較嚴重的恐懼先用思勝恐，當恐懼比較輕的時候，希望更進一步突破恐懼則採用「恐勝恐」。切記，恐勝恐的方法並不容易掌握，一個人本身恐懼了，如果還要給他恐懼刺激，很多時候未必接受得了，需要當事人準備好了，才能採取這種更深入的方法。

第七章

終極情志療法：以愛治心

中醫上有兩大基本理論，稱為「陰陽」和「五行」。五行相剋是基本的情志療法，是採取轉移的方式，透過用一種情志消除另一種情志，而情志療法還有「進階」的方法，那就是回到陰陽理論的層面，稱為「以陽消陰」，在各種情志之中，喜屬陽，而其他情志相對屬陰。

從這個角度理解，人只要有愛和喜樂，就可以化解一切情志問題！能夠治癒百病！

五行和陰陽兩類情志療法，是情志療法的兩種層次。一般如果出現情志，我們先考慮用五行相剋的情志療法，這可以幫助我們快速的轉化情志。當我們要從根本處平伏情志，回到平靜愉悅，恬淡虛無，那就需要透過陰陽的觀念，以陽消陰。其實所謂「以陽消陰」，陰消除了，那就是只有陽，即是回到「一氣」的本源狀態，人就不分陰陽了，是「回到一」的最佳狀態！

這部分的思想，例如上一節提到的「以喜勝恐」已經屬於這部分的理論，本章繼續討論這種終極情志療法。

愛能勝過一切情志

就像黑暗無法驅除黑暗一樣，唯有光明可以消除黑暗，負面情緒是無法驅除負面情緒的，「以陽消陰」是指透過正面的情緒去消除負面情緒，這是情志療法中的一大法則。無論是自己有負面情緒，抑或別人有負面情緒，處理方式都是一致的。

其實五志如果適當的出現，都可以是正面的，所以五志本身也是可以用來消除太過的情志。而五志之中最正面的情緒，那就是：喜悅、快樂、愛！中醫認為心為君主之官，心藏神，在志為喜，心神掌管身體與生命健康，心中又藏著喜悅，只要將心打開（開心），讓心中的喜悅自然散發，負面的情緒就自能消除。亦即是說，愛可以消除一切紛爭！

各種情緒也是一種氣，是氣的不同流通方式，我們可以將氣轉化，就如同將寒氣轉成熱氣那樣，我們也可以將負面情緒轉變為正面的情緒。例如當生氣發怒的時候，只要我們意識得到，可以隨時將之轉變為快樂，試試看吧，不開心的時候，嘗試大笑一分鐘，不消一會，保證情緒立即轉化！

中醫上「以陽消陰」的方法，透過喜悅、快樂、愛，可以消除恐懼。人類的最大恐懼是什麼？很多人會說——死亡。但人總有一死，死亡本身並不可怕，最可怕的是人在死之前，如果沒有做到真正想要做的事情、沒有找到人生命的意義、沒有完成自己的使命、沒有享受到愛……這些才是我們最恐懼的事情。

這就像思勝恐的方法，想清楚我們人生最想要做什麼事情？想想如何活出真我？這樣才是真正的「愛自己」，才會令自己快樂！但是這跟思勝恐還是有區別，因為人生的意義，往往不是「思考」可以得出來的，而是需要我們用心去感受，用直覺去知道我們真心喜歡什麼。

痛苦源於自己執著

我們的人生，都應該有一個共同目標：讓自己每天活得開心！這並非指「享樂主義」的哲學，而是基本的人生態度，如何讓心情每天保持喜悅，甚至是每一秒都在喜悅之中？每天開心的目標，對很多人來說是相當奢侈的，我們生存在這個世界之中，那麼多負面的事情，我們怎可以坐視不理？怎可能高興起來？在人來人往的街上看看，不少人的臉孔都是煩悶憂愁。

許多人喜歡虐待自己，不給自己開心之餘，更喜歡享受痛苦。你或會問：「怎會享受痛苦啊？我不喜歡痛苦。」這就是變態的地方，可是我們果真如此，例如當你扭傷腳的時候，如果你臉容扭曲、收緊肌肉，那是抓緊了痛苦；如果你扭傷之後，別管它疼痛了，好好放鬆全身，那麼這痛苦就很快消失。這樣看，為什麼痛苦會持久？這就是因為自己喜歡享受痛苦了。

又例如有親人離世，不少人會選擇悲傷，飲泣痛哭，或者強忍只在心裡流淚，久久未能釋懷。可是為什麼要傷心呢？可否選擇開懷大笑一場？可能你會覺得這樣很變態，怎可在親人過世時大笑啊！這不符合禮節，應該傷心才對！可是站在親人的角度想想，如果他很愛你的話，難道他會想要你難過嗎？還是想看到你的笑容？這樣想就明白，真正變態的，是我們**堅持要自己悲傷的想法**。

學習無條件愛自己

如何讓自己隨時開心起來？這首先要明白，愛可以分兩類：「大愛與小愛」。一般人追求的愛，通常叫做小愛、有條件的愛。所謂有條件的愛，就是指我們有愛、喜悅，是立基於一些條件的。例如有人喜歡我、有人送禮物給我，我有錢有房子、有好吃的食物、有名譽地位……得到各種的條件，我就會感覺到有愛。這種愛是很吸引人的，給我們很大的滿足，但這種愛也很容易使人情緒起落，因為每當條件失去了，我們就失去了愛，落入空虛失望之中。世事無常，總在變幻之中，條件生起又消失，所以追求小愛，往往也讓自己不斷失去愛。這也是我們為什麼總是不能開心，覺得人生痛苦的原因，因為追求這種愛，是無止境的，永遠得不到終極滿足。

我們都要學習「大愛」！就是指「無條件的愛」。很多人以為，大愛啊，那是聖人的事，好像德蕾莎修女、甘地、馬丁路德金、曼德拉那樣的偉人去無條件幫助人，我們凡夫俗子怎能做到啊？的確，那些人是有大愛，但大愛不是遙不可及的東西，我們人人都可以做到。

大愛就是無條件的愛，所謂無條件的，就是指我們自己擁有愛，不需要任何條件。大愛本身就是指「懂得愛自己」，不是指我們去愛別人。我們需要有愛，其實很簡單，只要我們安

靜下來，好好感受自己，感受這一刻就是開心的，多簡單容易啊！其實關鍵就是，**我們是否「允許」自己有愛**。

我們多變態啊，總是不給自己開心，**覺得開心是有條件的**，只要我們明白開心本身並不需要任何條件，只要你願意打開自己的心，那就是「開心」了，隨時可以做到！就好像小孩子那樣，如果你不給他玩，他就鬱悶生氣；只要給他自由，允許他去玩，他就自然開心起來！就是這麼簡單。

那些偉人之所以能如此大愛，當中的秘密很簡單，就是他們不管別人對他怎樣、無論怎樣的條件，他都懂得去愛自己，當自己充滿了愛，就有力量去推己及人。

「快樂是一種選擇」，想要擺脫痛苦人生，全在你的一念之差。

小愛與大愛從中醫角度理解，就是這個「喜」有沒有帶上其他情志。如果愛是有條件的小愛，是指這份愛是帶有思想意志的前提，也帶有其他情感，身體的氣血就會受到干擾，這可以說是一種刺激，追尋這些身體情感是很好玩的！所以很多人都喜歡追尋小愛吧。可是情志也很容易傷害人體，所以小愛的方向容易帶來疾病痛苦，也當然會帶來情志的困擾了。而無條件的大愛，那就是我們內心平靜、沒有執著，沒有喜悅之外的其他各種情志產生，那時候我們的心神流暢，愛就能夠從心中流通周身，那就是最佳的健康狀態。

追尋真正的快樂

曾經問過幾位大學生，他們剛剛順利升讀大學，我問：你覺得自己快樂嗎？請給自己一個快樂分數，十分為滿分，幾位同學都表示，自己有八、九分的快樂程度！

可是我覺得奇怪，我懂得讀人的臉容，我看到他們的眼神，都有不同的情緒：傷感、憤怒、嫉妒、恐懼……他們怎麼會覺得自己那麼快樂？

於是，我再從反面問他們：你們覺得自己有沒有不快樂的地方？然後話題就打開了，大家都在訴說著自己的人生故事，每人也能夠說出一大堆自己不快樂的事情，家庭問題啊、感情、學業、生活、健康等問題……

這就是我們一般人理解的快樂。這裡有一個矛盾的地方，快樂和不快樂本來就是相反的，如果你覺得自己很快樂，但又同時能夠說出一大堆不快樂的事情，那就是代表著：這個快樂，不是真的。

當然大家或許會覺得，人之常情嘛！人有不同情緒，當然會有快樂、也有不快樂的時候！可是如果你有八、九分的快樂，卻同時有十分的痛苦，那麼你還能夠說自己的人生快樂嗎？

真正的快樂，同時沒有其他不快樂存在，換言之沒有各種負面情緒，包括悲傷、怨恨、憤怒、驚訝、嫉妒、煩惱、憂愁、擔心、恐懼……這樣當然不容易啊！人生在世，哪有一天沒有負面情緒？可是我們就算不能百分百沒有負面情緒，如果各種負面情緒少點生起，我們離真正的快樂也靠近一點了。

真正的快樂，未必是一種狂喜感，而是一種平靜的感覺。就好像你在暴風雨之中，仍能感受到平安，內心穩如泰山，那種快樂難以形容，通常稱之為「自在」。

我又繼續追問同學，既然有那麼多不快樂的事情，那麼你們為什麼覺得自己現在很快樂？他們就說了，例如自己身邊有好的朋友，說自己家人都在身邊，又如說自己生活環境都算舒適，說自己能夠入讀心儀的學系等等。

大家懂得感恩，有正面的想法本是好事，可是細心一想，這才是他們容易不快樂的根源啊！為什麼？因為他們傾向用自己過去的經歷，用自己擁有的事情，來讓自己感到「快樂」。這樣解釋自己的快樂，其實也是相當容易不快樂！因為，這些外在的條件都很容易改變，例如自己身邊的好友要離開你怎辦？自己家人要生病過世怎辦？自己的生活環境有一天變差了怎辦？有一天發現自己喜歡的學系中有不少問題……

這就是人生不快樂的成因，我們如果將自己的快樂，建立在各種各樣身外的條件之中，最終也只會帶來更多不快樂。世界萬事都不停變化，怎樣可以維持同一種理想條件到永恆？況且就算這個條件多好，只要我們習慣久了，也會感覺麻木，然後又想追尋新的快樂，那樣就是無窮無盡的找尋，到頭來還是不能滿足。

真正的快樂，是內心的快樂，是精神層面的快樂，它不是來源於物質豐盛，也不是來源於身外的人和事，這必須要來自內心，知道怎樣令自己快樂。不妨問自己一個問題：我最想過一個怎樣的人生？如果你能回答，而且還能夠堅定不移的實踐出自己的理想人生，你就離真快樂不遠了！

勇敢面對自己內心

要獲得真正的快樂，一共有兩個途徑：第一是「認識自己」，詢問自己的內心，了解自己最想做的事情，那就是發現自己的靈魂使命，這在前文已經提到；第二是「離開痛苦」，即是消除自己深處不快樂的原因，其實對大部分人來說，這部分才是養生的重點！

這兩者，前者是往上的過程，就是怎樣認識我們的心，讓我們和心神溝通，甚至接通天地；後者是向下的過程，要回到自己身體，認識自己的情志問題，而最根本是要克服自己的恐懼。

要擁有真正的快樂，就要學習從表面「正面思維」的想法之中跳出來，我們很多時候以為自己已經很快樂，如果只是感覺到自己快樂，而沒有去面對自己的人生問題，那樣的「正面思考」只是治標不治本，說穿了是在逃避，不去面對痛苦，不敢正視自己的人生問題。

真正的愛自己，是不單愛自己美好的那一面，而是即使自己做不好、有各種問題，也是一樣的去愛自己。人總有「陰陽」兩面，我們在這二元分化的世界之中，當我們說你很美，就同時會想到相反的很醜；說你很有才華，就同時會想到無能；說一個人很有善心，也會抗拒一個人沒有善心。諸如此類，其實我們都習慣「隱惡揚善」，抗拒自己隱藏屬於陰的那一面，這就導致人心總是分裂，不能回到一的狀態。這就是大愛、無條件的愛的真義，如果一個人做得好的時候去愛他，當然不難啊，無條件的愛就是指他就算不好，我們也一樣的愛他。如果要做到無條件的愛別人，更重要的是先無條件的愛自己、接受自己的一切，無論是好是壞，我們都會覺得這是可以接受的、都可以是好的，接納一切的變化，那樣的人生就是無怨無悔、無憂無慮、無畏無懼了！

要達到這個離開痛苦的境界，實際上並非要逃避，而是更需要我們學會面對痛苦、擁抱痛苦！這從中醫的情志療法上，就是前面在面對恐懼的章節所提到的「從治法」。這是出自《黃帝內經》的治療思想，亦稱為「從者反治」的方法，從治法的觀點是與一般的治療思想相反的，例如身體堵塞了，一般應該考慮要疏通，可是在從治法的觀點看，如果身體堵塞了，那就更會用堵塞的方法去治療！這種思想看似矛盾，實際上有深遠的意義，提醒我們不要被表面的原因所蒙蔽，例如一個人身體氣血不通了、堵塞了，可能是由於某些地方的氣血外洩太多、消耗太多了，於是才導致邪氣入內而影響其它地方堵塞，故此治療不是要去疏通，反而是要堵塞這個洩漏。

在情志療法上，從治法是最高深的理論，也是最根本解決情志問題的方法，就是無論你有什麼情志，我們都要直接面對自己的問題，而不要「轉移視線」！就好像面對黑暗，其實並不需要驅除黑暗，因為黑暗本身並不可怕。就好像夜間是黑暗的，日間是光明的一樣，這只是自然規律，沒有對錯之分，所謂「負面情緒」也是一樣，只是一種情緒而已，情緒本身並沒有好壞、正負之分。只是我們標籤了負面情緒，反而就將這個情志變成一種問題。

從治法具體怎樣應用？例如發怒的時候，首先不需要覺得這是「負面的」情緒，**告訴自己這只是情緒而已**，要好好的去面對它，深入到這個情緒之中，體會這是什麼原因導致？例如明白到自己的憤怒，其實是沒自信、恐懼的反應，原來不是別人的錯而是自己的問題，那麼憤怒就自然消除了。就像見到社會的不公義，令你義憤填膺，這種怨憤情緒背後，也代表著自己的無力壓抑感，也是你希望改變的力量，只要我們能夠將情緒轉化為動力，那就不會沉溺在情緒之中。當我們面對一種情緒，例如恐懼，我們還是要深入的進入恐懼之中，不要逃避它，而是要勇敢面對它。當你認識清楚情緒背後的原因，情緒就自然平伏了。

各種情緒也只是一個信號，並不是原因。要消除「負面情緒」，根本就是要消除對「情緒是負面」的想法，真誠地接受自己，放下好與壞的執著，自然回復內心平和，煩惱自消。

其實終極的健康，也就是人生的修行，讓我們來學習怎樣做人，學習包容自己，就自然能夠包容身外的世界。有一句話這樣說：「接納自己的陰影，就是最大的慈悲」，要達致修身齊家治國，要世界和平，最重要是先做到自己內心的和平，我們能夠接受自己的全部，就能夠接受他人的問題，各種紛爭也因此消除，當我們的小宇宙恢復和諧，我們身外的大宇宙亦會因此轉變。

第八章

18個身心靈療癒案例

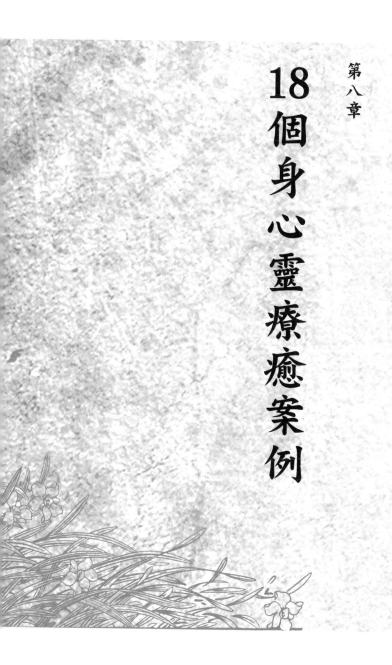

本章收錄了18個案例，他們都是透過身心靈的方法，因為看到人生的關鍵問題，從而幫助自己療癒。這些個案有不少是曾患嚴重疾病，在中西醫上也是難治的，卻神奇的康復了；也有些只是普通常見的病證，卻沒有透過一般的治療方法就康復了，值得我們探查：他們是怎麼做到的？如果你也有類似的病證或不適，不妨也問自己：我也有沒有他們的人生問題？

透過與個案的深度訪談，我發現，每一個故事都是具有「生命」的！這裡所說的生命，除了是他們面對疾病的堅毅，勇敢走入疾病背後去認識自己的心，而且我在編寫這部分的書稿時，也由衷感覺得到，他們患病並非只是為了幫助自己而已，也幫助了我加深對這些疾病的認識，學會如何陪伴這些患者，而且更重要的，如果能夠分享他們的故事，一定可以幫助更多的人提升自己！

我很高興能夠作為這橋樑，每當看到他們的故事，我深深感動，這些朋友他們不單勇於面對疾病，更願意公開自己的經歷、內心深處的黑暗，也坦然公開自己的真實姓名和照片，為的就是幫助有同樣經歷的人！這讓我體會得到，這世界上每一種病苦，都是有它更深的意義，或許在患病的時候不知道，我們日後總會明白的。

這裡需要說明，每一位個案所曾做過的治療，並非由我給他們作診治。實際上我認識他們的時候，他們都是已經療癒了，我只是作為一個旁觀者，跟他們做訪問，如實呈現他們的故事，分析他們療癒的原因，從中醫身心靈醫學的角度做點評。這些個案也是我在台灣學習身心靈課程時認識的朋友，而他們也曾學習過許多不同的身心靈課程，因此從他們的自述之中，可以看出他們對身心靈的知識有很深的理解。由於我們並非為了推介讀者學習某課程，因此書中未列出他們參與的課程名稱。實際上參與身心靈課程，對我自己也有莫大裨益，透過實際練習體驗，比看書學習理論更快掌握，可是由於身心靈課程有太多種類、深淺層次，應視乎自己的緣分和需要，選擇參與。有一句話說：「學生準備好，老師自然出現」，如果自己的心還未準備好，就算參與的身心靈課程有多好，也未必能夠進入自己的心，因此透過這些案例故事，呈現了整全身心靈醫學的觀點，也有助讀者選擇更適合自己的療癒方法。

也需要提醒，不少案例在療癒過程使用許多療法，並非代表這些療法對所有人都有效，本書只是如實記錄他們曾經試過的方法。我們認為療癒是整全的、身心靈也有參與，而且未必能夠取代醫療方法，患病時還是應該找相熟的醫師諮詢，治病、治人的層次做好，才能更好的治心、治神。

感謝每一位個案，他們的無私大愛，願你也能從中獲益。

惡性腫瘤復發的療癒奇蹟

林云稚，32歲，南投人，曾患腹腔惡性腫瘤、胃腺癌三期、憂鬱症。

二〇〇四年八月，我19歲，檢查出後腹腔惡性腫瘤。當年是我第一次在外地工作，身體沒有感覺到異樣，只是每次在按摩肚子時，都摸到有一顆圓圓硬硬的東西，因為愈來愈明顯才去做檢查，到大醫院檢查後，確診是惡性血管瘤。

一切來得太快

本來還想跟醫生拖延時間，但醫生說這個血管瘤大得太快，主要供應的養分完全靠脊椎兩側的主動脈，如果不馬上進行手術的話，壓迫到腎臟會導致腎臟壞死。後來住進了醫院，從確診到動手術只不到一個月的時間。

當天早上十點我被推進了手術室，直到晚上十點多才被推出來，長達十二小時的手術。後來聽醫生說，因為血管分布得太密集，腫瘤又在最後方，需花很多功夫將內臟移位才有辦法處理；再加上過程中我對麻醉劑與輸血過敏，醫生擔心會出現休克，所以就這樣馬拉松式的動手術，分秒必爭。

因為歷經長時間的手術，當我被推出來時，過敏導致全身發腫，四肢全部綑了繃帶，過了幾小時之後才拆除，不過因為對止痛劑過敏，接下來的日子只能靠意志力撐著。住院半個月後，回到家裡，或許當時真的覺得自己年輕，不把這次的生病看得太重，一回到家就繼續將所有的心力投身在工作中，壓力也伴隨著，五年的醫院追蹤沒有間斷，幸好每一次的報告都是正常。

噩耗重臨，癌症復發

二〇一〇年十二月，手術已經過了六年，我26歲。因為每半年定期追蹤，都在穩定狀態，也就沒在乎身體的好壞，只要能賺更多錢，讓家人過上更好的生活，一切都不在乎。就這樣，胃痛在兩年間從未停過，只是大或小，隱隱作痛或是冒冷汗的痛，大多時候都覺得只要不妨礙到工作就算小事。這長期胃痛，從原本只要吃下食物後疼痛就會緩解，後來變成吃中藥才能緩解，最後連中藥都沒辦法止痛，而且已經是痛到冒冷汗的程度。直到家人勸說，才鼓起勇氣去做胃部檢查。醫生做完胃部檢查後，只是說胃潰瘍嚴重，需先靠藥物治療，吃完了再回診，過了兩個禮拜，醫院打電話來通知需家屬陪伴來看報告。胃鏡切片檢查出來時，竟然說是「胃癌三期」，術後存活率五年50%。

25歲前的自己

二〇一二年三月我再度住院，手術花了半天的時間，出來後身上被插滿了管子，麻醉劑退後的不適，再次忍受無法使用止痛劑的痛苦。第二天醫生要我開始試著咳出肺中的血，並試著移動身體，在沒有止痛的狀況下，拉扯長達二十公分從胸口到肚臍的傷口，除了忍受，別無他法。情緒不斷的崩潰，這就是人間地獄吧！

在工作上，我是個如魚得水的執行者，但人際關係一直都有很多問題，在第一次的傷病後遇上了另一半，本以為可以走得長久，可是在雙方長輩的壓力下，漸行漸遠。為了壓抑情傷，我用更多的工作將自己埋進沒有感覺的世界裡。面對感情受傷，憂鬱症又再出現，工作以外的時間都躲在房間裡，身體多少的疼痛都沒感覺了，總想嘔吐、吃不下任何東西，排出的便全是黑色，短短不到三個月就瘦了五公斤，唯一的念頭就是繼續工作不讓家人擔心。我成了一個帶著微笑的機器人，所有喜怒哀樂，都切斷了。

我為什麼患癌？

在療情傷的過程中，我第一次參加了身心靈課程。當時對身心靈課程總是半信半疑，因為之前的五年追蹤，雖然醫生說這是「非轉移」的癌症，但這五年同樣都在檢查腹部，直到這次檢查出胃癌三期時，醫生卻

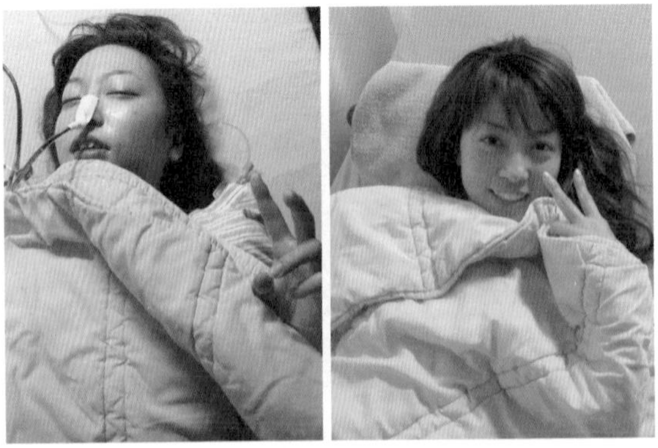

26歲，準備進手術房

說：「如果早一點發現的話，或許用切片的方式就不需切除胃部了」，我聽到這句話只能冷笑，這五年的定期身體檢查到底有什麼用？

住院手術後的半個月，我每天一點一點的努力，整合診所與身心靈課程的夥伴下班後也前來醫院陪伴，減緩我的身體疼痛及情緒的壓抑，給予支持的力量，在那個時候，我下了一個決定，走進身心靈課程，探索自己為何會不斷的遇上這樣的疾病？如何從糾結的情緒中走出來，重新調整自己。

27 歲，手術後飲食調養

在療癒的過程中，我本來以為只是疾病問題，後來才發現這有一連串的關聯，情緒、飲食、生活態度、原生家庭，都對病情有直接的影響。家裡是做美髮業，面對客人要永遠保持微笑，自己的感覺都只能擺在一邊。

在原生家庭我不被疼愛，所以想做更多的事得到父母認同；因為少說話，在學校裡跟同學也沒有很親近；因為半工半讀，休假幾乎都在工作，沒有跟朋友出去的機會，在人際上也有很大的障礙，我的內心早已有很深的自我放棄感。

飲食上更不用說，當我忙於工作時，根本不會有餓的感覺，直到長達十二小時的工作時數下班後，才會想吃東西，而一天下來累積的一餐，胃根本無法吸收消化，再加上家裡有一個習慣，就是不斷的熱隔夜菜，導致胃的負擔更大。手術後傷口一復原，就開始接管家中的財務與生計，頂下了一家有規模的沙龍店，但是店內一個月就需要十二萬以上的龐大開銷，可想而知，壓力有多沉重。

當時回到家中，還想養好身體之後，再度回公司繼續學習及幫忙，可是因為被同事排擠，已嚴重到有憂鬱症了，在路上都希望被車子撞上可一走了之！回到家裡，媽媽發現異狀，才帶著我到醫院看精神科醫師，最後就是醫生開了藥。我那時出現了人格分裂，在晚上獨自一人時會自我對話、呆滯，但只要到了白天，依舊是傑出的工作者、依舊是婆婆媽媽們眼中的好孩子。但是憂鬱狀況並沒有改善，只是壓得更深、隱藏到連自己都沒發覺。如果不是療程的幫助，深入剖析自己，根本看不到這癌症的背後原因。

療癒關鍵：打開心結

後來我才發現，療癒過程中最重要的是解開心結。透過很多身體的動態、飲食療癒、心態想法轉變，一層層如洋蔥般剝開以後，身體逐步好了、鬆開了、和解了、痊癒了。可是在最後關頭，老師對我說：「你根本沒有想活下去的意願！」當時我內心打了一個很大的問號：「我不是一直在努力的做了嗎？」更深入之後才發現，我所做的努力都只是因為別人希望我活下去，唯獨我自己的心不動。

28 歲的自己
32 歲，幸福的家庭

連續參與身心靈課程半年，而每半年到一年的定期醫院追蹤也不曾間斷，直到第二年，醫生的診斷出來——癌指數0。這數字讓醫生很難理解！我跟醫生說：「現在的我真的很開心！請醫生不要擔心，知道我跟你女兒年紀相仿，這是你希望我好的方式，我感受到了。」最後我給了醫生一個大大的擁抱，因為這個擁抱，醫生板著的臉終於笑了，說：「雖不知道你到底怎麼讓自己身體好轉，可能是因為空氣好吧！總之就祝福你！」因為人生開始有了希望，生命也蛻變了，很多別人口中的不可能都變得有可能，在單純的信念下，回到生活中，我繼續使用身心靈課程的練習，奇蹟也就不斷的發生。

癌症追蹤至今已經有六年了，指數都在正常範圍，沒有再復發。我告訴自己每天活在當下外，也不斷的學習如何愛自己，如何不讓自己又走在鋼索上的活著。

我的療癒心法

先放鬆做自己吧！這個世界沒有非你不可，不要把自己搞得那麼辛苦，唯有鬆開自己，生命的路程才會更寬闊。

李大夫心語

一位年輕的女孩，卻患上如此重病，這樣的故事讓人格外心疼。雖然經歷過大手術死裡翻生，可是後來還是噩耗重臨，癌症復發。這提醒了我們，如果只想要「治病」，將癌症去除了，卻沒有找到它發生的成因，它還是會復發的。

什麼才是「成因」？西醫生物醫學上，將成因從身體結構上解釋，而真正的成因，是需要從生活上解釋的，凡是病都有原因，而不單純是「被上天懲罰」、「父母遺傳給你」，這樣解釋好像自己都沒有責任了。用身心靈醫學的角度看待癌症，會覺得癌症是我們的「知心好友」！因為它幫助我們更加認識自己的內心，尤其是我們抗拒的自己。

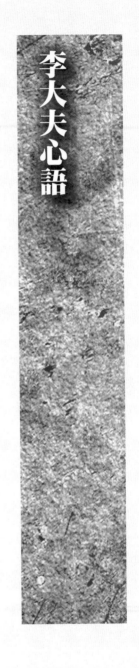

為什麼突然發作？

很多癌症患者，也像云稚的發病經歷一樣，事前身體沒有什麼特別問題，突然不適症狀出現，去檢查就發現癌症了，甚至有些人並未不適，而是做身體檢查才發現。為什麼會罹患癌症卻沒有先兆呢？

很多人聽過「不通則痛、不通則病」這句話，其實從醫理上看，很多身體血氣不通的病，都不一定會出現疼痛，例如可以出現身體乏力、麻木、麻痺、僵硬、這些也可以是「不通」導致的，進一步說，血氣不通可以是「沒感覺」的！

這就好像下水道水管堵塞了，如果平常沒有下大雨的日子，那就不知道有堵塞，如果只是有一點點雨水下來，或者堵塞不嚴重的話，雨水也勉強能通過去，可是當一下子下大雨，出現水浸倒流，問題就突顯了。

人體也是一樣，當人身體裡面有堵塞，形成了腫瘤，比較早期的堵塞未必影響身體整體的血氣運行，問題也不一定突顯出來，但是如果遇到一些突然的事情，一下子堵塞嚴重了，或者一下子氣血增多了，問題就會突顯出來。尤其是當一個人血氣虛弱的時候，身體就算有堵塞也未必能夠突顯出來，這也是為什麼身體強壯的人患病，往往病徵比較明顯，例如強壯的人感冒則可以發高熱，身體虛弱的人則只能有低熱甚至不能發熱。

這就解釋了，為什麼很多人患癌之前是沒有徵兆的，這也是因為身體比較虛弱了，感覺不出病痛來。可是從另一個角度說，身體虛弱是可以有感覺的，只是很多人時間久了就適應了，沒感覺自己有問題。比如很多人長期都疲乏欲睡，提不起勁，不願運動，這本身已經是身體虛弱的特徵，如果是血氣充足的健康人，他就是精力充沛，精神爽利，充滿動力，每天早上醒來的時候，只要一睜開眼睛，就覺得精神充足可以立刻起床！這樣的精神狀況，在現今社會之中，是很多人遙不可及的夢想。

如果一個人身體虛弱了，身體裡面本身有的淤塞不通，就不一定有氣力去自己解決，那就是所謂的「自癒力」，為什麼身體不能自癒？就是因為血氣不通，不通則病。而中醫上所謂的「病」也可以是「未病」，傳統中醫經常強調「上醫治未病」，未病就是病還未發生出來，這時候先解決預防它發生，方為上策。身體內本身有淤塞不通，那時其實已經是病的狀態，只是尚未發生出來，癌症也像這樣的情況，當它到了爆發的時候，就已經很晚了。就好像在《黃帝內經》之中的一句名言：

「夫病已成而後藥之，亂已成而後治之，譬猶渴而穿井，鬭而鑄兵，不亦晚乎？」

——《素問．四氣調神大論》

當生病之後才用藥治療，混亂已經出現再去治理，就好比口渴的時候才去挖井，打仗的時候才鑄造兵器，這不都是太晚了嗎？癌症的發生正好如此，發現癌症的時候才去治療，這就很不容易了，要花非常大的氣力。

實際上，如果人人都懂得及早預防，就不會有病發生了。為什麼癌症愈來愈常出現？從身心靈的角度去看，代表人的內心有「對改變的抗拒」。一般人都是習慣拖延，因為當一個毛病持續，人就會習慣了、適應了，不覺得這是一個問題，要改變自己的健康、改變自己的生活、飲食、情緒、性格、關係……首先要看到自己現在有問題、承認自己的問題，然後才能願意改變。如果我們不願意改變，一直拖延，問題總會到了爆發的一天。病不是一天突然出現的，只是我們一直裝著看不見，身體被迫要用更強烈的信號，來提醒我們要改變。云稚的病情就是如此，不單是一次發病，後來再突然復發，也是提醒著她「你一直在逃避」。

無法消化的問題

她19歲那年發現癌症，當初是先有便秘、腹脹等問題，這從身的層面看，表示她的脾胃、胃腸的氣不通，這是因為思慮太多導致人的氣血不通，一般這種不通只會導致胃脹腹脹等的問題，可是如果問題持續日久，或者氣不通比較深入，亦可以積聚成為腫瘤。

一個人為什麼想得多？她當時或許也未必會覺得自己想得太多，可是從她的憂鬱症可知，頭腦的思想情緒難以自行平復，顯然也是一種思慮太過了。

為什麼會思慮太多？云稚跟父母的關係，使她有很深的孤獨感，就連得了重病也不敢跟別人說，背後有很深的恐懼，生活不安也逼迫她要努力硬撐過去，她要為了克服種種困難，每一刻都活在危機意識中。

很多人會把這種思慮，美其名叫做「計劃」，為了生活而籌謀，可是如果這恐懼無法釋懷，頭腦就會每天自動不停地憂慮著。這也就是病的成因，得了這樣頑固的腫瘤，正表示著她的恐懼憂慮甚深，積壓著無法解決。

疾病為什麼要重臨？

到了她26歲那年復發，顯然是因為問題沒有解決。只是做了手術，切除了腫瘤，可是生活上沒有改變，人際關係和工作的問題依舊，而且還加大了工作的強度，這就代表她的恐懼感更嚴重了，希望爭取時間去掙錢過安穩的生活，愈是努力就愈憂慮。

從正面去看，癌症其實是我們的「好朋友」！他希望來提醒你，要怎樣更好的對待自己。可是，你對這個好朋友的提醒不聞不問，逃避或掩蓋了他的聲音，如果他真是你的好朋友，他是不會離你而去的！還會增加強度，用心用力去提醒你要改變。這也是為什麼云稚的病還要再臨，而且再來的時候身體更加不適，胃痛、冒冷汗、吃不下、嘔吐，這都是代表著，她頭腦的憂慮已經很難「消化」了，壓抑下來的堵塞要爆發。

當時的云稚就像一個「活死人」一樣，這樣的人生，其實跟死了沒兩樣。其實人最大的恐懼不是來自死亡，死亡並不可怕，人人都有一死，可是如果我們死的時候，還未能做到這一生要完成的事情，兩手空空的離開，才是最大的恐懼。這也就是，活著能否做出自己想做的事情，是需要更大的勇氣的。云稚面對自己家庭和關係的問題，一直在逃避，不斷用工作去麻醉自己，這正是恐懼和痛苦的根源。

看云稚25歲前的照片，她的臉底層色青，反映肝鬱氣滯，影響到周身氣血不通，也表示著多年來壓抑的情緒，直到後來出現人格分裂，到了晚上就會「自我對話、呆滯、冷笑」，白天就恢復正常，這種病情在中醫經典《傷寒論》中有類似記載：「晝日明了，暮則讝語，如見鬼狀者，此為熱入血室」，也就是形容每到晚上神志不清說胡話，白天則恢復正常，這跟肝鬱氣滯的基礎有關。另外，從她左眼的眼神可以看到空洞感，也可以看出她那種無奈、鬱悶、生氣，卻很努力掩飾這份感覺，習慣對人歡笑背人愁，不想讓人看得出自己的問題。

要說患癌的心靈層次成因，其實很簡單，就兩個字：「想死」。得了癌症，最嚴重的結果就是死亡，如果能夠死了，那就好像一切問題都可以解決。這也是代表著，她的潛意識之中，總有很深的想死掉的感覺，可是她沒勇氣自殺，自殺在她心中還是不對的，也是對不起別人的行為，於是就只好選擇另一種方式，那就是讓自己得了重病，其實這就是一種「慢性自殺」。

真正的療癒是來自心

云稚的故事，值得我們學習的地方，是她第二次發病之後，勇敢面對自己的人生，選擇作出改變。她明白到，最大的恐懼、憂慮，說到底是來自不被疼愛的想法，於是一直想努力讓自己的父母認同，想要爭取身邊的人都愛自己，實際上卻完全忽略了對自己的愛。

如果我們心中有愛，就自然有喜悅！什麼是愛？首先需要做自己喜歡的事情，活出自在的人生。云稚的療癒，最主要是她能夠發現自己的想法，總是想去得到別人的愛，卻封鎖了自己的心，沒有讓自己快樂過。當她看到的這一個關鍵，改而選擇打開心鎖，讓心中的愛流出，自己的心神就自然能夠療癒一切。

26歲手術之後至今已經超過五年了，沒有經過電療化療，後來也能夠康復，沒有復發之虞，而且一天比一天健康，這真是奇蹟啊！要得到這樣的奇蹟，不就是這麼簡單的事？只要願意看見自己，願意「百分百對自己的生命負上全責」，療癒自然來臨。

帶著癌症健康活著

許淑惠，59歲，高雄人，曾患肺腺癌、淋巴癌

在二〇〇八年秋天，我發現患上淋巴癌及肺腺癌。在此之前，我已經常被嚴重的胃痛困擾著，甚至會痛得無法入眠，期間也曾去給西醫做過幾次檢查，都被當作胃病治療，問題一直無法改善。胃部不適的問題大約持續了一年半左右，後來發現腹部愈來愈腫大，體重也明顯下降，進食的時候還會有吞嚥困難的問題。經朋友的介紹，我去了一間診所做超音波檢查，當時醫師發現腹部有許多不正常的黑影，因此轉介至大型醫院做進一步的正子斷層掃描，才發現身體的淋巴系統多處長了許多腫瘤，另外肺部也有腫瘤。

來自家庭的創傷

當時在大醫院的醫師建議之下，做進一步的切片檢查，篩檢報告出來，醫生說我同時患有肺腺癌及淋巴癌兩種癌症。由於淋巴惡性腫瘤的數量較多，並且都生長在的不適合手術的位置，所以當時醫師只能建議先切除肺腺腫瘤和部分的肺葉，至於淋巴腫瘤只能靠化療來控制病情。醫生也說，雖然給了明確可以做的治療方法，但

生病前的淑惠

在這一年病情或許也會急轉直下，建議我們要有心理準備，這真是讓我全家人晴天霹靂的消息！

我從發現自己罹癌至今已經九年了，雖然仍一直是「三期淋巴癌」的診斷，很多人覺得癌症到了二期、三期，那就是很嚴重的病態了，行動不能自如，可是現在我的樣子比健康的人還健康，至今不但沒有被疾病擊倒，甚至更快樂的活著繼續品嘗生命的每一刻。

透過一些身心靈課程的洗禮，我漸漸發現自己在生活中有許多負面思想和情緒，原來都跟原生家庭有關。從小爸爸跟媽媽都是打罵教育的，家裡每個小孩時常被毆打！直到我高中畢業，甚至已經二十幾歲了，爸爸還是一樣將我打到全身傷痕累累，我很想逃家。我心想，如果嫁人了，就可以離開這個暴力家庭。為了逃家，當時隨便嫁給一個願意幫我逃家的男人，單純的想，如果之後彼此不適合再離婚就好，因此就這樣決定自己的婚姻。後來當然也就出現許多婚姻問題，離婚後又覺得內心受到很大的傷害。後來我察覺到，我的內在一直有許多恨和痛，好像是來自於感受不到自己的價值。

我試著了解為何癌症會發生在身體的這些地方？究竟要用怎樣的方式去照顧好自己？我發現，這些怨恨、傷痛，其實是來自怨恨自己！覺得自己是個沒有價值的人。那麼，如果要康復，就要真正地去接納以前的不完美，接納自己的全部，發現生活原來可以感覺到快樂，不知不覺自己的情緒也比以前穩定很多。

療癒關鍵：看到自己

原本醫生判斷我可能活不到一年，所以開完刀之後四個月，我開始去學習身心靈課程，逐步的找到自己的問題，讓自己開心起來，我想：「即使我這一年要走了，這個人生最後是開心的！」課程結束之後，我一直去當志工，反而覺得愈來愈開心、身體愈來愈健康了，感覺沒有醫生講得那麼恐怖了，不知不覺到現在也已經九年了。

在康復的路上，由於我的體質不好常常感覺比較虛寒，所以我經常做「小太陽」的呼吸冥想練習，想像小肚子內有個太陽發光發亮，讓自己覺得有熱能充滿全身細胞，也感覺細胞是喜悅的、有熱能、是舒服的。由於經常練習，我很喜歡這感覺，幾乎每天都做。

以前我的恐懼很多，擔憂很多未來的事情，造成睡眠品質很不好，吃了十年的安眠藥。後來，我每天睡覺前或走路的時候也會冥想，跟大地做連結，發現自己比較穩定，情緒起伏也不會這麼大，減少躁動不安。

我明白到，要療癒必須要認識自己、更愛自己。為了了解自己身體問題的成因，我一直努力去回答這些問題：為什麼常常生病？我的情緒是從哪裡開始出問題？為何會因為別人講這句話而生氣？……試著透過回答這些問題，引導自己去找到真正的原因，發現原點在哪

淑惠病癒後

裡。真正的去認識情緒的來源，看到根本的問題，才可以真正解決問題，情緒自然而然也就轉化，反而不用我們刻意的去改變什麼、刻意的做些什麼。

這些年來透過這樣的學習和努力操作，對身體有非常大的幫助，免疫系統也比以往提升很多，較少生病了，比身邊更多人還健康。

我感覺到生命是有希望的，那樣的希望會讓你很喜悅，所以現在也不覺得自己是個生病的人，可以跟癌症和平共處，其實如果能夠一直保持這樣，就算有癌症也沒事的。本來人就有癌細胞，患癌不是錯、不是罪，告訴自己接納擁抱它吧！我打從心底感恩這場病，如果沒有這個癌症的出現，自己也不可能走入身心靈之路，也不可能讓自己變得快樂，也不可能懂得怎麼愛自己，更不可能會在這輩子真正認識自己。

雖然淋巴癌還是存在，可是我的氣色，看起來比沒有患癌的人還要健康。通常沒有生病的人會覺得身體還可以用，就會盡量去使用它，可是癌症患者反而會更珍惜照顧身體，覺得身體狀態有進步了，就會很開心。以前把身體用到壞掉了，現在要回饋它，所以現在時常會去爬山、運動、打赤腳在大自然走路、打九式瑜伽[3]，做大地連結冥想，在大自然練習各種方法，為了自己的生命而努力。因為生過病，所以會更珍惜身體了。

---

3 九式瑜伽健康操，又名瑜伽九式，是一套簡單易學的能量運動，是站立進行九個動作的練習，有別於一般瑜伽，是心覺醒文教基金會主要推廣項目之一，歡迎到網上免費學習，亦可詳見本書第九章介紹。

這樣的過程一路走來，讓我學到要好好的珍惜生命。我看見好多人活得很辛苦，內心不禁產生一種同理心，會很想去照顧這些人，所以也陪伴其他人去爬山、去運動。我很感謝自己的癌症，讓我學會珍惜，也很感謝一路上所學習到的身心靈知識，讓我學習了許多方法，明白了正確的方向，協助自己走過這樣的過程，看見生命的奇蹟。

我的療癒心法

了解自己的內心需求，學習如何照顧自己的心，真正的去愛自己，這是啟動我們的免疫系統、增加自癒能力的最佳療癒方式。

李大夫心語

當我第一次見淑惠的時候，根本不會想到她是一個癌症患者，如此明亮照人！（可以看她病癒後的照片），外貌年輕自在，想像不到過去經歷了這麼多的痛苦。聽了她的故事，是多麼的震撼人心，原來即使患了重病，也可以如此康復過來。癌症是一個很好的角度，讓我們認識中醫對疾病發生的觀念。

癌症不是病？

或許很多人覺得，她只是切除了肺癌的部分，淋巴癌還在呢，沒有康復吧？可是在中醫眼中看，一個人有沒有病，是從另一個角度去看的，甚至可以說，中醫裡面根本沒有「癌症」！癌症是西醫上的診斷病名，中醫古代沒有這種概念，這就好像如果你去看西醫，問他：「中醫上診斷我有肝氣鬱結、腎陽虛，西醫可否根治這種病？」西醫肯定也會一頭霧水，不是說「我們沒有這種病」，也會說「中醫的東西我們不懂」。

事實上，古代中醫也是有「癌」這個字，可是這個字本身的含義並非指現代西醫上的「癌症」惡性腫瘤、細胞不正常增生的問題。中醫上的癌，與「岩」字相通，即是指疾病的狀態像「岩石」那樣，患處如石頭般硬實，在古籍上癌、岩、嵒、嵓、巖這些字是可以通用的。所以，古代中醫的癌，是專門指身體表面能夠看到摸到，硬實腫塊的疾病，也不一定等於現代的惡性腫瘤，至於體內的硬塊，中醫則有別的病名。

西醫上診斷為癌症，這從中醫來看也只是一個信息，知道這個患者身體有一些問題，具體是什麼成因，還需要從中醫角度作判斷。「西醫看人中的病，中醫看病中的人」，中醫著重看整體的人、治人不治病，癌症這樣一種病，如果只是針對病來治療，這就是「治標不治本」，要看到癌症背後的成因才有可能療癒。

毒素為何深入積聚？

身體內出現腫物甚至硬塊，在古代中醫也是有深入認識的，只是不叫做「癌症」而已，認識角度完全不同。《黃帝內經》中把這種病情稱為「積」或「積聚」，就是身體內積聚了一些東西。現在民間一般認為癌症是體內累積了許多毒素所造成的，這符合中醫的觀念。

《黃帝內經》對於「積」有多處論述，其中在《素問．百病始生》篇之中有深入的解釋，這裡介紹其中的觀點。

「黃帝曰：積之始生，至其已成，奈何？

岐伯曰：積之始生，得寒乃生，厥乃成積也。

黃帝曰：其成積奈何？

岐伯曰：厥氣生足悗，悗生脛寒，脛寒則血脈凝濇，血脈凝濇則寒氣上入於腸胃，入於腸胃則填脹，填脹則腸外之汁沫迫聚不得散，日以成積。

卒然多食飲，則腸滿；起居不節，用力過度，則絡脈傷，陽絡傷則血外溢。血外溢則衄血，陰絡傷則血內溢，血內溢則後血，腸胃之絡傷，則血溢於腸外，腸外有寒，汁沫與血相摶，則并合凝聚不得散，而積成矣。

卒然外中於寒，若內傷於憂怒，則氣上逆，氣上逆則六輸不通，溫氣不行，凝血蘊裹而不散，津液濇滲，著而不去，而積皆成矣。」

——《素問．百病始生》

這段文字提問到，為什麼「積」會產生？後來怎樣形成的？這裡問了兩個問題：生與成，就是開始和結果的兩個部分。這裡的回答很直接：凡是「積」，也是寒邪所引發的，到後來出現血氣不通凝澀，那就形成積了。

其後再問，這個形成的過程是怎樣的？岐伯從幾個角度，仔細論述寒氣如何從外進入內部的過程，寒氣從下部侵入人體血脈，之後再進入胃腸之外，導致血氣不通而成。具體牽涉許多複雜醫理，就連中醫也覺得艱深，大可直接跳到重點，當中提到了三大方面的生活成因，第一是「卒然多食飲」，吃得太多傷了腸胃；第二是「起居不節，用力過度」，生活起居作息沒有節制，勞動用力耗損太過；第三是「內傷於憂怒」，即情志所傷，導致內部的血氣不通，是寒氣從外入內的關鍵。

中醫對於「積」的認識，其實跟各種疾病的認識一樣，不外乎三大類成因：外因：受寒；內因：情志；不內外因：飲食起居等因素所導致。因此中醫並不覺得癌症是什麼特別難理解的疾病。可是，既然這些因素都這麼普通，為什麼有人會得癌症，有人只是得了一般的病？

「黃帝問於岐伯曰：夫百病之始生也，皆生於風雨寒暑清濕，喜怒……

是故虛邪之中人也，始於皮膚，皮膚緩則腠理開，開則邪從毛髮入，入則抵深，深則毛髮立，毛髮立則淅然，故皮膚痛。留而不去，則傳舍於絡脈，在絡之時，痛於肌肉，其痛之時息，大經乃代。留而不去，傳舍於經，在經之時，洒淅喜驚。留而不去，傳舍於輸，在輸之時，六氣經不通四肢，則肢節痛，腰脊乃強。留而不去，傳舍於伏衝之脈，在伏衝之時，體重身痛。留而不去，傳舍於腸胃，在腸胃之時，賁響腹脹，多寒則腸鳴飧泄，食不化，多熱則溏出麋。留而不去，傳舍於腸胃之外，募原之間，留著於脈，稽留而不去，息而成積。或著孫脈，或著絡脈，或著經脈，或著輸脈，或著於伏衝之脈，或著於膂筋，或著於腸胃之募原，上連於緩筋，邪氣淫泆，不可勝論。」

——《素問．百病始生》

這段文字告訴我們，各種疾病（百病）的開始也是一樣，都是有兩大類關鍵成因：外在邪氣「風雨寒暑清濕」，以及內在情志「喜怒不節」等因素。可是，為什麼同樣的原因，卻可以產生「百病」？這是因為體內正氣的虛弱，邪氣可以進入不同的身體層次，開始的時候進入皮膚毛髮，繼而進入人的孫脈、絡脈、經脈、輸脈、伏衝之脈、腸胃內、腸胃外……這是形容人體層層遞進的深入部位，這些地方太多了，難以逐一說明，故說「不可勝論」。

當邪氣進入到人的「腸胃之外」的部分，即指胸腹內的各個臟腑，那就可以成為「積」。這段文字的寫法，特別多次提到「留而不去」，就是指邪氣進入到某個部位停留沒有進去更深一層，那就形成了該種病。而當邪氣到了最深入處，已經「無路可退」了！那就成為「積」，這時候就改稱為「留而不出」，即是死路一條了，沒有其他路可以讓這個邪氣離開，只能累積在這個地方。這也是為什麼「積」這種病，通常都是比較嚴重了，因為這種病情已經是到最後的位置了。

這種疾病逐步深入的觀點是不難理解的，可是，我過去也有一個疑問，覺得中醫這種說法太過簡單吧？難道癌症就是這麼簡單得來的？只是因為受到「風雨寒暑清濕」這些邪氣就可以得到癌症，這樣的話癌症不是應該很容易解決嗎？

古人也有相同的疑問，在《黃帝內經》之中，還有一篇專門回答這個問題：

「黃帝問於少俞曰：余聞百疾之始期也，必生於風雨寒暑，循毫毛而入腠理，或復還，或留止，或為風腫汗出，或為消癉，或為寒熱，或為留痹，或為積聚，奇邪淫溢，不可勝數，願聞其故。夫同時得病，或病此，或病彼，意者天之為人生風乎，何其異也？少俞曰：夫天之生風者，非以私百姓也，其行公平正直，犯者得之，避者得無殆，非求人而人自犯之。」

——《靈樞．五變》

黃帝提出了同樣的問題，說各種疾病的開始，也是因為「風雨寒暑」，從皮毛逐步深入，可以產生各樣的病證，最後也可以成為「積聚」，這麼多不勝數的疾病，他想知道為什麼會這樣。比如兩個人在一樣的環境，受到風邪侵襲，為什麼有人會得這病，另一人卻得那病？

少俞的回答挺有趣的，他說天產生了風，天是大公無私的、是公平正直的啊！侵犯了誰，誰就會得病，如果懂得防避者則免於生病，因此並非是風一定要去侵犯誰，而是我們自己沒有防避，風才侵入了人體。

這種觀點，是《黃帝內經》一貫的思想，認為「正氣存內，邪不可干」，自身正氣充足，人就不會受到邪氣的干擾而生病。這也是想破除「天命論」的迷信，並非天註定你一定會得某病、沒有原因解釋，而是可以透過自身努力去防病。

黃帝還想繼續追問，為什麼大家在同樣的環境，卻會得到不同的病？

「黃帝曰：一時遇風，同時得病，其病各異，願聞其故。

少俞曰：善乎哉問，請論以比匠人，匠人磨斧斤礪刀，削斷材木，木之陰陽，尚有堅脆，堅者不入，脆者皮弛，至其交節，而缺斤斧焉。夫一木之中，堅脆不同，堅者則剛，脆者易傷，況其材木之不同，皮之厚薄，汁之多少，而各異耶。夫木之蚤花先生葉者，遇春霜烈風，則花落而葉萎。久曝大旱，則脆木薄皮者，枝條汁少而葉萎。久陰淫雨，則薄皮多汁者，皮潰而漉。卒風暴起，則剛脆之木，枝折杌傷。秋霜疾風，則剛脆之木，根搖而葉落。凡此五者，各有所傷，況於人乎！

黃帝曰：以人應木，奈何？

少俞答曰：木之所傷也，皆傷其枝，枝之剛脆而堅，未成傷也。人之有常病也，亦因其骨節皮膚腠理之不堅固者，邪之所舍也，故常為病也。」

——《靈樞．五變》

少俞用了一個很生活化的比喻來回答——木匠的工作。比如木匠要用刀鋸去砍伐木材，木頭可以分為陰陽兩面（面向太陽較多的屬陽，背向太陽的屬陰），木材長成後會有堅硬和脆弱的兩面，堅硬的那邊比較難鋸開，脆弱的那邊樹皮比較鬆散容易鋸開，如果到了樹枝的交節位置，那就更加堅硬，甚至刀斧反被弄損崩缺。只是一塊木頭，也會有這樣堅硬脆弱不同的部位，堅硬的地方不容易進入，脆弱的地方則容易進去，更何況不同的木材，皮有厚薄之分，汁液水分之多少也有不同呢。

接著少俞再用五個角度，進一步說明這種現象。一、比如不同樹木，如果它的花比葉更早生出來，到了春天遇到風霜，它的花就容易落下葉子枯萎；二、經過長時間暴曬和乾旱，樹木變脆而皮薄，樹枝的汁液少而葉枯萎；三、長時間陰雨綿綿，樹皮變薄而多汁液，樹皮也會潰破滲水；四、突然暴風來臨，剛脆的樹木枝條容易折斷，樹葉掉落光禿；五、秋季的風霜來臨，剛脆的樹木根部搖動而樹葉凋零。這五種情況，各會出現不同的傷害，更何況是人呢？

這就好比人生病一樣，樹木受到風雨的傷害，一般是先折斷樹枝，如果樹枝剛強堅硬，那就不會受傷了。人也一樣啊！有些人經常生病，視乎他的骨節、皮膚、腠理等某個部位不夠堅固，外邪就會入侵到那裡，因此經常患某種病了。

《黃帝內經》很清楚的告訴我們，有些人經常患某病的成因，甚至最終為什麼會患「積聚」？那就是因為身體內部先虛弱，邪氣才會入侵到那個地方。那為什麼人身體內會虛弱，

《內經》提醒我們積聚的兩大類成因：外因是邪氣，內因是喜怒憂傷。外在原因我們未必可以控制，而內在心靈的原因，是積聚發生的關鍵基礎，那是我們自己可以主動調整的。換句話說，癌症並非無中生有，它是可以預防的，跟我們的思想情緒性格有莫大關係。

癌症的身心靈成因

不同的癌症（積聚），發生在不同的部位，是由於該部位先虛弱了，才導致邪氣停留在那裡。

回到淑惠的案例，她得到的是兩種癌症，肺癌與淋巴癌。肺癌的成因，就是肺先虛弱了，邪氣才會入侵，那就代表她長期受「悲」所傷，包括了悲觀、無力感，她覺得自己的人生根本無法好轉、改變。這種想法，導致肺氣消耗了、虛弱了，自然邪氣就深入進去。至於說淋巴癌，代表著這些邪氣已經深入到周身，導致身體的通道壅塞不通，有深層的鬱結。

從她一開始的不適去分析，她有胃痛、腹脹的問題一年多，也有心煩失眠，這就是脾胃氣不通，寒氣內入所造成的，是思慮太過所造成。後來她更出現了吞嚥困難，那就代表她咽喉「有氣嚥不下去」了，她面對生氣的事情難以消化，嚥不下那些憤怒的事情。

看她生病前的照片，尤其是那張婚紗照，充滿殺氣的眼神，又帶有哀怨，強顏歡笑。這種悲劇的人生，從小改變不了自己的命運，讓她內心一直充滿怨恨，這種怨恨導致肝氣鬱結、整個人的血氣不通，可以說，她從來沒有真正的笑過。到她療癒之後，她的笑容和眼神，是那麼的輕鬆自在，從心中散發出的喜悅，真是判若兩人！她的故事讓我們知道，只要人願意放下自己的執著，勇敢創造自己的生命，人生可以完全改寫。

為什麼我還有癌症？

淑惠至今還是「三期淋巴癌」的診斷，八年來都沒有惡化，帶瘤生存，其實她已經恢復健康了，並非以腫瘤消失作為成功療癒的標準。這就好像家中地板有一些頑固的污垢清理不掉，或者牆壁上有一道傷痕，其實只要不影響生活，這個家還是可以讓我們安居，不需要求完美。在中醫來看，邪氣積聚在身體內，只要不影響身體整體血氣運行，這個人也可以是一個健康的人，就算生病了也有自癒能力。

如果要進一步問，為什麼未能讓這個三期淋巴癌也消失，完全療癒？我曾經跟淑惠聊天，了解她過去生病的原因，每當她提到自己過去的家庭問題、丈夫的傷害，雖然她口中說的輕鬆，可是她還是會出現怨恨的眼神，可知過去的傷害對她來說，憤怒的記憶還是相當深刻。這就是她還未完全療癒的原因了，要放下心中所有的怨恨，實在不容易啊！小時候的成長經歷，深刻地烙印在心底，要完全的原諒別人，接納自己的過去，這很可能是要花一輩子才能完成的事情。

這也沒關係的，既然現在已經轉變方向了，那就繼續努力改變吧！如果心中覺得：「一定要讓自己的癌症完全消失，那樣才是真正康復」，這種想法反而代表不接納自己，不接受自己生病、不接納自己過去的人生問題，那樣反而難以進一步療癒自己。所以，接納自己患有癌症，是療癒的第一步，表示我們願意承認自己的人生問題。

我建議她，如果想要更加健康，不妨多跟身邊的朋友，分享自己的生命故事吧！如果她日後能夠更輕鬆自在的分享，想到過去的事也不會生氣了，心存感恩，感謝這些經歷讓她磨練成長，這就有可能讓她回到完美健康了。

全身裂開的傷痛

羅婷丰，48歲，台南人，曾患濕疹、汗皰疹

自從我有記憶以來，除了小學曾因為富貴手而手掌皮膚裂開疼痛之外，在國中一直到出社會的十多年時間都沒復發過，可是在五年前又出現了。之前都看西醫，醫生診斷是濕疹加上汗泡疹，原本頂多一年看一次病，後來一年兩次，到了前年幾乎每個月發作，主要在手掌心，十分搔癢、起水泡，手掌都裂了持續流血，其他部位例如手肘或頸部偶爾也有濕疹，奇癢無比。

皮膚爆開，我犯了什麼錯？

二〇一五年十二月，是我病情最嚴重的時候，一共持續了五個月。曾經因為太嚴重掛了急診，做了抽血檢查，醫師當時診斷是異位性皮膚炎導致急性過敏，但除了這位醫師說是異位性皮膚炎外，其他醫師的判斷都是濕疹。

之前皮膚一不舒服，都會到皮膚科就診，後來每個月都去看診，我心想只是濕疹及汗皰疹，為什麼會這麼誇張？每每發作只要看了病吃藥擦藥或打針立刻見效，但隔沒多久又發作。

以前根本不知道害怕，以為生病找醫生應該是理所當然的吧！不覺得自己要負什麼責任。

後來我學習了身心靈的知識，知道任何症狀的發生或呈現，其實都是警訊，要我們去看看背後是什麼。可是我經常自問：「但我要看嗎？」還是選擇視而不見？不過這次病情那麼嚴重，真的無法不看了。我開始害怕，察覺到一點：「我被藥控制了嗎？」直到這一刻才醒悟之前用的藥並沒解決我的濕疹，只是暫時壓下來罷了，沒根治之餘，可能還壞了身上其它臟器。於是我冒出一個念頭：「那就不要去看皮膚科吧！」當時我不知道結果「會怎樣」，只知道自己「不想怎樣」。後來，病情很快的在我身上嚴重爆發了，除了手掌，每天都陸續往不同的部位蔓延開來，頸部、腹部、腳，然後到整隻手、背部、頭皮，最後遍佈全身。

我的病情初期也只是手掌長水泡，搔癢，容易抓破裂開疼痛，兩隻手抓到都是傷口，難以工作。後來腹部也開始紅腫癢起來，前頸也一樣，而且還滲水出來（組織液）。到了中期，逐步延伸到整隻手紅腫疼痛，裂開滲水和流血，手背的皮膚宛如龜殼般厚厚的一層，脫也脫不掉，每天重複發生著：皮膚變硬、脫皮、裂開、結痂、又裂再結痂……

病情像惡魔一樣蔓延周身，腹部背部也紅腫發黑、脫屑，後來雙腿到整隻腳掌，腫得無法行走，需人攙扶；頭皮潰爛、流湯流膿流血；甚至連女生最在意的臉部，也因為感染的關

婷丰生病前

係，幾乎整張臉爛掉、流膿流血，腫得像豬頭一樣，整個人變形。耳朵裡面也經常有液體，感覺人就像浸泡在水裡，整個腦袋都是轟轟的聲音，甩也甩不掉，痛苦莫名！每天早上因為耳朵的膿水流出，連枕頭也弄濕了。

因為搔癢疼痛劇烈，全身皮膚都無法呼吸，我有半年的時間無法入睡，痛苦非常。病情剛開始發生時，全身癢的感覺就像是幾萬隻蟲在我身上鑽。有次兩位夥伴陪著我跳舞，讓我嘗試想像把這些癢給「甩出去」，跳到我已經沒氣力了，感覺自己為什麼還是甩不掉？於是崩潰大哭，墜落無助的深淵。

生病中期，身體很多部位都在滲液，每晚睡覺都需要舖上一條又一條的棉巾，因為濕了就要不斷的換。生病這段期間正值冬天，身體非常虛弱怕冷，但是體內卻同時感到燥熱，穿衣服蓋被子也覺得辛苦，裡外嚴重失衡。何況夜半仍滲液不停，儘管蓋被子了，我彷彿浸泡在水裡，最嚴重的一次，一個晚上濕掉四條雙人被！真不知道怎麼活。

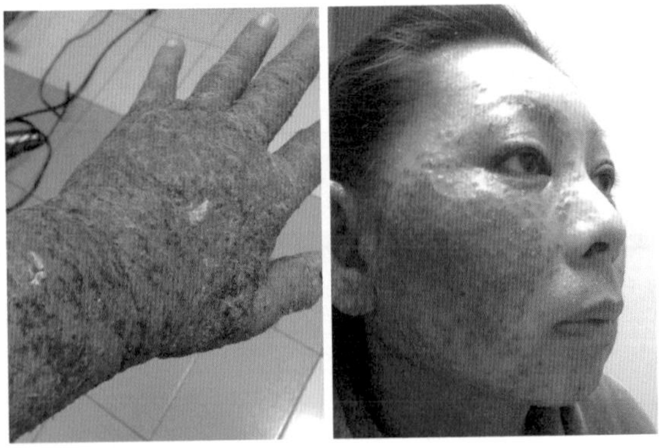
婷丰生病中

決定，選擇，面對

我決定不接受皮膚科治療，是因為這幾年學習身心靈的過程，知道這樣下去無法解決一直困擾自己的病，甚至有可能因為仰賴藥物而讓身體愈來愈糟。當疾病爆發後，我到醫學院做了檢查，確定沒其他併發症或疾病，當下醫生開的藥及治療建議，例如住院、打針吃藥等，我也委婉的推辭了。

其實不選擇西醫的治療方式，我也會害怕，不知道多久可以好，甚至心底也懷疑：或許永遠不會好過來？雖然頭腦也會害怕擔憂，但這幾年在身心靈的路上，走進內在療癒自己的同時，我知道不能視而不見，疾病已經來到我面前了，我勇敢決定，選擇面對。

在病重之後一個多月，當時剛好初春，一位恩師跟我說了一句話，讓我印象特別深刻：「婷丰妳要相信妳自己，一定會好的、我很愛妳！」然後給我一個大擁抱，那一刻我清楚知道自己收到了，我清楚明白，只有我能真正救自己，我要帶著自己前進，開始走我的英雄旅程。當時我眼淚止不住，根本沒辦法說話，我點了點頭。我不再問：「婷丰為什麼我會這樣？我何時會好？」因為我知道是自己造就了這一切，因為我從沒好好的愛這個身體。我深深的跟自己的內在對話，跟自己說：「我一定要勇敢前進，我一定要超越它！」

在這段漫長的日子裡，有很多人關心我，提供了不少方法及建議，我很感激這些朋友對我的愛與付出，但我心裡明白是怎麼回事，因為我已經找到我所要的，不用到處找了。最後我選擇的治療方式，主要是中醫治療、整合診所的療程與諮商，以及身心靈課程所教導的方法，

康復的婷丰

堅持練習，勇敢的面對這一切。我當時很深刻的明白一句話：「我願意釋放自己所有的生命面向，無論發生什麼事都是最好的安排！」

療癒關鍵：接納自己

雖然沒有選擇西醫，但我嘗試了好多方式幫助自己，包括針灸、吃中藥、能量治療、泡澡、律動按摩、食療、作息調整、心情，與細胞對話、懺悔等，也經常跟自己說零極限的四句話：「對不起、請原諒我、謝謝你、我愛你。」

我覺得這些方法都有幫助，關鍵的是我明白了一個問題：「我有接納這個生病中的自己嗎？」當自己真真正正接納、懺悔的同時，重新愛上目前不完美的自己，我會跟自己的細胞說：「我們一起努力吧！」

我在生病的過程中，發現自己三大方面的人生問題。第一是情緒問題，我在面對病痛，以及康復的未知，每逢夜深人靜時總會恐懼擔憂。

第二是關係問題：首先是家人與朋友的關係，怕他們擔心、難過，尤其是當我決定用自己的方法療癒自己，而不選擇主流的治療，為了避免困擾，初期我選擇隱瞞，只有最熟悉的夥伴知道自己的情況。再者是與自己伴侶的關係，原本對方依賴我多一點，可是因為我生病了，伴侶頓時學會了照顧，我也從一個獨立的人變成完完全全需要依靠別人的人，甚至求助於別人的人。這是我們倆並不熟悉的角色，對雙方來說都很不容易。因為我曾經覺得自己是美麗的，但生病之後外表變得很可怕，覺得復原不了，心中無能為力，這從關係之中再一次突顯了自己的恐懼。

第三是人生問題：這個病讓我痛苦，卻也讓我重生。我經常表示感恩，經歷了這次的「大死」，內在很多的東西都剝落了，看任何事也沒那麼困難了，因為死過了但也重生了！疾病其實是生命的祝福，透過這次脫胎換骨的經歷，給了我一次很大的成長！

從生病至今約一年八個月了，期間有幾次輕微復發，復發部位通常在手覺得癢，以及眼睛週遭會癢會腫，但體力比未生病之前更好，也比較快自癒。身體變輕了、內在輕了也鬆了，感覺很多負擔一層層剝落。我更懂得感謝感恩，活在當下、珍惜所有，我說：「在我人生的後半場，只要有需要我的地方，我也願意分享我實證的生命故事！」我想盡自己所能，將自己的生命故事，分享給跟我相似遭遇的人知道。

我的療癒心法

把生命的選擇權拿回自己身上，我們都有偉大的療癒能力。走進內在的學習，看見自己的偉大，憶起我是誰。

李大夫心語

婷手的病十分戲劇性，蔓延到全身皮膚裂開，身同感受，當時肯定會恐懼如果病無法好要怎麼辦？難道這樣過一輩子……

這樣嚴重的全身濕疹，臨床上也有時候會見到，這類患者吃藥也只能控制病情，很多人都是跟著幾十年，像婷手這樣能夠完全康復過來，而且還能夠脫胎換骨的更加健康，真是神奇的療癒！也突顯出「心靈原因」是引起濕疹的關鍵。

濕疹的矛盾成因

濕疹的成因，在中醫上可以有不同層次的解釋。從身體層次說，是皮膚表面有風、寒、濕、熱，加起來混合而成。每一種邪氣反映的病徵不同，有風就會搔癢、遊走發作；寒就會膚色暗黑、皮膚冷；濕就會腫脹、滲水；熱就會紅腫、發熱、乾燥。各種不同類型的濕疹以及多種皮膚病如風疹、乾癬（銀屑病），也是這幾種不同因素混合而成。

濕疹患者，皮膚上長期有風寒濕熱，反映體內正氣偏虛。中醫的疾病觀好比打仗，正氣與邪氣對抗，就像外敵入侵國家，戰爭的主要發生場地就是疾病的部位。比如一個健康的人在皮膚上受到風寒，通常會發作成感冒：發燒、怕冷、出汗、頭痛、流鼻涕……這代表他的正氣充足，正氣能夠抵禦風寒邪氣，在表面激烈的戰爭，最明顯的特徵就是發燒了。相反如果這個人身體虛弱一點，抵抗不了外邪，這風寒就不會停留在身體表面了，邪氣可以進入身體內，這就像是外敵已經侵入到國家裡面了，而不在城墻之外。

可是，如果這個人的正氣不算太弱又不算很強，邪氣沒有完全進入裡面，可是在身體表面又無法一次去除，這場戰事就會持續，在城墻外面零星的打著，視乎外敵多少和自己兵力的強弱，有時候嚴重、有時候緩和，這就是濕疹的特徵！濕疹的患者，正氣相對較弱，當身體表面受到風寒之後，可是由於正氣相對不足，風寒濕熱在身體皮膚表面，無法一次抵抗驅除，身體不能一次用發燒擊退風寒，身體就選擇「局部」去抗爭了，濕疹發作的時候，皮膚局部紅腫，這就好像是一種局部的發燒，身體也希望能夠去除邪氣，希望讓你熱一點、抓癢它、擴散它，能夠使全身發熱去驅除病邪，可是正氣不足還是無法去除解決，故此病情長期未解。

許多濕疹患者也有一些體驗，就是如果當身體能夠一下子發燒起來，濕疹就或會自行消退。另外，濕疹發作的時間，比較多是夜半的時候，這也代表夜半身體正在休息，正氣相對充足，正氣希望對抗邪氣，於是就加重了病情。

從這個角度來看，正氣偏弱，就是濕疹的重要因素了。那麼為什麼濕疹這麼難治療？正是這種病情複雜，同時有風寒濕熱，這本身已經是寒熱相反的情況，治療用藥有所矛盾，如果要去除寒氣需要用熱藥，要清熱則需要用寒藥，可是寒藥也可加重寒氣，反之亦然。再者，濕疹患者正氣偏虛，應當補益正氣，可是每當補益的時候，身體正氣充足了，病情就很容易發作加劇，患者則會害怕以為是治療不當？也的確，如果治療不當亦可能會加重病情，真假難辨。如果濕疹病情日久，風寒濕熱還會進入身體，導致體內臟腑的各種毛病，還可以兼夾有瘀血痰飲等複雜病情，故此治療濕疹之前，或許需要先解決身體內的各種毛病，說起來也真是相當複雜，每一位患者的治療先後也會有所不同。

除了以上各種成因外，為什麼濕疹患者會正氣虛弱？還有一個關鍵的成因：「肝鬱」，這跟壓抑的情緒有密切關係。

看不見的憤怒

從婷手的療癒前後的照片比較，判若兩人，大家也可以自己感受一下她的變化。尤其是她的眼神，療癒後變得柔和自在了，不如生病前的氣勢逼人。其實，這才是她發出濕疹的關鍵。

凡是濕疹，背後通常有一個內心的原因，用一句話說：「小小的、壓抑的憤怒要爆發出來」。如果只是病情比較輕的濕疹，那麼這個憤怒就是比較小的，當然像她那樣，這種憤怒就是堆疊到很大了！小小的憤怒通常不容易察覺，這就是情志慢性中毒，這些叫做「壓抑的憤怒」，很多時候患者自己卻說：「我沒有生氣啊！」對了！這就是他沒有將怒氣釋放出來，壓抑了情緒，所以才導致這病發生，所以才說是「壓抑的」情緒，就是「有怒不敢言」，心中有情緒，可是卻一直被壓抑，沒有發洩出來。

看婷手生病前的照片，你看到她表面笑得很好看，可是對比她的眼神：上眼皮下壓、內雙眼皮，眼眶色青，眼角上揚，眉頭皺起，這都是長期的憤怒、怨恨所造成的，這就是「對人歡笑背人愁」！對照她療癒後的眼神，她上眼皮明顯不同了、鬆開了，這就代表她的憤怒放開了，這就是她療癒的關鍵。

壓抑的憤怒，在中醫上稱之為「肝鬱」（肝氣鬱結），中醫說「怒傷肝」，尤其是這種長期壓抑的怒氣，導致肝的血氣不通，甚則可以影響一身的血氣不通。這也是濕疹患者「正氣虛弱」的根本原因，是由於患者自身內部的血氣不通，導致血氣不能向上向外去通行，身體表面的正氣就虛弱了，那麼外部就經常被風寒邪氣侵入，於是就產生上述複雜的病情。這也是濕疹的特別之處，患者並非真的身體正氣非常虛弱，如果真的非常虛弱，邪氣就直接進入身體裡面了，不形成皮膚病，這是由於「肝鬱」，內在的血氣不通所形成的表面虛弱，實際上並非真的體內虛弱，造成邪氣一直在表面久久未能去除。

看她生病前的眼神，可以看得出她憤世嫉俗的心，對外在環境充滿憤恨，而這種心在生病的時候變本加厲，也可以從她生病時的照片看到，這種生病的樣子眼面腫脹，也可以感覺得到她情緒爆發崩潰。因為她平常壓抑著自己的憤怒，到了發病的時候，當然就是內在的憤怒要爆發出來了，這種爆發讓身體皮膚「爆開」，而周身的痛苦也是內在情緒向外發洩。

如果能夠明白，疾病的痛苦實際上是自己情緒的釋放，連結起疾病與情緒的關係，那麼我們就不會覺得疾病是額外的痛苦，反而明白這是來幫助自己的禮物，學會接納自己的內心。

看到憤怒的背後

從婷手的訪問中，了解她的生病過程，她甚少提到自己過去的「生氣」，這也是肝鬱的特徵之一！因為，她自己也不一定知道自己在生氣。因為她一直在壓抑自己，什麼的壓抑？——她總是跟著別人走、跟著環境走，卻沒有跟自己的想法去走，忽略自己內在的聲音。這就好像一個孩子在哭鬧，可是家人卻不理會他，要他繼續吃飯繼續學習，久而久之，孩子麻木了，不吵鬧了，轉入內心還在生悶氣。

這種壓抑，通常是習慣做「乖孩子」所導致的，從小習慣「聽話」，聽父母的話，聽師長朋友的話，比如讀書工作，選擇的都是身邊人認為好的，而不是選擇自己最喜歡的。這類人甚至會覺得：「這都是我自己喜歡的啊！」從心深處麻醉自己，認為別人喜歡的就是我喜歡的。這就是最憤怒的地方！我們內在的孩子，一直沒有被人看見，一直都被忽視，「為什麼你都聽其他人的話，卻聽不到自己的話？！」

這種憤怒，其實背後更深層的，是恐懼。這是我所能察覺到的，她發現自己許多的恐懼，這也的確是療癒的關鍵。恐懼什麼？——「我做不了自己」。其實，我們每一個人多少都會知道，自己內心喜歡做的事情，可是我們有多少人敢去做自己？做自己最喜歡的工作？讀自己喜歡的書？追尋自己的夢想？

每一個人都是獨特的，做自己代表著不隨波逐流，不是跟著主流去走，站上自己的人生舞台，展現自己。這需要勇氣，需要勇敢踏出一步，克服自己的恐懼。可是，每當自己做不到真正的我時，這種渴望「做自己」的想法還一直存在，想法之間的落差，造成自己「什麼都做不好」的負面感覺，一再批評自己，內心又再反抗，覺得「我不是那麼差的！」「我已經很努力了！」又再加強了這種憤怒，因此恐懼帶來了憤怒，形成了惡性循環。

要療癒濕疹，除了要看到自己壓抑的憤怒，更需要看到自己背後的恐懼。憤怒和恐懼，很多時候同時存在，每當自己不願意給人看到恐懼的時候，就會表現為憤怒。

婷丰神奇療癒的關鍵，是她看到自己的恐懼，接納原諒自己，勇敢踏出一步去做自己。除了為自己選擇更好的療癒方法，更面對自己的人生問題，這真是勇氣可嘉！這次疾病經歷，看似帶給她很多的痛苦，其實是給她一次人生磨練，讓她蛻變成蝶，成為更輕鬆自在的人。
憤怒、恐懼都並非壞事，這都是推動自己進步的力量，感謝疾病，讓我們更加認識自己。

遍體乾枯的身心

李佩姍，30歲，新北市土城人，曾患乾癬（銀屑病）

我的病從幼稚園開始發病至今約有二十五年，全身近九成皮膚皆發作。一開始是在幼稚園時起水痘後，從頭皮發起，長出一顆顆紅紅的皮疹，會脫皮就像頭皮屑一樣，爸媽一直帶我去看皮膚科都看不好，之後慢慢擴散到身體及四肢。從小診所至各大醫院，西醫、中醫都看過，診斷病名為乾癬。

發現疾病的規律

發病初期會紅紅一顆一顆的，且會脫屑，患處極癢，常常抓到破皮流血。最嚴重時是約五年前，那時我剛參加心靈課程學習，病情卻變得很嚴重，不只癢，身體像千針在扎一樣，坐立難安，半夜睡覺也常常因為不舒服而醒來，睡不安穩，覺得皮膚熱、痛、癢。我後來理解這屬於排毒反應。

所到之處也都會掉很多屑屑，影響觀瞻，害怕別人異樣的眼光，沒有自信，身心俱疲。

因為我的病情頗為嚴重，西醫試過吃藥、擦藥、照光都無效，中醫也常常排毒排到後來只有惡化沒有好轉，加上高三曾誤吃了類固醇達半年的時間，停掉之後經歷了再度惡化的痛苦，所以出社會後我開始不再接受一般醫學治療，從生活作息及飲食調整。

但我的心並不快樂，覺得人生沒有希望。後來接觸了身心靈課程，開始學習了解自己的心理狀態，初期我發現過往有很多的傷痛、憤怒，及無法接受自己的經歷，學習身心靈課程讓我的心得到很多的快樂，是我過去從來沒有感受過的。雖然剛學習時我的皮膚快速惡化，常常痛得無法蹲下、盤坐，但我還是堅持把課程完成，慢慢學著陪伴自己，讓自己的心安定，因為我發現當自己心理狀態很好時，我的皮膚也會好轉，但當我狀態不好時，皮膚也同時反映出來，會瞬間惡化變紅，所以這五年來我一直在觀察自己內心狀態及皮膚之間的影響，也藉由經歷一次次惡化與好轉的過程，陪伴自己的心，學習接納自己、愛自己。

其實我目前還沒有完全康復，身體雖然還有薄薄的乾癬，但脫皮狀態改善很多，已經完全不會痛、也很少會癢，睡眠品質改善很多，也完全沒有吃藥、擦藥，藉由靜心、運動也幫助改善皮膚。過去每逢冬天都會惡化，今年冬天也只是變得比較乾，控制得還不錯呢。

療癒關鍵：接納與愛自己

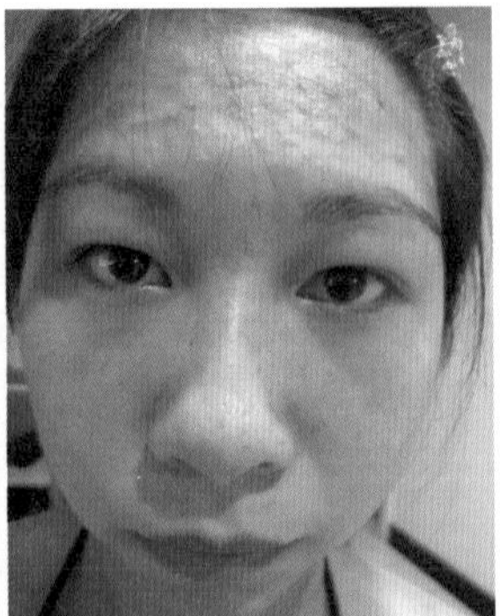

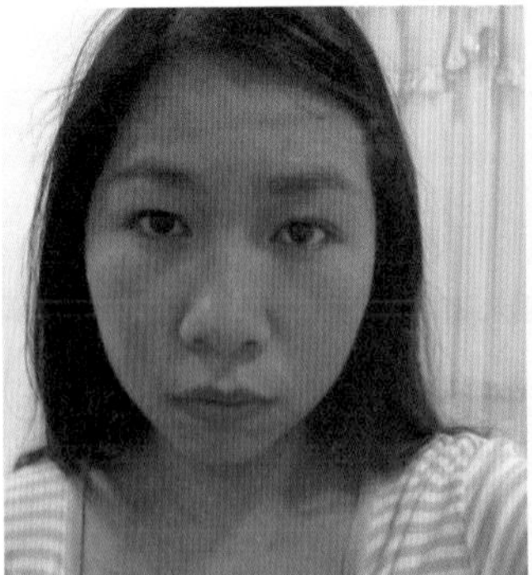

生病中的佩姍

經過多年的自我觀察，發現沒有什麼是比讓心快樂更好的方法！於我而言，以前在接受治療時，常常覺得壓力很大，深怕治療無效，但也因此造成反效果。這麼多年來我都沒有再接受藥物治療，單純藉由靜心、運動排汗及飲食盡量清淡、少操勞來控制病情，慢慢的穩定好轉，其實沒有什麼比心靈療癒更為重要。

因為長期生病，讓我開始重視自己的心理狀態，發現自己在情緒及關係上其實有很多問題，我開始更能感同身受其他人的痛苦，放下身段及偏見，以不一樣的心態與人相處。就情緒方面，過去我經常感覺低落、不快樂、也常常生悶氣，覺得別人不夠了解我，但卻不懂得表達，將想法放在心裡，所以情緒就從皮膚爆發出來了！再者我也發現自己很沒自信，在治療過程心底就覺得不會好，這想法讓自己的療程困難重重。

在關係方面，發現自己其實很怕親密關係，不管是在心靈或是身體上都很怕太過親密的感覺，害怕太過接近也害怕失去，這其實跟治療過程有些相似，在還沒開始時就先設定失敗。

生病了二十五年，真正有意識的陪伴自己，只是最近這幾年的事，讓我深深感受不夠了解自己！其實我的內心需要的是接納、陪伴及愛，過去我常常生氣，因為我覺得別人不夠接納及愛我，但其實是我不夠愛自己，我沒有真正接納我自己，經常害怕別人的眼光，把人生

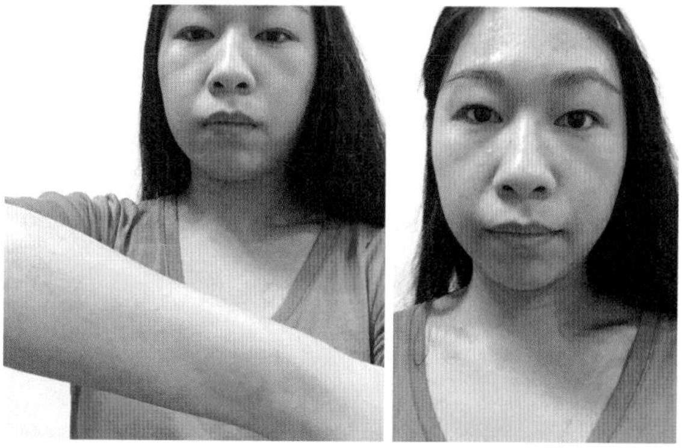

現在好轉改善的佩姍

過得很狹隘、很辛苦。

現在回過頭來看，我需要的是接納自己、相信自己值得一切的好，深深的愛自己，讓自己的心感受到陪伴及愛，不論現在的狀態是什麼都坦然接受，療癒自然產生。

我的療癒心法

生病不是為了打壓我們，反而是在幫助我們提升，讓我們擁有更不一樣的視野，跨過去會發現自己的勇敢和力量！

李大夫心語

佩姍患有的這種病，中西醫也給了它許多不同名字：乾癬、銀屑病、牛皮癬、白疕、疕風、松皮癬……這都是對這種病情外表千變萬化的形容。這種病按西醫的認識，目前還沒有明確的成因，也無法根治。能像佩姍這樣病情平穩，甚少發作，那已經是相當難得了！

乾枯的身心靈

在中醫上看，乾癬的成因與濕疹十分相近，也是由於皮膚表面有風寒濕熱、身體內正氣虛弱所導致，也與有壓抑的怒氣有關，這部分的解釋不妨參考前一個案例的介紹。要說差異之處，就是乾癬的病情比較「乾」，濕疹的比較「濕」，那就代表這病情的「風寒濕熱」部分，濕比較少、乾燥比較多，代表這患者的血和津液較虛，身體缺乏滋養，正氣虛故此長期反覆未癒。

從身心靈醫學的角度看，這病情關鍵依然是「長期壓抑的怒氣」這種憤怒要爆發出來。這在佩姍的訪問之中，也有表達出這種情緒特徵，從她過去的照片上也可看到，雖然也會笑面迎人，可是眼神見上眼皮下壓，一種長期憤怒的眼神，與笑容形成矛盾，這也是她內心有壓抑憤怒的特徵。或許我們會問，她從小就有這種病，難道小時候已經有這情緒？是的，為什麼不可？小孩子也可以有情緒哦！小孩更不懂表達，尤其是習慣做「乖孩子」的，習慣不喜歡都聽話去做，那樣就更加壓抑了。

血液是給予人最好滋養的部分，如果血液乾枯，那人的皮膚也就會乾枯了。中醫又認為「心主血」，血不好也反映我們的心不好，乾癬的關鍵成因，可以用一句話說：「長期內心沒有得到滋養」，當我們沒有好好愛護自己的心，我們的血也不好了，那麼一身的皮膚也會不好。

由於皮膚是保護身體的最外層，當我們內心沒有得到滋養，也會在外面顯露出來，變得乾枯。從另一個角度來說，這也是一種「自我預言實現」——內心覺得自己不美、不好、不值得被愛，自己的心血變弱，最後皮膚也變差了、樣子變醜了，那就真的變成了自己心中所想的樣子！這是做到了皮膚「保護自己」的目的，害怕自己沒有愛，然後皮膚變差了，那就不用努力去追求被愛了，覺得根本沒有人會愛這樣的自己，心中反而覺得這樣好「安全」……這其實沒有解決問題。

這也是這類患者的性格特點，很多人覺得患有這種病醫學上不會好，實際上覺得事情「不會好」的悲觀心態，才是導致患有這種病的關鍵，如果沒有這樣想法的人就不會得這類病。

佩姍之所以能夠療癒，是因為她有智慧，她首先觀察得到，自己的病情跟情志有密切關係，然後明白到要讓自己快樂，才是療癒的關鍵！這就是打開自己的心，允許自己得到滋潤，最後皮膚才能夠逐漸好過來。

為什麼有「排毒反應」？

佩姍介紹她的康復過程中，提到一個奇怪現象，在她嘗試身心靈課程，努力改變自己的時候，病情卻變得很嚴重！這種情況一般稱之為「排毒反應」，是指在人生活變得更加健康時反而生病起來，例如開始吃素、生機飲食，戒煙戒酒，又如開始早睡早起、重拾運動之後，身體出現更多病痛不適，這究竟這是什麼一回事？

所謂「排毒反應」（又稱為好轉反應、瞑眩反應、排病反應、退病反應等），是民間用語，中醫本無「排毒反應」、「排毒」之說，但是因為「毒」一詞中醫也會使用，凡是具有太過的偏性、害人的東西也可統稱為毒，排毒就是排走不好的東西，某種程度來說，中醫所說的「祛邪」（如祛風、祛寒、祛濕），與「排毒」的說法有些相似。當然一般人所說的毒，就不一定是中醫上的「風寒暑濕燥熱」了，可以是各種化學毒素，例如環境污染物、垃圾食品等。

排毒的反應有什麼表現？這實在難以回答，千變萬化呢！各種病痛都可以是排毒反應，直接一點講，排毒反應其實就是生病，但是仔細而言也有不同地方，排毒反應是指身體在好轉、變得健康的過程中生病。那麼真正的問題是：為何變好了反而會生病？

身體好轉才生病，表示過去身體太弱。需知道，一個人身體較弱的時候往往會「病不起」！例如身體虛弱的人，感冒未必能夠發燒，或者就算發燒也只是低燒，從中醫來說，能夠發高熱的人，往往代表身體比較強壯。

如果過去身體一直比較弱，就未必能夠感受得到病痛，生病是需要一些基礎條件的。中醫的角度看，生病是正氣抗邪、正邪交爭的結果，如果正氣太弱，那就只有「挨打」了。當一個人身體變好，正氣恢復，而遇上身體本身已經有邪氣侵襲（或者稱為毒素吧），那身體就有能力驅趕邪氣，病痛就因此出現。

一個人從生病到康復，可分為三個階段：

第一、如果身體十分虛弱，邪氣進入身體之後，正氣無法去對抗，那麼病痛就可能比較輕、甚至沒有明顯不適感覺。

第二、如果身體逐漸恢復健康，正氣稍為充足，能夠驅趕邪氣，正邪交爭，那病痛不適就會出現。

第三、如果身體十分健康，正氣充足，能夠一次過驅除邪氣，病就能夠痊癒。

如果身體相對健康的人，生病能直接從第二階段回到第三階段，這就是一般的生病；如果需要經歷從第一到二的發展階段，那就是排毒反應。

身體變得較為健康才生病，這情況其實十分常見。簡單的如普通感冒，往往是在夜間的時候才加重，因為夜間休息的時候，身體有精力去對抗疾病。又例如許多上班族，往往是在週末休息的時候才生病！這就是因為他們平常「沒空生病」，平日太勞累無力氣對抗疾病，放假時才有精力去重拾健康。這種規律在婦女生理週期尤其明顯，不少女性來月經時會出現不適，例如腹痛、乳房脹痛、經前頭痛，但來經之後就自然解除，這就是因為來月經之前，身體的血氣最為充足，那時候才能夠對抗邪氣而感到不適，平時身體虛弱就感覺不了毛病。

尤其是患癌的朋友，大都會說發現癌症之前，身體往往很「健康」，很少感冒生病，突然得知診斷，就十分驚訝為何「健康的我」會突然得了重病？其實，這就是過往身體一直處於虛弱的階段，有病也沒有感覺、沒法發燒感冒起來，誤以為自己健康。發現癌症的時期，或許是身體相對健康的時候，才開始感覺到病痛（例如到了退休、生活轉變健康時），於是才去做檢查發現生病，這反映身體到了另一個階段，正氣較充足才感覺得到病痛，但病早就埋伏了。

拖延了的功課還是要補交

所謂「排毒反應」，其實就是「舊病復發」，而為何會復發呢？那就是過去沒有真正病好了，病根還在，故此還要再病，所以就好像曾經欠交功課，拖延了還是得補交一樣。尤其在生病的時候，採取了抑制的手段，例如發燒就退燒、咳嗽就止咳、疼痛就止痛……那就沒有把病真正治好。

例如一些人患有關節痛，習慣稱為「風濕病」，這些病是因為外來受到風寒濕氣所導致，如果健康的人開始得到風寒濕，應該先出現感冒！感冒過程常見發燒怕冷、周身骨痛，這發燒正是希望幫助身體去除風寒濕氣，如果這時候沒有治本，只是退燒和止痛，那就是沒有珍惜驅除病根的機會，風濕骨痛自然一直跟隨著你。風疹、濕疹、乾癬這類皮膚病也是一樣，皮膚有風寒濕熱，就因此一直纏綿難癒。

排毒反應就好像登山一樣，如果面前有一條山路，你覺得太艱苦而選擇走回頭路，這條路終有一天要自己走完的。

很多人都想知道，如何判斷自己的身體不適是否「排毒反應」？具體一點來說，那就上述三個階段，是從一到二的好轉，還是從三到二的生病？這在中醫來說，即是判斷病情「順逆」的問題。要回答這問題，其實相當困難！就算在專業的醫師面前，也是需要再三斟酌分析的問題，要看到過去身體狀況比較才能客觀判斷。對於普通人來說，要判斷是非常不容易的。非常大概的說，可以嘗試感覺自己身體整體的狀態，在生病的時候，總體來說，身體是感到強壯的？還是覺得逐漸變弱的？雖然生病不適，但整體往好方向發展，那比較大機會是排毒反應。

另一常見問題，如果懷疑自己正在處於「排毒反應」，是否應該要看醫生？吊詭的是，排毒反應的想法，本身就是認為人有自癒能力，排毒反應就是相信不需要看醫生會自己好！但如上所述，因為一般人不知道自己是否處於排毒反應，也不肯定自己能否順利熬過這關，故此看醫生的目的就是為了作出判斷。在中醫來看，當然任何生病不適都可以診斷與治療，如果能找到好醫生，得知你身體能夠自癒，甚至不用開藥，建議你自己如何生活調整就可；如果知道未必能夠短期自癒，可以透過針灸服藥治療加快康復的進程。

排毒反應的背後原因，我還想引用一句話解釋，在《漢書．藝文志》之中說：「有病不治，常得中醫」，這句話的「中醫」並非找中醫師看病的意思，而是指「中等水平的醫者」，這句話是指「如果生病了不去看醫生治療，這就好像是看了一個中等水平的醫生一樣。」再說白一點——如果看中等水平的醫生，倒不如不看吧！看病都應該要找高水平的醫師。關心「排毒反應」的人，往往就是因為過去的病沒有「治好」，這跟自己體質因素、或者醫師的誤治有關。如果發現自己有排毒反應，卻又再經過誤治，那就得不償失了。

醫生只是給你健康指引的導師，真正能治好病的只有兩位：上帝和自己。好比佩姍的乾癬案例、以及前面婷丰的濕疹案例，她們都經歷了排毒反應，也遍尋了許多醫師，一直都沒法根治，這其實並非完全是醫者的責任，而是如果沒有看到疾病背後的心靈原因，單純治病必然是徒然的。唯有當我們明白問題，願意改變，坦誠面對自己的內心，願意努力「補交功課」，允許自己好好病一場出現排毒反應，而不再壓抑自己的情緒與疾病，這才是真正的療癒之道。

從躁鬱到死亡邊緣

吳姿嫺，33歲，高雄人，
曾患躁鬱症、全身敗血症、急性心臟衰竭、急性肺水腫

我人生遇到最大的撞擊，是在24歲那年。交往三年多的男友無預警提出分手，那時候我在醫院當護理人員，事業最忙碌的時候對方不要我了，雖然每天積極上班工作，回到家卻漫無目標，家裡養的魚也一隻隻死掉，都覺得是自己害死了牠們。壓抑的情緒在某天上班時爆發了，突然歇斯底里，嚇壞了所有的同事與病患，後來到了醫院就診，竟然大鬧醫院急診室！直到醫師給我打鎮定劑後才穩定下來。醫師診斷為躁鬱症，直到26歲到台中工作，才漸漸痊癒，大約病了兩年。

一個乖女孩的人生

我從小生活在高雄純樸的地方，每天面對婆媳戰爭中長大，爸爸則是一直無能為力，小時候我最常講的一句話是：「不要再吵了，我想要安靜」，從小我內心很多感覺也不太會跟別人說，一直以來都過得很安靜，什麼事情都要聽從媽媽指示，不能有其他的想法與意見（因為媽媽永遠只會說不），一直當父母眼中的乖小孩、模範生，在朋友眼中是好脾氣的人，我感覺都是為了爸媽而活。也因為爸媽過度保護與專制，就連選擇學業科系，媽媽也堅持要我讀護理系！因為將來比較好找工作以及有前瞻性，只好勉強自己去讀不喜歡的科別，也通過護理實習進入職場。可是內心是不喜歡的，壓抑的情緒一直無法排解，因為一直以來都做媽媽覺得可行的事情，明明不想要這樣卻無法為自己發聲，可能自己也覺得已經說了十幾年了也都沒有改變，之後就不想再說了。

24歲那年被診斷為躁鬱症，頓時間晴天霹靂，我怎麼會同時沒有感情也沒有了工作？我的人生怎麼會這樣？我大哭，媽媽也哭，每天服藥將近一年的時間，期間無法工作，生活很無趣，於是上網聊天，遇到現在的先生，彼此成為很好的好朋友。為了離開傷心地，移居到台中重新生活，同時也自行中斷身心科藥物。起初一直想找護理相關工作，但之前被醫院強迫離職的恐懼還沒有修復，從大醫院找到小診所都不敢去做，最後找了客服的工作，以為這樣不用面對人群就不會恐懼。

20歲時的姿嫺

擦過死亡邊緣

雖然生活有改變了，可是情緒一樣鬱悶，還一直反覆感冒，直到那年母親節前夕得了重感冒，後來更難以呼吸氣喘，硬撐了一個多星期，去看醫師但是都沒有改善，每天都坐著睡覺根本無法躺著休息，當自己覺得快要不能喘息的時候，到了醫院急診室，卻發現血壓低到只有84/40 mmHg，心跳三十幾下，當時我還不知道嚴重性，到了凌晨二時許，醫師緊急叫我簽病危通知書，需要全身插管，當看著病危通知書的時候，心裡才開始緊張，擔心再也看不到爸媽，雙手不斷發抖；後來立即打電話通知姊姊：「明天要趕緊帶媽媽來醫院」，因為短時間內查不出什麼細菌或病毒感染，院方懷疑我是SARS，所以將我安排在隔離病房，當加護病房主任看到我時，跟我說整個心臟都被細菌侵蝕了，要裝心臟節律器或者氣球幫浦輔助，不然活不了。

當時我選擇了裝氣球幫浦，那時的我全身都是管路，很感恩主任的一句話把我救回來：「好好活下去，一定要努力呼吸」，當下我才知道可能看不到明天的太陽，恐懼一直湧現出來，很多事情沒有做，很多話還來不及說。在加護病房待了二個禮拜，轉到普通病房也快二週，出院的那一刻拿到醫院診斷書，自己也嚇了一跳，這樣的一個人怎麼會活下來？診斷為：全身敗血症、急性心臟衰竭、急性肺水腫。能活下來的感覺真好，從那一次生病之後，我跟自己許下一個承諾：「我要為自己而活」，也託這場大病的福，爸媽從此不再要求我做什麼事情，我想要做的事情他們都會尊重我。

26歲，歷經全身插管後

因為很擔心無常變化，先生堅持跟我同年結婚，覺得人生經過了大風浪，結婚後就會平淡穩定。調理身體的三個月時間，同時也在籌劃婚禮，那段時間真的太疲累，幾乎每天都睡不到三、四小時，婚後馬上緊接到關島度蜜月，整整快二週讓自己爆忙。飛到關島的前三天兩人都玩得很開心，沒有任何異樣，第四天玩水上活動後，一上岸人就不舒服，歇斯底里的狀況又再出現，其實知道自己不太對勁，但是就無法控制！大鬧整個飯店與警察局，最後導遊安排送到醫院就診，在醫院停留好幾天，診斷為躁鬱症（bipolar disorder，亦稱雙極性情感疾患，早期稱為躁狂抑鬱疾病），在醫院服藥後穩定了，回台灣後繼續就診，服鎮定藥物治療。

27 歲，漸漸恢復

療癒關鍵：專注心窩

後來應徵到了一家整合診所工作，從櫃檯人員開始做起，那時候櫃台的行政工作相當繁雜，但是，內心是很開心的，每天都騎車五十分鐘的路程去上班，同事也都對自己很好，雖然我不敢跟別人說我目前有在服用藥物，但是我知道這間診所主張不用藥物治療，我也跟我的主診醫生分享診所的見聞，醫生鼓勵我，至少要在這間診所做滿一年的時間，就這樣服藥半年後可以開始慢慢減藥。減藥的過程真的很辛苦！因為有成癮作用，也擔心減藥後我又情緒不穩定，公司不要自己了怎麼辦？最後還是持之以恆成功減藥，從開始服藥二個月後即開始減藥，到完全斷藥只有約半年的時間，後來雖然沒有吃藥了，但也每個月覆診，半年後回到醫院，醫師將他的電腦頁面轉向給我看，他把我的症狀勾選「痊癒」！醫師告訴我：「我當醫師這四十幾年來，沒有一個人可以這麼短時間痊癒而且還這麼開心，這整合診所真的不簡單，不僅可以服務別人，也能調整自己情緒。」自此之後，至今差不多有七年了，我的病再沒有復發過！

到整合診所上班後，雖然工作繁忙，但內心是很開心的，我每天上班前都有練習九式瑜伽，有時候一整天至少會做到兩次，睡覺前會再做一次，調理自己情緒與疲憊感。情緒層面，期間也參與了身心靈課程，從中了解潛意識壓抑的情緒、憤怒、悲傷等等，情緒不穩定或焦慮的時候就把注意力放在呼吸上面，自己最有感覺與最有效的方法是：將注意力放在心窩，告訴自己先停下來，專注感受自己的心跳，一邊感覺一邊緩慢的呼吸，慢慢的放鬆下來，專注力與思緒也會變得更清晰，整個人也會更穩定。

今年，已經是我在診所服務的第六年，內心的喜悅是無法訴說的！從害怕面對自己的情緒，不敢讓壓抑的情緒釋放，到最後可以脫胎換骨，從內心真正喜悅，真的很感謝這幾年陪伴的導師，以及自己的努力與堅持。

32歲，復原的姿嫺

生命是為了自己而活！

從發病到治癒過程中，我看到內心有很多憤怒與壓抑的情緒，以前的我很容易因為小事情發脾氣，只要一不順心，情緒反應就會很大。因為不了解自己，總覺得自己脾氣很不好，直到這幾年學習，才發現原來自己的身體很敏感，常常會因為別人的情緒與眼神就影響自己，別人的一些小舉動或語言，就很容易讓自己受傷與自責，直到現在慢慢認識自己之後，就不會把別人的情緒與壓力往身上倒，更能將注意力放在自己身上而不受干擾。

以關係層面來說，本來我很在意別人的看法與想法，以前只要被人說我哪裡做不好、需要改進，我就會自責，即使內心有其他想法也不敢說，害怕別人不喜歡我，害怕孤單……經過這幾年的學習，才發現原來我從小到大都為別人而活！因為擔心沒有朋友，所以一直迎合別人的生活；因為擔心爸媽不愛自己，任何事情都聽從父母的指示做事，當一個沒有聲音沒有想法的人；因為害怕男友不愛自己，只要對方提出任何建議，幾乎百分之九十是答應的！這樣壓抑內心真正的感覺生活了二十多年，直到因為生病的關係，才讓自己重新思索生命的意義與價值，如何把主導權拉回自己身上。

這些年來參與許多身心靈課程，我都帶著「歸零」的心前進，看見自己很多面向。我以前很膽小，對於沒做過的事情都很恐懼，不敢嘗試，一定要有人陪伴才敢去完成，這幾年療癒自己潛意識的課題，慢慢看見內心的恐懼是不敢去突破與超越自己的舒適圈，不敢嘗試以前沒做過的事情，愈看清楚以前的我很小心翼翼、不敢犯錯、害怕衝突，討好別人的行為，後來一點一滴慢慢修復與療癒，很多事情也變得豁達與自在。過去我從不敢表達內心的想法，太在意別人對自己的看法，不敢跟別人分享自己的生命故事，現在卻勇於與人分享，生活也更輕鬆自在，能穩定工作不用再擔心害怕自己的情緒，慢慢找到原因去修復與圓滿原生家庭的課題，讓我從生命最黑暗看到希望與光亮，從無助中找到內在的力量並且發揮自己潛能。

我的療癒心法

在退無可退時只剩下勇氣，讓自己勇敢一點繼續走下去。

李大夫心語

姿嫻的發病故事曲折，除了突然宣佈病情危重，還有大鬧醫院和新婚時大鬧酒店這有如電影般的情景！這也突顯了躁鬱症的特徵，一個人壓抑愈深，反彈愈是激烈。

她的分享十分到位，可見她在學習身心靈課程中，如實的認識到自己的問題，作出改變，因此她能夠從這麼嚴重的疾病，變成今天輕鬆自在的人，過程中一定付出無比的努力。

肝鬱可以生百病

從姿嫻生病前後的照片比較，雖然生病之前的照片比較清瘦，但仔細觀察，生病前整個人是繃緊的，皮膚緊張才顯出瘦，療癒後至今的照片，可以看出她整個人鬆了下來。也可以仔細看，他生病前的眼睛，圍繞眼眶附近的眼圈色青（不是指黑眼圈），整體臉色也比較青，這都是肝氣鬱結的特徵；比較她生病前後的左眼眼睛，她生病前的左眼相對右眼小，上眼瞼下壓，而且左眼的眼睛相對不聚焦、無神的感覺，代表她內心有壓抑的憤怒，同時又沒有自己的方向，不知道自己需要什麼，而康復之後今天的照片，雙眼則是已經恢復平衡，代表她能夠活出表裡合一的人生。

她所得的肝鬱，就是因為她從小習慣做「乖孩子」導致的。「乖孩子」表面上好像是個光環，背後卻是華人社會的一種負面詞！因為「乖」即是等於「聽話」，聽話實際上是「奴隸」的心態：我高你低、我尊你卑、你要服從。凡是乖孩子，代表他要無條件的聽父母話，就算不合心意的也要聽，這才是「孝順」。相對來說，外國的孩子，沒有「乖」這種概念，如果孩子做好了事情，會說你是「好孩子」。我們應該要戒掉說孩子「乖」的壞習慣，那樣只會培養孩子變成一個阿諛奉承的人，習慣討人歡喜，這就很容易忘記自己、壓抑自己。

這種肝鬱特徵，普遍存在於每個人心中，其實就算是反叛「不乖」的孩子，心中也是覺得「乖」才是對的——我就是「不乖」——這樣也會帶來負面情緒，帶來自卑感。相對來說，不乖的孩子可能還相對比較好，他們會努力去做自己喜歡的事，乖孩子卻一直都不會做。可是當他逐漸成年，總得要做自己，父母也會期望他們要做自己，可是這孩子從小都沒有習慣做自己，怎樣要求他突然轉變要獨立？這就是原生家庭對自己的影響。

就好像姿嫺當初升大學選科，選的科系不是自己喜歡的，她的解釋就是媽媽堅持，可是很多反叛的孩子從小習慣堅持己見，就會很不明白她為什麼不去堅持自己？這也是習慣做乖孩子的悲哀。要有主見能做自己，這必須要經歷一個過程，透過這一場疾病的經歷，正好就是讓她學習做自己，也可能是她心底希望透過這樣的大病，可以有籌碼去跟父母爭取自主人生。

其中最沒想到的，她除了因為分手、工作壓力等因素出現了躁鬱症，後來竟然也反覆感冒、氣喘呼吸困難，後來還入院病危。這也是肝鬱的延伸，肝氣不通之後，氣血不能上升，整個人也會變得虛弱，那就容易感受風寒等外邪，邪氣就容易長驅直進，進入五臟六腑。

物極必反，否極泰來

這代表她的情緒壓抑一直沒有解決，壓抑的憤怒、背後的恐懼，頭腦的思慮，混雜起來，人都快要崩潰了。如果沒有正視內心的問題，這壓抑就像是彈簧那樣，壓得愈用力，反彈力愈大，所以躁鬱症還是爆發。

幸好姿嫺自己的努力，在生活中積極去面對問題，努力去改變自己。首先堅持每天多作運動，幫助自己身體變得健康；她所提到的關鍵方法「專注心窩」，就是去觀察自己的內心、注意呼吸，觀察自己的情緒，這屬於一種「內觀」的方法，看似簡單，其實需要十分的努力！一天可以有非常多的情緒，可是每次情緒生起的時候，我們能否察覺得到？是否也記得做這樣的練習？就是因為她的努力，願意堅持在生活中做好練習，一次一次看到自己的情緒，是最終釋放壓抑情緒的關鍵。

得到如此重病，其背後的意義，就是提醒人應該要珍惜生命，活出真我！她能夠徹底療癒，最重要是她的勇氣，勇敢的一步一步去做自己，擺脫這個乖女孩的形象，看到自己恐懼害怕的地方，打破自己的框框，這正是「從治法」的上佳寫照，透過面對自己的恐懼去克服恐懼。她這個案例，能夠如此快速療癒自己的躁鬱症，實在是這一類患者的模範，告訴大家只要有決心，奇蹟隨時出現！

天生的心病與腸躁

李佳穎，女，33歲，宜蘭羅東人，曾患先天心律不整伴隨二尖瓣脫垂、腸躁症

我從出生之後約有三十年時間患有心臟毛病，透過心電圖、心臟超音波檢查，診斷為心律不整（AV node到SA node間有不正常放電）、二尖瓣脫垂。在我接觸身心靈課程以前，發作頻率較高，經常一天數次發作，或兩三天發作一次，發作時大多會覺得心慌或心悸，有時候甚至會心痛、身體麻痺，每次的發病恢復時間也不同，有時候需要半天才能恢復體力，身體麻痺也要將近半小時才能恢復。

我的心呼吸不了

我在出生後沒多久，因昏倒送進醫院檢查才診斷出此病，從此到四歲前，常會無預警發病，發病時會感到胸悶、痛、喘不過氣，甚至會常常感到噁心想吐、食慾不佳；四歲後常常在做家事，例如掃地、拖地、洗衣，或變換姿勢時特別容易頭暈甚至暈眩、眼前一片黑加眼冒金星，這時候必須趕快蹲下或躺下；國中後因為作業

29歲，療癒前的佳穎

多和睡眠不足，多次在體育課突發心跳過速，無法呼吸換氣到快要斷氣！其他時候也會突然感覺到疲累，呼吸氣喘或覺得眼前開始發黑，才發現要發作了，每天大部分時間也感到身體非常的疲累。

另外一個潛在的因素，是我從小到大家庭的壓力很大，無時無刻都在緊張、恐懼之中，這無疑也是導致發病的原因。直到四、五年前，我開始在醫院工作，工作辛苦繁忙，開始會出現心臟麻痺，並且會蔓延到全身，導致周身無法動彈，當時我剛開始練習瑜伽，也不肯定是否與此有關。通常在這狀況出現之前都會先有一件極大的恐懼事件（例如突然有衝動要去自殺，不論用什麼樣的方式），在我心裡看見之後就馬上發作，全身因麻痺無法動彈，也無法呼吸，一直到上了身心靈的課程大量釋放情緒後才逐漸好轉。曾經在大學時期服用過西藥治療，但由於服西藥後身體反而會更感到不適，覺得呼吸更不舒服，於是就停藥了。

30 歲，療癒中

除了心臟毛病外，我從小肚子也會腸脹氣或肚子絞痛拉肚子，排便無法排出成形便，多是稀便，小學時期常因為脹氣而嘔吐，一直到大學時期雖然嘔吐的症狀減緩很多，但拉肚子的狀況並未減緩反而變得更嚴重，到醫院看診，被診斷為「腸躁症」。直到大學時期才觀察到，當壓力大的時候會脹氣，緊張的時候會拉稀便。以上兩種疾病問題都曾經服用過西藥，未能改善症狀，反而身體更感到不舒服。

療癒關鍵：探究情緒根源

後來參加了身心靈的課程，了解身體的症狀跟情緒有很大的關聯性，然後透過運動改變身體的慣用姿勢及提升身體的新陳代謝，更藉由課程中所教導的方法大量釋放長期所壓抑的情緒。療癒的關鍵，就是學會探究自己情緒根源，透過更深的學習看見情緒從哪裡來，從每個事件去追溯情緒的根源並正視、了解，當每一次我願意正視面對，都會更加鬆開身體的緊繃感，也因身體鬆開，心臟不再亂放電，腸躁的問題也一併改善了。

在這個療癒的過程，我採取了許多練習方法，例如練專注呼吸、運動、品香（天然香）、靜坐、情緒釋放如「亂語」、探究情緒根源等，當中最常使用的是練習專注呼吸。一開始訓練自己把注意力放在鼻尖呼吸，去感覺氣從鼻尖吸進身體的涼感，吐氣時的溫暖感，慢慢地來到把注意力放在丹田處呼吸，吸氣時讓氣吸到整個丹田並讓整個肚子鼓起，吐氣時讓整個肚子凹陷下去。當發現自己注意力跑掉了就繼續拉回來練習。

療癒過程中，我發現了自己原來有很深的悲傷與憤怒。內在有很深的被媽媽遺棄的感受（後來發現媽媽在懷胎時時想把我拿掉），我從出生到四歲都住保母家，四歲後從保母家離開回到原生家庭跟家人一起生活，在這成長的過程中，常常被打、罵，哥哥犯錯卻是自己被懲罰，心中有很多的不平衡跟憤怒，曾經在國小某年的中秋節，被爸媽趕出家門，然後他們就

33 歲，療癒後的佳穎

開車出去了。在成長過程中，媽媽也常說我是多出來的，是家裡的「拖油瓶」，所以心裡一直很害怕擔心，哪天會再次被趕走，直到念專科時離家，還是會被媽媽打電話來罵，她罵完開心了就掛電話，完全不給說也不給解釋等等，因此就在專科整個情緒大爆炸，但回家還是裝乖小孩沒事一樣，一直到接觸身心靈課程才發現這樣的模式。

至今二、三年來，我的各種病情尚未復發過，徹底擺脫了心搏問題的困擾，不藥而癒！我知道，可以愈來愈輕鬆自在的做自己，表達自己，不需要再因為他人的眼光而受限。

我的療癒心法

真誠面對擁抱自己的感受。

李大夫心語

佳穎所患的病情，在中醫上稱為胸痺、心痛，以心胸部麻木、麻痺、鬱悶、疼痛為主要病徵，也可以伴隨呼吸氣短、氣喘，像她這樣從小就有這種毛病，而且嚴重得呼吸不了、全身麻痺，這真是相當嚴重。這種病情在中醫經典《金匱要略》有記載，認為主要由於心胸部的陽氣虛弱，寒氣內侵所導致的，如果寒氣內侵到腸胃，也可以出現腹脹腹瀉的問題，因此她的腸燥症，從中醫上來看是一個整體的毛病，與寒氣深入有關。

怨恨傷心

一個人受寒，可以得到許多不同的病證，為什麼她卻得了這麼嚴重的心臟病？在中醫上看，當然是因為心先虛弱了，邪氣才會侵犯該部位，後來才會得病。所謂「心病還須心藥醫」，心的病當然跟情志有密切關係，心主喜，如果缺乏喜悅，也可以導致心病。用語帶相關法去理解她病情的心靈層面意義：她的心很疼、心都麻木了，她面對自己的人生問題被困得呼吸不了、甚至周身無力不能動彈……這些都是很真切的形容她的人生。

可是她是出生之後就患病，我們很難說這個嬰孩一出生就心懷怨恨吧？先天性的疾病，的確很難責怪孩子「你不懂做人」，這當然跟父母有密切關係。如果按照民國聖人王鳳儀的「性理療法」理論觀點，他們認為「恨傷心」，而這類先天的病，往往是跟母親懷胎的時候心懷怨恨有關，那麼孩子就會出現心臟的毛病。這種現象也的確在臨床常出現，患有先天性心臟病的人，不妨跟母親了解她懷孕時，是否曾經有這種情緒出現。

佳穎在療癒過程，也發現到自己對媽媽的憤怒，當初媽媽懷胎時希望墮胎的情緒，這就是對自己懷有的孩子有所怨恨，覺得這孩子不應該來到這裡，後來她的媽媽對她成長的照顧，也可以體現得到這種情緒，一直排斥她的來臨。想想看，這樣長期的怨恨，不單是懷胎的時候影響著孩子，即使出生之後，仍一直在每天生活中影響著對方，這當然是一種嚴重的致病原因了！如果我們不問其家庭背景，只是每天給她用藥治療，這當然是徒勞無功的。

這就是真正的「胎教」，胎教並非只是懷胎的時候跟胎兒說說故事、聽音樂，胎教實際上就是懷胎的時候，媽媽有什麼情緒想法、有什麼性格，孩子就會有什麼情緒性格。

看到心病的背後

像佳穎這樣的病情，一出生就有，而且維持了三十年，如果是母親的問題引起的，尤其是先天已經形成的病情，這似乎是無法解決的。可是佳穎的故事讓我們看到了奇蹟！

雖然病的根源好像在母親，可是我們很難要求對方改變啊！如果孩子還小的時候，父母帶孩子來看病的話，的確應該是要父母願意改變，孩子的病情才會好。可是如果孩子長大了，他能夠自己獨立，當他察覺得到這個怨恨其實也是自己的怨恨，而不是別人的怨恨，他就有可能超越這種「宿命」，治好自己這種病。

要說每一個人的靈魂有自己的目的，一個孩子選擇到這個母親的胎兒之中，這也肯定有他自己的選擇，去經歷體驗這事情。就像我們在書的前面提到，一個人有憤怒，背後正面的原因，是因為他希望消除這個世界的思慮、混亂、紛爭，這或許也代表，佳穎她有大愛，縱使這個家庭有這麼多問題，她也希望幫助她的父母，讓他們得到愛。這真是高難度挑戰啊！

看佳穎療癒前的照片，可以看到她的兩眼不平衡，帶怨恨的眼神，笑容繃緊。而她療癒後的樣子，笑容和眼神是那麼放鬆自在，這真是經歷了很大轉化！她的療癒，關鍵是看到自己的怨恨，也看到自己背後的恐懼、各種情緒，學習放下改變別人的執著想法，回到自己身上去改變自己的心，最根本的療癒就是放下怨恨，做真正的自己，讓愛重新在心中發出，滋潤自己的心，療癒就會自然發生。

無法控制的眩暈

陳褕潔，34歲，彰化人，曾患梅尼爾氏症（眩暈）

我在22至28歲時常常眩暈，有時天旋地轉不能活動，有時暈得想吐、有時連站都不穩、有時耳朵吱吱叫好幾個小時。有幾次我在上班時，毫無預警的犯暈，最嚴重時是走樓梯時發作，還好兩次前後都有夥伴才沒有摔倒。還有一次我在寫文案時，暈眩發作，椅子是有滑輪的，我整個人從椅子上摔倒在地上暈過去，那次發作持續了整整五天，而平常則是輕度頭暈與無力一直斷斷續續的發生。

曾經做過腦部斷層掃描，但當時醫師說看不出異狀。後來有次突然眩暈剛好在樓梯間，被同事抓住，直接送去耳鼻喉科，醫師聽完我幾次的發病症狀後，直接說出這是「梅尼爾氏症」，是因為內耳不平衡（失調），要我開始定期服藥。

九式瑜伽的神奇

我什麼情況會發病？這方面其實很難說準，後來我統整後發現，症狀最常發生在我感覺到壓力很大時、睡眠不足時、感冒時等等，發生的嚴

27歲，生病中的褕潔

重程度、頻率及時間長短每次都可能不一樣。每次發作時間短則幾小時，長則要一天或更久，而每一次發作後都需要二至三天的時間，才逐漸減少發作頻率。

七年前，朋友跟我介紹九式瑜伽，當我第一次練習的時候印象深刻，一開始感覺到手指頭刺刺麻麻、一直不斷打哈欠，但做到九式瑜伽的第六式時，我的身體明顯不適，整個人也開始覺得很煩燥，愈來愈緊繃，頭快要炸開似的無法呼吸、無法放鬆，忍不住在心裡咒罵：什麼鬼！不是說可以放鬆嗎？不是說可以紓壓嗎？！怎麼會愈來愈煩燥想吐。友見狀，馬上來引領我做呼吸法練習，協助舒緩我的情況，在我身體反應漸漸放鬆之後我不禁問他，為什麼九式瑜伽如此神奇？看似簡單的動作卻讓我有極大的反應，為什麼我的身體會這樣煩燥不舒服，他卻倒過來問我：你是不是常常壓抑情緒？你是不是常常壓力過大？你是不是有睡眠障礙或失眠問題？

朋友的反問，讓我開始深思，並且認真的開始依他的分享做九式瑜伽，最少兩天做一次，通常都是每天晚上做，因為身體長期壓力大又壓抑，所以每次做九式瑜伽時都會一直打哈欠，覺得疲勞素整個都出來，因此都選擇晚上做，做完後再稍稍做個呼吸法練習，然後直接睡覺，發現睡覺的品質慢慢的提升。九式瑜伽對我而言，起初長達近二年的時間，可以讓我頭腦與身體放空、好好休息，後來則讓我感到能快速的補充能量。加上後來也陸續上進階的身心靈課程，都會有一些練習讓我可

34 歲，復原後

以提升自己的狀態。大約二年半前，我的病情就已經完全康復了，至今沒有再復發嚴重的眩暈症，偶爾再發生時只要好好休息後，再做九式瑜伽及專注在呼吸法練習，就會明顯好轉，不像以前一定要立刻吃藥。

療癒關鍵：看到成長印記

除了以上的練習，療癒的關鍵是我學會了放開。在這一路我發現很深的發病原因，來自我的「完美主義」，對很多事都要求極致完美，只要out of control就會壓力更大，對自己更嚴格、也對別人嚴格，搞得自己裡外不是人！也讓身邊的人處於緊繃狀態。靜心也能讓我學會抽離，唯有讓自己抽離，才會看得更清楚。只因工作與生活繁忙，每每要靜心之前，我一定得先做九式瑜伽、運動或伸展，先讓腦袋思緒放慢下來。

發現有一關鍵點是來自於小學時，被老師甩巴掌，因為當時在課堂中，同學跟我說話要借彩色筆，開口講話的人是同學，被打巴掌的人卻是我，只因為跟我說話的同學，她是訓導主任的女兒！然後，教務主任跟我說：「妳父母是如何教妳的，教妳上課說話嗎？」當時我有努力辯駁，卻只換來主任作勢再要打我，從那時起，我開始覺得人只能往上爬，我不要被任何人瞧不起，我不可以讓任何人去批評我的爸媽！原來這小時候的陰影，一直影響著我，讓我這麼緊繃不放鬆。

當我開始透過九式瑜伽與呼吸法練習，我慢慢的可以感覺到身體的每一個感覺，當身體又開始緊繃時，我會適時的與身體對話，會用呼吸法帶到緊繃之處，緩解自己的不適，我會用雙手好好的療癒緊繃之處。情緒不再像以前一樣這麼大、這麼急、這麼緊緊抓取，最終可以讓自己慢下來。

我的療癒心法

我是我生命的大師級創造者，只有我才能決定我生活的方式，所有的眩暈來自於我們緊緊抓取，學會放鬆就不容易再眩暈。

李大夫心語

褕潔患有的是梅尼爾氏症（又稱美尼爾氏綜合症），俗稱耳水不平衡的疾病，至今西醫上還未明確理解這病的成因，一般認為是無法根治的。褕潔患有這病約七年，能夠透過堅持練習九式瑜伽，以及改變自己的情志，只一兩年的時間就完全康復過來，這真是患者的福音！

我不可以生病！

眩暈的中醫成因，說起來也頗為簡單，就是因為身體血氣虛弱，如果身體內感受到邪氣（如風寒），導致正氣不能上升，那就會出現眩暈。一般的頭暈就是因為身體的氣血不夠上去頭部，供養不足所導致的，如果會出現天旋地轉，這在中醫上一般認為跟人體內有風、火熱、痰飲等因素有關，也多與肝臟有關係，在《黃帝內經》有一句話說：「諸風掉眩，皆屬於肝」，就是指各種眩暈的病也跟肝有關係。因此只要是各種原因導致勞累，又或者受到環境風寒等因素，又或者有壓抑情緒導致肝氣鬱滯，皆可以誘發眩暈，這也是褕潔提到的，她也很難說準什麼情況會讓自己發病。

眩暈在身心靈醫學上的原因，有一種關鍵的心態：「我一定不可以生病！我一定要立刻好起來！」眩暈暈倒就是強制、強迫你一定要停下來的警訊，頭暈的時候不停下來，就很容易做錯事甚至跌倒受傷了。

大家也許試過，如果有時候做一些非常集中需要用腦的活動，例如要快速背誦資料，一次要處理好幾件事情，人就容易頭昏腦脹。簡單來說，頭暈就是頭腦轉得太快！為什麼要轉動這麼快？當然是想太多了。進一步問，人為什麼想太多？這當然是背後有擔憂、恐懼、緊張……在中醫上如果有驚恐、有肝腎虛弱之人就容易想得太多，這些人也容易受到風寒等邪氣進入體內，而導致眩暈。

容易患眩暈的人，就是內心有許多不安感覺，總是希望可以努力去掌控一切，於是就努力去想很多，以為自己抓得緊問題，就可以安心。實際上，想得多並非真的解決了自己的憂慮啊！就好像一個人要去旅行，如果他習慣憂慮，他就會在很早之前，例如提前一週就開始準備，收拾行李、計劃行程、添置用品……可是一個容易憂慮的人，就算一週之前準備好了，還是會繼續擔心，反覆的牽掛著有沒有什麼沒有準備好？到旅行前一兩天就更加憂慮，於是就容易睡不著。縱使啟程了，也依然繼續擔心，所以在旅行期間也寢食難安，通常回家之後才能夠放鬆。相反的，安心有自信的人，去旅行往往只是訂購了機票食宿，就在去旅行前一天才收拾行裝，當天就直接出發了，不用「計劃」那麼多。

不完美才是真完美

這就是褕潔所看到自己的完美主義，其實所謂「完美主義」，就是總覺得自己不完美吧！於是才要努力做到「完美」。這就是她內心的不安，努力抓住各種事情，覺得要考慮到各種可能的危險，要防避所有問題出現，美其名為「計劃」，其實也只是在努力掩飾自己的恐懼。需要知道，這個世界其實有很多事情我們都控制不了，天災人禍，人生無常，變化要來的話，有誰能夠控制得住？「眩暈」這個病，是要讓我們學習這個題目——學習「放手」、學習「臣服」，學習聽天由命，放開自己的盲目堅持，可以接受所有變化可能，而不是執著一種只存在於理想中的完美。

患有眩暈的人，很多頭暈的時候，都還會繼續想著：我是什麼原因頭暈的？我如何趕快復原？實際上發病的時候，就是希望你什麼都別再想了！要學習好好靜心休養，放開一切事情，Let it go！讓它去吧，這個世界還是一樣轉動的。

她的分享提到小時候的一個片段，原來師長的教育和行為，可以影響我們相當深遠。她小時候被打了一巴掌，這當中產生的怨恨憤怒，導致她一直要求自己要更加努力，其實背後也隱藏了自卑，覺得自己怎麼不比對方好？於是，她從小就習慣不給自己停下來，一定要不斷努力的向前，這也是形成完美主義的原因，實際上就是覺得自己不夠完美。其實只要明白，這個世界根本沒有所謂「完美」，每個人有自己的不同地方，百花齊放，和而不同，這就是世界最完美之處！換句話說，其實每個人都是完美的啊！每個人都是獨特的，唯有我們去做自己，才能夠活出完美的自己，而不是活出別人的完美。

靜心入門：動中求靜

褕潔的療癒方法，其中一個重點是練習九式瑜伽健康操，她說在第一次練習的時候出現很多感覺，其後甚至出現不適頭痛難以呼吸，究竟發生什麼事？

我也曾親身練習過九式瑜伽，我第一次練習的時候，也感覺這功法的「氣感」明顯，容易感受到手腳有刺麻的感覺，這其實也是許多氣功、能量功法可體驗到的效果，代表身體氣血流通，尤其是流通到肢體末端的地方，這本身並非什麼神奇的事，例如做太極、八段錦、五禽戲、香功、平甩功這些功法也可有類似感覺，只是九式瑜伽比較簡單快速就有這個效果。

褕潔在練習後出現的身體不適，即是一種「排毒反應」，這也是做各種健康的功法時，可能出現的情況，尤其是褕潔過去患的是眩暈，相對於頭痛而言，頭痛是頭部受到風寒，正氣與之對抗的特徵，如果一個人血氣比較虛弱，頭部受風寒就不一定能夠與之對抗了，於是就不會頭痛，而眩暈正好就是風寒氣較為深入的特徵。本身褕潔多年來也只有眩暈，可是在做這個功法的時候就頭痛得「要炸開」，這代表她做功法的時候身體的血氣流通比較好，一下子把身體裡面的問題突顯出來了。

面對排毒反應時要怎麼處理？當然如果太辛苦的話，也可以減輕練習的強度，先休息一下，但其實排毒反應的觀念就是覺得排毒是個好事情，如果能夠承受，不妨繼續堅持多練習，只要把身體內的堵塞通開、排走毒邪，那麼病才能夠徹底的好過來。

為什麼九式瑜伽能夠有這麼好的效果？我的理解是，這不單是身體的運動，其實也是一種很好的「靜心」方法，透過幫助人減少思慮，去掉「思則氣結」的問題，身體的氣血自恢復流暢。靜心的最直接方法是打坐，可是打坐對很多人來說，是很不容易的，一坐下來就感覺煩躁、坐不住，反而出現更多煩惱。這就好像是暈船的時候，暈船的基本處理方法是：「看著船外的風景」，而不要只是看著船內，為什麼這樣的方法管用？因為暈船的原因就是我們的身體感覺到波浪起伏，可是我們如果沒有看到外面環境真的起伏著，那麼身體的感覺跟頭腦就會形成落差，心身分離，那樣人就會亂了暈了，所以當我們眼睛看回船外，也同時看到了波浪起伏，身心恢復合一，人就沒那麼暈了。

同樣道理也可以應用在靜心的原理上。如果我們內心有很多念頭，就像波濤洶湧的大海一樣，要平靜下來並不是一下子就能夠做到。如果我們這時候立刻去打坐，身體無法跟內心的躁動同步，會導致身心分離，反而更加不適。因此，如果一個人剛開始學靜心，通常建議要「動起來」，先選擇動中求靜的方法，所以不少人也是先從一些功法入手，先做動功、後做靜功，就是這麼個道理。先練習動態的功法，那就好像是嘗試「看著船外的風景」那樣，透過動作讓我們跟內心的躁動同步，那樣人就比較身心合一，繼而逐步放慢，等待內心的波浪平復。因此，如果一個人思慮比較多，嘗試練習九式瑜伽等功法，是減少思慮的捷徑，也是因此為什麼「做運動」對於療癒這麼重要了！運動並非只是為了身體，更是為了身心合一。

中風後得豁達人生

蒙麗光，48歲，花蓮人，曾患腦溢血（腦中風）

二〇一五年四月六日晚上七時許，我身體略感不適，走路有些許不穩，躺在床上休息一會，突然覺得眼前天旋地轉，眼前的景物都不斷的快速旋轉，驚慌之餘我緩慢起身，只感覺強烈暈眩，稍作調息後仍未排解，因此打電話向曾擔任護理師的學姐求救，通話時意識還算清楚，過了約三分鐘，突然間身體右側完全癱軟無力，並滑落沙發，癱倒在地上。後來出現最嚴重的情況：尿失禁，無法言語，昏睡，一天醒來二次左右，無法進食，身體右側完全失去知覺與生命力。

進急診室時，做了第一次斷層掃描，判斷為左邊腦內基部組織出血(Left basal ganglia ICH)，俗稱腦中風，以及HTN高血壓。經主治醫生描述，為急性血壓飆高超過200以上，腦壓過高造成微血管破裂出血。

從發病到急診室，經過二天一夜，從急診室到加護病房一天，從加護病房到一般病房四天，從一般病房轉院到復健病房九天，從復健病房到

45歲，生病前的麗光

返家調養九十三天。

樂觀的接納生病

在發病的前兩天，因為我和伴侶都沒想到這是腦中風，因此只是在家休息，期間曾嘔吐四次，排出的都不是食物，而是一些黑紫色凝固物。由於過去有學習過身心靈課程，我明白嘔吐並非壞事，也可能是排出毒素以及一些潛意識的情緒印記。後來有朋友提議，應該先到醫院檢查病情，於是就召喚了救護車送到急診室，幸運的，當時有懂得能量治療的朋友陪伴，同時協助進行能量梳理，我感到自己在進院的時候內心是平靜的，充滿愛的支持，不像一般人突然到醫院時的混亂。

推進檢查室之前，我一直都是昏迷與半清醒狀態，當時我的伴侶才有意識的想到，會不會是已經腦出血？那就是中風了！當下伴侶突然有一絲自責，而陪伴做能量治療的朋友就告訴他，這可能是宇宙最好的安排，先梳理病人自身能量場是現在可以做的事，這才讓我伴侶不讓自責塞滿整個情緒，深怕延誤了醫治。

46歲，病中

推出檢查室之後，急診室傳出了報告，畫面顯示微血管破裂導致血液瞬間擴散到整個大腦六分之一的面積，而且鄰近腦幹部位，因此急診室醫師立判要馬上開刀！但是，當下該院卻沒有適合的手術室可以進行治療，我覺得一切都是最美的安排，這或許可以讓我免卻這大手術。於是只好入住加護病房來延緩病情惡化，幸運的當天傍晚即有加護病房床位，在等待床位的過程中，仍有學長姐前來急診室照顧著我，著實非常感恩大家。

當時我的意識告訴自己，一定要喜悅樂觀地接納！才能讓溢出的血液不再擴散，產生腦血腫的狀況。主治醫師本來堅決要開刀，但因為我們家屬方沒有當下做決定，醫生就說再觀察四天，但如果有一點腦血腫的情況，就一定必須開刀。有賴學長姐們來到加護病房探望，大家齊心祈禱與守護，本來我需要使用兩組穩定腦壓與兩組穩定血壓的醫療器材，後來就一組一組的拔除。每天的探望時間，他們都給我最好的高纖新鮮果汁，我可以藉由正常排便，看到血壓逐步下降，每次主治醫師前來探望時，雖然當時我無法言語，但我總是能從半清醒虛弱狀態，轉變成水汪汪大眼與甜美微笑來與醫生打招呼，渴望讓醫生感到放心，儀器顯示的腦壓與血壓也有明顯的好轉，也因此醫生最後決定不需開刀！在四天後順利轉到一般病房觀察治療。我的伴侶深刻記得一幕，主治醫生最後從加護病房離開後眼眶紅潤，含著淚水離開，我們讓醫師見證這愛的奇蹟！

進到一般病房後，伴侶一直陪伴在身邊，營造充滿愛的能量環境，給與我一個穩定的空間康復。透過中西藥物的調理與內在能量梳理，加上語言復健師的引導和軀體復健，九天後我順利從一般病房轉院到復健病房，開始進行完整的復健黃金期的治療。復健期間，要從完全無知覺的軀幹讓神經一條條復甦，需要非常痛苦的鍛鍊，但是我明白到要順利康復，最重要的是愛！先很深的愛自己的身體，也將這份愛送到醫院的每一個人。每到復健時段，我都是笑臉迎人，即使與其他憂鬱復健的患者形成強烈對比，但是我仍然不放棄繼續用笑聲與親切感傳愛，我相信這是達到復健效果的最佳方式，也因為如此，在兩週後我就能簡單開始談話了，也不用再接受語言治療，對於蜷曲的手與腳也有明顯的進展，更在三個月的復健中期，得到台南學長姐的協助，透過每週一回的針灸療法，一共三次的療程，快速從完全無法行走，到透過旁人微扶，就可以簡單在病房裡行走，大大減少坐在輪椅上的時間，就這樣認真的在醫院復健，直到醫師認可回家，病情穩定了許多。

身體一點一滴的進步，一直恢復到可以自行在家裡料理三餐，手腳行動可以配合生活，說話已經恢復90％，溝通沒有問題，這是到二〇一六年六月左右開始，亦即是從發病之後約十四個月後。自從轉入復健病房，病情逐漸康復，沒有再次中風，至今已有二年四個多月了。

療癒關鍵：把心敞開

整個康復的過程中，我有使用中西藥來穩壓、物理復健治療、針灸治療、能量梳理等等，當中我覺得針灸最為有效。而以身心靈的角度來說，我的轉變非常之大，因為我舊有的個性是要求完美與性急的，事情不能有瑕疵或是總想緊急處理才能放心，這給我造成不少壓力；與人互動方面，常感覺較無法融入群眾，自己會因為某些獨立的特質而放不開，或是有些話會繞圈子表達。以上這些狀況，都在中風後改善許多，現在的心更加敞開，能夠接納許多新朋友來到家裡談心聊天，能夠接納與朋友在線上互動，能夠將真正想要表達的話，真誠的傳遞給對方，對於事情更能放鬆看待，穩步處理。若要以整體協助最大的部分來說，身心靈能夠穩定面對病情才是最大的幫助。

療癒過程中，情緒有時會較為低落，容易擔心拖累他人、麻煩他人，但這樣的問題都不持久，我知道我需要接納幫助。我與伴侶的關係變得更緊密，只是憂心伴侶因為這樣勞心勞力而不捨；與家人關係也更貼近，但也擔心母親憂慮，關係因此變得緊張；在兩位學推拿的弟弟身上，也感受到一些難以置信的壓力。原本覺得自己飲食本來已經很健康，卻竟然會是家裡第一個中風的人。

生病也突出自己的自卑感，擔心未來是否可以完全像一般人正常行走、使用右手，需要他人協助才能外出與生活，感覺失去自由，對身體已經不健全感到遺憾，這到目前還在努力與進步中。我覺得，發病後的自我穩定與照顧者的耐心是相當重要的，適時運用身心靈的方法來協助病情恢復，也可以達到事半功倍的效果。

為什麼我會中風？我生病前身體血壓是穩定的，都在醫學認為的正常值內，飲食也是簡單蔬食，比較欠缺的就是身體規律的運動，主要原因應該在靈性層面，我覺得這是天性使命的牽引，因為在發病前幾天，在

48 歲，病情有所改善

我內在就有一股非常想要衝出去，對地球對眾生做些什麼事情的衝動，每當這種衝動湧現，身體的腦壓與血壓就會升高，自己也會更加恐懼擔憂。發病期間剛好在學習身心靈課程，該課程打開學員對宇宙靈性的奧秘，我本身對於這方面的敏感度非常高，很容易會連接到這些能量，再加上當初為清明時節的節氣共振，引發了血壓突然衝破200以上而中風。

病情大為改善後，我的人生變得更為豁達，從原本的小心翼翼與緊張習慣，到豁然開朗，有時還像小孩般純真，對待事情更加明晰，也更明白如何愛護自己的身體，勤做家中復健運動，與母親和姊妹間的連結更深，更能有愛的溝通，與伴侶之間更相知相惜，相互提升，也讓更多人認識自己的奇蹟故事，激勵更多夥伴。

我的療癒心法

有愛無礙，真心對待自己。

李大夫心語

麗光得了中風病，這在過去通常認為是年老人才會得的病，現在有年輕化的趨勢，有些二、三十歲的年輕人也會突然中風，這首先跟現代西化的飲食文化有關，吃肉蛋奶、精細加工的食品太多。而從身心靈醫學的角度來看，一個人經常習慣吃某些食物而造成依賴，沒有給自己選擇更好的食物，這也代表了內心的空虛、不開心，因此希望透過物質生活來填補自己，食物就是與人最密切關係的物質了。

可是，從麗光的分享可知，她過去飲食應該是比較健康的，可是為什麼還會有中風？可以知道中風並非只是單一飲食因素所導致的，有著其他心靈層次的成因。

麗光花了一年多時間逐步恢復過來，從治療效果來看，看似不算特別神奇，可是我們不要忘記，也有不少中風患者，病了之後是一直不能恢復過來的，能夠重新正常生活走路，並非必然。從麗光發病時候的診斷來看，本來腦溢血需要做開腦手術，可是後來卻奇蹟地免除一刀之險，這真是值得我們研究的地方！從她的照片可見，她生病前與康復後的樣子，可以說是判若兩人，生病之後的精神情緒體格方面都有進步，也有脫胎換骨之感，生病給她帶來了許多好處。

生活的無力感

中風病在中醫上的原因，在中醫經典《金匱要略》上的記載，認為中風病真是「風邪入中」所導致的，就是身體受到了風，可是一般健康人受到風，如果只是在皮膚的表面層次，那就應該只是出現感冒不適，中風病就是因為身體正氣虛弱了，風就能夠一下子深入，直接進到了五臟六腑，才會出現嚴重的病情。因此，中風病的出現，反映著身體正氣虛弱的基礎條件。

正氣虛弱跟人的情志密切相關，從身心靈醫學的角度去看，中風之後的結果，就是半邊身體或者整個人都無力了，無法正常行動，尤其是當其中一側身體不能行動的話，就算另一邊身體正常，人也是難以正常生活的，那樣兩邊不平衡的狀態，反映著人的表裡不一，人不明白自己心底的感受。

中風代表了一個人心底有很深的「無力感」，無法解決自己許多人生問題，而這些感覺一直壓抑得很深。無力感實際上也是一種悲觀、一種恐懼，導致人的氣血變得虛弱而下沉。可是，自己沒有察覺這種無力感覺，還是繼續努力去生活，逃避內心的無力，與心中的想法形成了落差，沒有回應內心壓抑的恐懼，最後這種無力還是要呈現出來。

麗光回顧自己發病之前的想法，她說在發病前幾天，「內在就有一股非常想要衝出去，對地球對眾生做些什麼事情的衝動」，這本身是一種好的想法，希望可以去幫助世界，可是這也是內在給自己的一種壓力，總是希望去做可是卻無力做到的感覺。直至在麗光生病之後，在療癒過程發現到自己不太能夠接受別人的幫助，總是擔心拖累麻煩別人，怕別人擔心，擔心自己不健康也會形成了家人給自己的壓力等等，這些都是無力感的體現，自己或許很想做很多事情，可是又考慮太多別人的看法，於是就什麼也做不了。

中風病要讓我們學習的功課，就是要學會放開，一切都沒辦法由你自己操控了，要學會接納一切，接納別人的幫助，接納宇宙的安排。中風是比眩暈更嚴重的病情，眩暈代表過去我們太想操控一切事情，中風則是用一種更暴力的手段，迫使你必須要接納改變，就算你多麼不願意改變也好，你也得要聽天由命。

學會「樂受」

麗光的療癒奇蹟，其中的關鍵是她從一開始生病，就快樂的接受自己生病的事實！這是快速康復的主要原因。很多患者不願意接受自己生病，中風了就更加生氣，埋怨自己為什麼這麼無能？為什麼做不到以前能做到的事？自責、自怨自艾，這些想法都無助病情，反而會影響了康復的進度。

要療癒，需要學會聆聽疾病的教導，既然中風教導我們要放下，那就儘管好好放開吧！願意放下過去所有生活，重新做人，這就是康復的關鍵。如果心中總是想著，要趕快現在就復原，然後回到過去的生活之中，這就是沒有從疾病中學到功課了，當然疾病這個好朋友，就不會那麼快離你而去了，會繼續留在你身邊繼續提醒你。

一般認為在中風後的前三個月到半年，是最佳的康復時期，這也是代表大部分人在這個階段能夠學習得到這個功課，能夠內心逐漸接受自己患病的事實，重新做人。當然如果一個人花了三個月到半年，還是不願意接受這個事實，恐怕他的想法實在太頑固了，難以改變。

像麗光這樣，能夠在患病的第一刻，入院的時候已經懂得臣服、放下，這種心態真是難能可貴。疾病雖然帶來痛苦，可是我們可以學習如何「痛而不苦」，就好像扭傷腳的時候，我們可以選擇維持痛苦：「啊！很痛啊！」可是這樣只會讓我們變得緊繃，抓住疼痛不放；我們也可以選擇放鬆：「痛就痛吧！我好享受！」就好好讓自己放開對於「痛就是苦」的想法，好好讓自己休息，也好好感受這個扭傷對自己來說有什麼意義？有學到什麼功課？其實只要鬆開，疼痛不適很快就離你而去了。

病與苦，我們可以病而不苦、痛而不苦，面對病苦我們可以選擇「苦受」，也可以選擇「樂受」，全在一念之差。生病的時候，我們懷著什麼的情緒？這會直接影響我們的康復速度。這樣的情緒轉換，要能夠在生病的時候隨時做到，這當然需要平時的基本功訓練了。

我與糖尿病共舞

陳昕平，54歲，彰化人，曾患糖尿病，憂鬱症，子宮肌瘤。

在我生老二、老三時，因為都是巨嬰，所以生完老三後，護士說我要追蹤血糖，可能本身有糖尿病。剛開始是介於正常和糖尿病中間，到了一九九九年我36歲時開始創業，每天必須面對經營、管理的壓力，造成吃不下也睡不著，無形的壓力把我壓垮了，從此不知什麼是快樂只有壓力，而血糖就一次比一次高了，正式診斷為糖尿病。從一九九九年到現在，糖尿病一直跟著我有十八年了。期間也曾經看過三次西醫，在我40至45歲期間曾短期吃過西藥，可是每次吃藥都沒有超過半個月，因為每次吃藥之後都會全身發抖不適，因此也只好停藥，所以這些年基本上是沒有做什麼西醫治療。

我本來是幼兒園教師，一時間被家長遊說當起經營者自己創業，自己開了幼兒園，初期每天都很緊張，擔心這個擔心那個，沒有一天安穩的活著，這也是我患憂鬱症的開始。因為我不會帶人而造成內亂，老師一個一個離職，常常在換老師，幼兒園所無法穩定，自然學生人數不好，

生病前的昕平

經營不善，那時很會挑剔老師的毛病，愈挑剔愈苛責自己。

血糖高低起伏

患糖尿病初期沒有什麼不適感覺，因為我是一直有做抽血檢查，後來參加了心靈課程學習之後，血糖已經相對穩定，早上空腹在150～180血糖值中間（血糖正常值是70~110mg/dL），也沒有很明顯生病的感覺，但常常覺得呼吸有問題，氣喘不上來，全身無力容易疲倦，身體動不起來。到41歲時，體重開始往下滑，每到假日一定胃痛，痛兩天後星期一身體又恢復，繼續上班工作，體重原本是五十五公斤，不到半年時間逐漸下降到剩下四十六公斤。這時候會胸悶頭痛，四肢無力，情緒不好，看到任何人都覺得是我的敵人、都不是真正關心我的人，感覺世界很糟糕，頭髮也一天一天的白，後來幾乎全白了。

病中

這時候開始每天打九式瑜伽，也有做呼吸練習、每天打坐靜心，向內看看自己現在怎麼了，每天跟自己對話，學習愛自己，感覺我的憂鬱症慢慢的恢復，會吃會喝也會唱歌了。

我52歲的時候去讀研究所，血糖卻飆到240～280！每天趕趕趕的狀況下血壓也升到180，中性脂肪也高了，讀了一學期只能選擇休學，後來更專心的打坐靜心，血壓才慢慢平穩下來。直到二〇一七年初出現頭暈，開車時很容易打瞌睡，就去找醫生打針劑，解決頭暈問題。接下來手上長了疹子，會爛開、癢痛和擴散，不容易好，我發現事情真的不簡單了，若是不注意我的糖尿病就會出大問題囉！

在之前我都是打九式瑜伽、練呼吸打坐靜心，都相安無事，最主要的是沒有發病也沒有造成我有什麼不便，於是就沒有認真的理會它，所以到目前沒有完全康復，只是血糖比較平穩，也有到醫院檢查，初期有打營養針，穩定下來。二〇一七年初開始選擇爬山運動和改善飲食，血糖才慢慢的從400降到300再到200，我開始正視糖尿病，散步爬山這樣血糖下降較快，感覺身體變輕變柔軟，不吃精緻食物，澱粉類米麵也少碰，尤其晚餐盡量不吃飯只吃蔬菜，有時血糖降得太低會發抖時，就坐下來練呼吸和冥想，讓身體產生自癒力。有時吃太好血糖飆太高就去爬山二小時，感覺血糖變得柔軟，是有生命可以互動的，現在血糖一般在150～160，如果晚餐後能夠去走路半小時，早上空腹的血糖可以到120，希望日後數字可以更漂亮！今年初我發現到，只要愈願意去面對自己，血糖就愈穩定，只有親身體驗整個過程，接納才是真正療癒的開始。

療癒關鍵：放下受苦

做運動、食物控制和心態調整都很都重要，還有打坐過程看到內心的問題，這些對療癒都有幫助。米類澱粉類甜食要少吃，血糖才不會飆高，

改變的昕平

配合爬山運動，囤積的血糖會降下來，好心情時血糖值也較低，陪伴自己散步練呼吸，還有打坐是每天必備的，打坐時進去觀察糖尿病對我來說是什麼意義？也看到家族對我的影響，接納這個病及病因，在過程中愈來愈愛自己，轉念不排斥，接納我就是這樣子，不把病只當成病，他是來提醒我看見，找回真正的自己。

現在回想，我在33歲時發現有一顆子宮肌瘤，當時已經暴飲暴食食量驚人，怎麼吃都吃不飽，而且對人都有一股情緒，討厭當人一心求死，肌瘤大到像豬心那麼大，壓迫到神經造成雙腳不能走路，於是去手術拿掉。

我的個性太急躁，凡事求快狠準，事情都攬下來自己處理，也看不慣員工的慢動作，總覺得別人不會，覺得世界上只有我最強，完美主義讓自己很辛苦很受傷。老是覺得別人做不好就自己做，不信任、不授權，做死自己卻又恨別人不懂不幫忙不學習不做，內心都在煎熬，感覺就像拿一把刀砍自己。

感覺我的人生是來受苦的不能給自己好日子過，有不配過好日子的心態，不能吃好料理，不能穿漂漂亮亮，不能享受，捨不得善待自己，明明是貴婦卻認為當貴婦是羞恥，把自己搞死這才是我的人生，從來沒有給自己製造快樂日子。

夫妻感情也是，老是覺得人生不可能圓滿，親子之間沒有溝通橋樑；同事關係也搞不好，只看到別人負面的能量，這個世界唯我獨尊，事業也因為我的偏執而做不好，然後只能自己恨自己，每天自怨自艾的活著。

後來我學會改變了，心態改變轉念就較快，心情變得愉快，看事情的態度完全不同，在決定事情時提升視野高度，有正向的能量，事情變得順暢，資源也會不斷的進來，比較放得下、事情看得開，把工作交給年輕人去發揮，我就只是看著，哎呀！事情變得簡單了，壓力不見了，身體自然地好起來！只因為我學會了放下，對世界都改觀了。

譬如說，孩子們對幼兒園有新的決策，以前我會考量到錢，想到種種原因……結果讓他們不能執行，整個事情就會停滯不前；現在我就會坐下來靜一靜，感覺一下這事情做到的結果會很舒服，有溫暖有光有感覺，於是就可以鼓勵年輕人嘗試去做。又譬如當老師在分享他平常所遭遇的種種，小朋友的狀況、家長的問題等，我會接受並且跟老師分享自己的看法，事情的結就容易打開了。

我的療癒心法

善待自己，不要跟自己過不去，有事出去走走，轉個彎、換個心情就不一樣。

李大夫心語

昕平患有糖尿病，這病初起病徵通常不明顯，有「三多一少」的特點，即是多飲、多食、多尿，身體消瘦的特徵，因為飲食增加了，很多人或許不覺得是病，反而覺得胃口好是健康的表現，而且是逐漸加重問題、適應，於是不覺得這是身體的毛病，沒有給予重視。

昕平的血糖情況，雖然到後來也沒有到完全康復的階段，可是從她的故事可以看到，病情的輕重跟生活有密切關係，她也逐步找到了平穩血糖的方法，讓自己變得更健康，值得我們學習。

文明病與「高粱」飲食

從三多一少的特徵來看，現代中醫一般將之稱為「消渴」病，而在古代《黃帝內經》之中，更多將之稱為「消癉」病，「癉」就是「勞」的意思，因為勞傷導致身體消耗太過的病情。

「此肥美之所發也，此人必數食甘美而多肥也，肥者令人內熱，甘者令人中滿，故其氣上溢，轉為消渴。」

——《素問．奇病論篇》

「消癉仆擊，偏枯痿厥，氣滿發逆，肥貴人，則高梁之疾也。」

——《素問．通評虛實論篇》

以上第一段文字，提到消渴是由於飲食不當所導致的，飲食過多「肥美」、「甘美」的食物，亦即是吃肉、油膩、甜食太多，會導致人身體出現內熱，因而出現多飲、多食、多尿等的症狀。值得注意的是，在古代認為白米、五穀也是屬於甘味食物，而並非專指含糖分高的食物。

第二段更進一步提到，不只「消癉」這種病，還有其他一系列病的成因亦是相近的，包括突然昏倒的疾病，身體出現枯毀、身體痿弱乏力、氣喘咳嗽呼吸困難等疾病，這些病說起來，在現代就是等於糖尿病、中風、呼吸系統疾病如慢性支氣管炎、肺癌，心臟病等，這些看似現代「文明病」，其實古代已有！只是古代是「肥貴人」才容易出現的病，亦即是有錢人、因為飲食太好才會出現的。

文中提到這些病的關鍵成因，是由於飲食「高梁」所導致。「高梁」並非指「高粱米」，而是指「膏脂」與「細糧」兩類食物，吃肉就是膏脂了，也包括了各種高脂肪的食物，油膩、煎炸，雞蛋牛奶也算在內；細糧就是各種精細的糧食，例如吃飯並非吃粗糧糙米飯，吃白米飯就是細糧了。如果將各種穀類磨成粉，製作成麵條、麵包、糕點、餅乾、點心、包子、饅頭……這些也是細糧，亦即是在超市裡面買到的各種加工食品，也是細糧。

飲食是糖尿病的關鍵，因此要療癒糖尿病以及各種文明病，的確需要從「戒口」入手。說要禁戒某些東西，好像感覺很辛苦，實際上只是吃回人正常應該吃的食物而已！少吃加工「食品」、多吃天然的「食物」；多吃粗糧、少吃細糧；少吃肉、多吃蔬菜水果，其實就這麼簡單。「高粱」的飲食方式，看似「吃得好」，實際上太過也是壞事，真正健康的飲食方式，應該是飲食清淡、粗糙，也能夠享受當中的美味，而非一味追求精細豐盛。

我喜歡自我虐待

筆者也認識一些吃素的人，仍患有糖尿病，明明他們就已經不吃肉了，為什麼還會有糖尿病？當然不吃肉已經很好，可是吃素的人也可能經常吃「細糧」，如果這方面沒有改變，也是會得病。另一方面，糖尿病的背後也有一種關鍵的心靈成因，可以用一句話說：「我喜歡虐待自己！」

當然這句話，很多患者可能不明白，有誰會喜歡虐待自己啊？對，我們每一個人表面都不希望虐待自己，可是病就是深層的想法導致的，我們不認識自己所以才生病，疾病就是來提醒自己。從糖尿病的結果來看，患者不可以吃「甜」的東西，甜的飲食，糕點、飲料，例如飯後吃甜點、生日吃蛋糕、喝一罐汽水，這些背後都是代表著快樂，不能吃甜，就代表自我虐待成功了！內心的自我預言實現了。

為什麼有這樣的想法？或者我們從糖尿病的飲食成因入手，可以明白更多。患糖尿病的人就是吃肉太多、吃米麵糕點太多導致的，這樣的飲食習慣從何而來？為什麼他們會喜歡選擇這些食物？例如我身邊有許多吃素的朋友，他們決定吃素，選擇吃健康的食物，對他們來說並不困難，為什麼有些人就總會覺得很難？因為他們喜歡吃肉、吃米麵，對這類食物有執著、上癮。這種想法在老一輩的人身上尤為常見，尤其是過去有些的年代，生活環境比較困難，很難可以吃到肉和油，甚至經常吃不飽，於是就覺得吃肉和油是很珍貴的，後來生活好的時候就不斷吃肉，也經常習慣讓自己吃飽，必定要吃飯吃麵讓自己充飢，其實背後都隱藏著貧窮、不足的印記。

所以，看似吃肉、吃糕點是對自己好的飲食，實際上卻是反映內心貧窮、恐懼的飲食習慣，這些飲食方式根本並不健康，只是我們執著於回到滿足小時候的一些慾望而已。

糖尿病者的飲食，其實是一種自我虐待的飲食方式，被過去辛苦的記憶所牽拉著，因此才選擇如此吃，沒有給自己吃真正好的食物，都是給自己吃不健康的。因此糖尿病者常常也有一種美其名為「節儉」的心態，覺得人不應該「挑食」，什麼都吃才是正確的，吃東西不可以剩下，桌子上最後的東西都會自己清理掉，不要「浪費食物」，都裝進自己肚子裡面……這其實也是對自己的一種虐待，將自己的肚子變成垃圾桶。自然界所有動物都會「挑食」的，都會選擇適合自己的食物，「什麼都吃」這種心態其實也是一種信念限制。

這也是為什麼在《黃帝內經》稱之為「消癉」，就是過勞的病，過勞也是虐待自己啊！勞可以有三大方面：生活作息的勞累，飲食的勞累（過飽），也可以是精神的勞累。從昕平的分享可以看到，她過去一直在強迫自己工作，沒有讓自己停下來。她說發病初期呼吸氣喘，全身無力疲倦，可是她卻說自己沒什麼不適，這不就是一種自我虐待，沒有對自己好。每逢假日就胃痛，然後工作的時候就好過來，這正是一種「排毒反應」，假日的時候身體比較健康才有氣力去對抗疾病，可是她就會虐待自己，持續工作讓自己不能好好的排毒好轉。

當一個人覺得自己的人生痛苦勞累，內心沒有得到真正的滿足和快樂，他就會更加努力去尋找彌補，最常見的就是透過物質生活讓自己滿足了，於是就會更依賴飲食，吃的更多也是一種勞累啊，這就形成了糖尿病的惡性循環了。昕平自己也形容，她的完美主義，讓自己沒有過好日子，讓自己不斷受苦，從她生病前和生病中的照片可以看到，雖然她面帶笑容，可是眼睛上眼瞼下壓，反映她長期有壓抑的怒氣，活得並不快樂。當然自己活得不快樂的時候，就會容易生氣了，也會將這種生氣向外發洩，所以對其他人容易有情緒，覺得是這個世界對自己不好、命運不好。

糖尿病要能夠療癒，關鍵是心態的改變，要知道這種苦，是自己找來的！是自己執著於痛苦的思考模式，讓自己跳不出這個框框，就算身邊環境已經富裕了、安穩了，我們還是不懂享受快樂、有錢也無福消受。只要看到自己這種模式，就自然會有所改變，允許自己放下執著，開始給自己享受快樂，療癒也就自然發生了。

我的弱視恢復正常

盧信宏，13歲，台北人，曾患弱視，散光

我從小就患有弱視加散光，視力一隻0.2、一隻0.5。應該是很小的時候就有弱視了，只是到了7歲才檢查出來，後來我開始改變，大概在8歲之後逐漸看得到進步，後來大概花了二至三年，到了12歲左右就康復了，至今一直沒有復發。現在13歲，兩眼的視力已經回到了1.5正常視力。

深信身體的自癒力

我自小的體質敏感，容易感冒，只要一出門或家中來了很多客人，總是感到疲累或躁動，甚至不知道為什麼就發燒起來，為此常常去看小兒科掛號。媽媽回家照顧也無法放鬆，因為常在餵藥的過程中，藥一入口就吐滿地，身體更加的不舒服。弱視加散光為生活帶來了許多不便，如看書無法專注、做某些動作無法精確等等。

直到一年多前接觸身心靈課程後，有一位老師順著我的背脊按摩時，提醒我爸媽說：「別再給小孩吃西藥了，這個孩子身子敏感受不了。」後來透過課程的練習，漸漸開始知道，身

體本身有自癒力。媽媽也把課程中所學到的方法，運用在家中，為了讓身體減輕負擔，全家也開始改變飲食，以豐富多元的蔬食取代肉食。

這個過程之中，我練習了九式瑜伽，適度的運動能增加自己的體能；生活方面也落實飲食的改變，甚至會慎選零食，學會看標示，這些也幫助我改變體質；用虔敬的心祈禱，明白正念的力量，學會了要為自己的健康負責。這幾年我對身體的自癒力是深信不疑的，在學習的過程中，我了解到疾病和心理的關聯不可切割，並跟身邊的人分享自己所學的。在某些方面，我感到內在有一定的成熟度和理解，隨著成長看到自己情緒的困擾，也參與了一些身心靈課程，提升心智，這些點點滴滴也是我為自己療癒之路堆疊的關鍵。

我覺得，練習九式瑜伽為生命創造了無數奇蹟，願所有的人都可以體驗它帶來的穩定、放鬆、療癒，看見無限可能！

我的療癒心法

愛是百病最好的解藥。

（以上是信宏的訪談內容，以下則是信宏的媽媽補述。）

療癒關鍵：學會表達

信宏小時候就非常敏感，尤其是跟人互動的時候。每次家中有客人在

患有弱視的信宏

聊天，他的情緒就會不穩定，或者在學校感受到同學的情緒，也會莫名的發燒。因為爸爸是律師，以前在事務所，常會有客戶往來，面對到這樣的情況常會不舒服。到了我們開始學習，開始聆聽他的表達，當他感覺到我們是聽得懂他想表達的時候，於是才慢慢的說出來。

他理解力很強，但在校學習很挫敗，因為學校的體制令他感到無趣，而現實中卻得在主流教育中成長，因此後來才發現他有孤單的感覺。在學業上的成績上很一般，對自己很沒信心。

他天生有種老成的感覺，他是很喜愛課外的學習和閱讀，對自己的情感則是不善表達、說不出口，其實心底對於能量很敏感。在他七歲之後，我開始在他哮喘或發燒時，用冥想引導、打九式瑜伽和祈禱等方法，他多半因為這樣的練習自行恢復，身體不舒服的時候也願意找媽媽，請我陪他，他也會創造自己的方式來處理問題。他在小二時，很激動的要求我，希望他可以上課，因為他很擔心爸媽進步，自己會不會跟不上。

對於靈性部份，他在小時候，偶爾開心時會說到一些片段，比如說：「媽媽，你知道我為何來地球？因為我在宇宙中看到這個美麗的星球。」

視力恢復了之後，他整個人生也有了不少進步，比如以前比較怕黑，後來就不太怕了。而且現在對於很多大人的問題，比如大人說話不夠真誠，他能夠看得出來，但比較懂得體

回復正常視力的信宏

諒了，只是對於自己的情緒，有時還是會鑽牛角尖，畢竟年紀還小還年輕吧！仍需要去體驗，但比過去已經獨立很多了，他真是個很有想法的孩子！

李大夫心語

小孩子患上弱視，一般很難治癒，通常只能透過配戴眼鏡矯正，但也可能日益加深。雖然也有一些鍛煉視力的方法，如果曾經練習過三到六個月也無效，那就表示治癒機會很低。不少這樣的患者一輩子無法改變弱視，可是信宏的故事讓我們看到奇蹟，視力真可以完全好過來！

看不到前景

中醫上說：「肝開竅於目」、「五臟六腑之精上注於目」，眼睛的問題通常直接反映肝的問題，也跟五臟六腑有關，而像信宏這是從小已經有的問題，通常考慮與肝腎虛弱有關。

從身心靈醫學的角度看，弱視就是無論對遠近的東西都看不清楚，看不清楚東西有什麼作用？有時候，看不清楚比看清楚會更讓人輕鬆！比如我曾經爬過多次香港一座高山叫鳳凰山，如果在日漸萬里無雲的時候去爬，一邊走一邊看著遠處的山頂，知道還有這麼遠的路，真是讓人感覺十分疲累，可是有一次是晚上去爬山，剛好碰到多雲，一路上雲霧覆蓋，只能看到面前的幾步路，那一次爬山的感覺反而是輕鬆的，因為只能看到前面幾步路，不用考慮那麼遠，減輕心理負擔。

這就像我們的人生！如果有算命師告訴你這一年一定會發生災難，那麼你肯定會經常憂慮著。人生之中不知道未來，對我們可能會更有幫助，讓我們活在當下，免除憂慮。信宏自己也說，弱視讓他感到無法專注、做某些動作無法精確，當然這是一種好處啊！如果專注的去看去想到這世界這麼多問題，那樣多累人了，做不到某些動作，那就可以不用做了，感覺多安全。

弱視、近視眼等問題也是一樣，如果我們看清楚這個世界，看到這個世界的許多問題，看到別人的眉頭眼額經常有那麼多的煩惱，如果這些會讓自己內心不平，那最好的方法就是不要看到了！讓自己帶上一個「磨砂眼鏡」，世界模糊一點，感覺也會漂亮一點。這就是這類病的心靈層面意義，是為了對世界感覺舒服一點，當然反過來看，也代表我們對這個世界有很多不舒服的感覺！

為什麼覺得不舒服？這當然都是情志了。從中醫的角度看，肝腎虛弱就代表這個人有驚恐、有怒氣，這些情緒也是讓人不舒服的。害怕看到自己人生的問題，用一句關鍵的話說：「我看不到我的未來」，就會導致視力模糊。這其實不單在孩子出現，很多人年老容易得老花眼、白內障，也有相近的原因。

高敏感並非疾病

眼睛的問題，反映內心逃避去看到自己的問題，不敢去看、不願意去看。從信宏的照片看到，他小時候的樣子比較內向、不夠自信的感覺，並非一個外向活躍主動的孩子。而從他的眼神看到，他有三角形的眼睛，上眼瞼下壓，反映內心長期鬱悶生氣。這並非說他是個不乖的孩子，一個沒自信的孩子就算內心不開心，也不敢搗蛋頑皮，反而更希望自己變成一個乖孩子，得到別人的認可。可是做乖孩子而沒有去活出自己，導致內心更加鬱悶。這也是「肝鬱」的特徵，生悶氣，壓抑了自己的怒氣。

他生氣什麼？一方面可能是生氣別人，其實更多的是生自己的氣，就是自責，覺得自己做得不夠好。從信宏媽媽的角度，可以看到他從小就是一個高敏感的孩子，這個所謂「高敏感」並非指身體容易過敏，而是指近年流行提倡的「高敏感族」（Highly Sensitive People），是指這類人的身心天生敏感，容易感受到環境的影響，就好像有些人對於聲音特別敏銳，他就適合當音樂家，視力特別好的就適合當畫家等等，而這類孩子往往有一些天生特殊的能力，某些感受比較打開，能夠細緻的觀察事物，於是容易受到別人的影響。

這類孩子容易看到別人的情緒，比如有大人跟你說：「你真是很棒的孩子！」可是如果這個人只是隨便說說並非真心的，這類高敏感的孩子就可以偵測得到，心中就會覺得：「為什麼你要撒謊？」感覺矛盾不真誠，不理解為什麼要這樣做，然後也會覺得是自己不好，心中覺得「為什麼我總是看到這些不好的地方？」

實際上，很多自閉症、多動症的孩子，也屬於這個類別，他們本身或許未必患病，可是由於他們的敏銳觸覺，跟一般的人不一樣，與其他人格格不入，很容易被標籤為病人。如果能夠好好栽培他們成長，往往就會成為資優生，發掘自己的天賦才能。

信宏的療癒故事，讓我們明白得到，這個孩子的療癒關鍵，是願意打開自己，學會表達。能夠表達其實就是開始懂得自己的心了，而不只是跟著別人的意思走，從「乖孩子」的限制之中跳出來，活出自己。

現在許多新一代的孩子，也屬於這一類「高敏感族」，或許真是整個時代轉變，集體意識提升了。或者簡單地說，我們時代知識豐富了，資訊流通了，父母的教育提高了，飲食營養提升了，等等多種原因，導致新一代的孩子能力提升，作為父母的，實在需要懂得接納，我們的孩子可以比我們更聰明、更優秀！我們要有氣量，虛心從孩子身上學習，幫助孩子去認識自己。

像信宏這種「老小孩」的感覺，這可以理解為我們的「心神」，是帶著意願來的。像信宏會說：「擔心爸媽進步自己跟不上」，這顯然不是孩子應該說的話！一個孩子怎麼會跟父母去比較？這真是他們帶著使命來這個世界，高敏感族的孩子，本身就擁有特殊能力，希望來幫助這個世界，可是當他們成長的過程中，發現要面對的問題太多、太複雜，這也會讓自己感到疲累恐懼。只要讓他們明白，不需要給自己那麼大的壓力，無需要將焦點放在身外的人事物身上，只要做好自己，輕鬆成長，那才是真正的幫助這個世界。

眼疾讓我看到自己

林文婷，45歲，香港人，曾患虹膜炎

35歲左右，某天晚上在敷臉，發現右邊眼睛紅紅的，當時以為是敷臉的物品弄到眼睛，感覺沒大礙，不會痛就沒管它。但過了一、二天，眼睛開始會痛，到小診所看醫生，檢查後醫生只說是眼睛發炎，開了藥就回家了。但是後來藥愈吃愈嚴重，眼睛模糊看不清，嚴重的時候只能看到模糊的影子，像是眼前有霧，趕緊再回診。醫生發現不對勁，便開了轉診單，到大醫院檢查後，確診是虹膜炎。

之後就吃了很多藥，如抗生素、消炎藥、點眼藥水，可是用眼藥水之後會有副作用：瞳孔放大，要眼睛休息不讓你看東西，看東西更模糊了，兩眼不平衡，走路、看東西都會歪歪的。眼睛不適嚴重時會嘔吐，心情很不好。雖然眨眼睛會痛、乾，這都還能接受，讓我很不能接受的是，在這個副作用下變得相當煩躁、容易發脾氣，但其他人看不出來，我還是盡力保持平常的自己。期間也有失眠，吃了安眠藥還是沒有改善，二〇〇八年也出現嚴重的胃痛，吃五、六顆止痛藥都沒感覺，還是痛。這個眼疾維持了一年多沒有好轉，其後花了一年左右的

時間調整身體，漸漸才好轉過來，前後經過四年就完全痊癒了。

我有什麼放不下？

一開始我也是就診西醫，可是吃了西藥一年都沒有效果，於是我便開始尋求中醫的協助，心想「死馬當活馬醫」吧！看了中醫大概一年，病情有逐步好轉。其中我很深刻記得，第一次去看中醫時，醫師問我：「工作是不是都很忙？」我想：「還好啊！忙也只是一陣一陣的。」醫師一邊自問自答的碎碎念，比如說著：「工作時要認真，下班時要放鬆啊」，臨走之前，他問我最後一句話：「你有什麼放不下的？」我立刻說：「沒有啊！」但醫師沒再多說什麼，拿藥後，我就離開診所了。

離開診所後大概過了十分鐘，腦中一直在思考那句話：「你有什麼放不下的？」，我突然暴哭起來！把妝都哭花了，當下不知道為什麼。事後一直反覆的問自己「我有什麼放不下的？」突然間，我回想到小時候的片段，看到因為家裡窮，當時感到無能為力改變一切，爸媽的婚姻問題又感到無能為力，因為爸媽離婚時已經是七十歲了，讓我對這個病症也是感到無能為力。我想，哭起來就是因為「我在乎！」當然是放不下這些了。

因為這次暴哭，回想到十幾歲的時候，我當時常會問自己：我到底來

37 歲，生病時的文婷

這個世界做什麼？我到底是誰？我缺什麼？……我開始把注意力放回自己身上、自己的感受上。為了尋找答案，我開始測試自己：我到底缺什麼？於是不斷的用物質滿足我的生活，看自己是不是因為那樣東西得不到才不開心？我以為這樣會變得比較快樂，但其實也沒有，就這樣又經過了四年。

原來當時的我，對所有的一切都感到無能為力，人生、感情、事業等等，工作離職後，爸爸突然說發現癌症，讓我崩潰了，工作沒了、家人又生病了。陪伴爸爸時，是人生最低潮的時候，陪伴的過程也覺得很無能為力！半年後，爸爸過世了，然而這才是事情真正的轉折點。

我又一直的問自己：我到底來這個世界做什麼？我到底是誰？我缺什麼？……以前是麻木的、覺察不到、沒感覺到我的身體已經在跟我發出警訊了，我忽略了身體給我的訊息，有四個月到半年的時間，我的脖子、後頸椎、嘴唇，臉兩側會麻、刺，慢慢延伸到頭頂，有時候是兩隻手會這樣，一下子就沒有了。一天會出現一至二次。

後來開始能夠感覺到，有一隻眼睛在看著自己所做的一切。原來，那位中醫師讓我釋放了最深層的情緒，把情緒釋放出來後，開始找到自己是誰、開始注意到自己的情緒、開始關心自己的身體，我接納了那個無能為力後，感覺身體比較輕鬆。

45 歲，雙眼恢復神采

療癒關鍵：釋放深層情緒

自從鬆開「無能為力」後，身體輕盈了許多，眼睛也不再疼痛，視野變回清晰了，胃痛及失眠情況也不再發生，從39歲至今都沒有復發，只是因為曾經吃了一年西藥的關係，目前的後遺症是瞳孔受損了，眼睛中間還有一顆白點。

療癒的關鍵是心情的改變以及釋放了最深層的情緒。現在回過頭來看，我發現這次生病是來幫助我的！它來推我一把，是來讓我朝向靈性道路上的一環。記得在12、13歲左右，有一天全家人在看新聞時，爸爸因為新聞內容生氣不已（該新聞是說大陸人來香港搶黃金樓的金子），直說：這個人該死！但當時我問我自己：他真的是壞人嗎？他小時候是過著怎麼樣的生活，才導致現在變這樣子？在16歲之前我也會不斷問自己到底是誰，但是為了改善家裡的經濟，在16、17歲時就出來工作，因此也把「問自己到底是誰」的問題蓋起來了。當時只有一個目標：要拼命賺錢（除了當小姐，什麼都去做，一天做兩份工作）根本不會去理會自己的心情。在20歲出頭已經賺到很多錢，到30幾歲還沒有發現，原來自己已經活得不像自己了。

直到36、37歲才開始再問自己，我的人生如果有80歲，我已經走了一半，剩下的時間我能幹什麼？為了找到自己想要的，於是去上NLP課程、心理學，渴望可以解決這些問題。後來我到了台灣學習身心靈課程，也因為課程的啟迪，大約在38歲才曉得就算自己所擁有一切的物質生活，心底其實都是不在乎的，發現我原來一直沒有放棄尋找自己，認識心靈深處的自己。

我覺得療癒的關鍵，是要保持絕對的信心，不要讓負面情緒淹沒你！例如覺得：我就是倒楣啊！老天爺不疼我啊！每一個生病的人，一定要問自己的感受：你為什麼會得到這樣的病？深深的問自己：到底是怎麼了？

療癒的路上，靜坐對我幫助我非常大，可以時時刻刻覺察自己。因為我沒有放棄找尋答案，因此走進身心靈的道路後，時時刻刻都把注意力放自己身上，經過課程的練習，以及不斷的堅持下，發現內心的空洞填滿了。我明白到不只要認識自己，更要將認識自己的喜悅和故事分享給別人知道，一定有一些人跟我一樣，如果某天有人可以因為我的故事而令人生充滿希望，那就成功了。打開視野後，我開始明白原來自己是有任務的，有更遠大的目標要前進。

我的療癒心法

最大的力量，都是從「認識自己」開始，要發揮多大的力量，取決於你。

李大夫心語

文婷患有的虹膜炎，在西醫上認為該病的成因不明，如果有視力下降就要特別小心，若不及時治療可能有青光眼、白內障、視網膜脫落等併發症。可是像文婷已經一開始就去治療，一年都沒有好轉，可知此病並不容易治療，後來她能夠康復，還不再復發，當中看到明顯的身心靈成因，值得我們細味學習。

我眼紅了誰？

從中醫上看，眼睛會發紅和疼痛，這可以是受到風寒熱這些邪氣所導致的，病情特別出現在眼睛發紅，一般認為是肝有熱所致，這與肝氣鬱結問題有關。從身心靈醫學的角度看，眼睛發紅和疼痛，它有什麼作用？這首先會引起你的重視，眼睛是一個嬌嫩的地方，那裡的不適很容易感覺得到，每一次眨眼也提醒我們不舒服，提醒我們不得不重視，而且眼睛紅了一塊，對著鏡子就會特別在意，或者別人看到你的眼睛，也會特別關心你。

一個人眼睛很紅，這種眼神通常感覺是充滿怒氣的，這也是俗話說：「眼紅別人」，當我們內心對別人有嫉妒怨恨的話，怒火中燒，這會形成一種火氣，就容易出現眼紅了！從文婷的照片看，她生病前的眼神，左右眼相當不平衡，尤其是左眼的空洞感覺，內心充滿恐懼，不知道人生的方向，這也是她多年來一直逃避自己內心問題的原因，因為她知道要回答這些問題，可是卻一直逃避，忙著工作和物質生活；到了生病的時候，右眼出現了問題，右眼就是我們想給人看到的那一面，提醒我們這樣生活下去會有問題，就連外面的人也會知道，這個右眼的眼神也帶有無奈、鬱悶，感覺被困在人生之中；一直到病癒之後，兩眼的眼神就平衡得多了，雖然左眼依然有空洞感覺，可是左眼已經比較有神彩，找到自己的方向，展現出自在的笑容，可以知道這一場病，真是幫她生命有大進步！

所謂的「眼紅」，羨慕嫉妒恨，其實是一種比較心態，覺得對方總是比自己好，然後自己比下去。例如眼紅別人賺錢多，於是自己就會努力去賺錢，要比別人做得更好。實際上這都是自己內心的空虛，總是覺得自己不夠好，因此內心就會批評自己，也會因此批評別人，可是又不一定會將生氣說出來，這就形成了壓抑的情緒，肝氣鬱滯了。

喚醒自己的心神

文婷的案例，跟上一個案例、信宏弱視的個案有相似之處，兩者也是視力模糊，這都跟肝腎虛弱、恐懼看不到未來有關。這一部分在文婷的敘述之中，就是她所說的「無能為力」，覺得自己人生一切都無法改變，只能隨波逐流，這種感覺，其實社會上許多人都有，尤其是那些從小就患深近視眼的孩子，他們小時候已經受到主流教育的影響，好像只能跟著「升降機」往上爬，感覺到自己沒有未來；又或者一些老人家患有白內障，也是因為他們到老了，感覺自己也沒法改變什麼，人生到頭來好像只是一場空，於是就眼睛就看不清楚了。

文婷個案的獨特之處，就是她的眼睛還會痛、也會紅，這就是她心底還是希望她看得到自己！這樣的眼睛不適，一定會讓你注意得到，實際上也是內在的驅使，有一股動力迫使她去面對內心的渴望。

文婷的療癒故事讓我們知道，原來只要看到那個「無能為力」，就算事情沒有改變，自己也會輕鬆過來。只要心底的渴望被看見，他就會逐漸找到自己的方法，去展現自己，就好像小孩子，如果一個孩子一直嚷著想要學習一種活動，可是父母卻忙著沒有去理會他，小孩一定會很生氣，可是如果孩子的聲音被聽到了，感覺到被重視，縱使沒有給他具體支持，孩子也是會找到自己的方法，去活出自己的夢想。

我們或多或少都會對文婷這些提問有共鳴：「我到底來這個世界做什麼？我到底是誰？」在人生過程中，我們多少都會問過類似的問題，只是或許未必能夠一下子就有答案，或者也是曾經努力去追尋卻沒有找到，也或者是為了生活所迫未能全身投入去追……這都不要緊，這問題就是人生意義的問題，或許有些人花一輩子就是去得到這個答案。這些問題亦是「治神」層面的問題，是終極療癒的問題，透過認識自己的心神，讓自己找回根本快樂的動力。

這些問題的答案，或許不是一天就可以知道，可是如果我們不去問，或許永遠找不到答案，如果我們願意去問，答案終有一天會出現。

從先天的萎縮甦醒

李瓊蝶，29歲，台北人，曾患先天陰道發育不全症

我因為在青春期時初經沒有來，所以去婦產科檢查，但大多的醫生總說等等看，一直到了18、19歲去做婦科內診檢查才發現，先天陰道發育閉鎖不全，在唸書時還一直都是。當初在20歲的時候，正式診斷出患有先天子宮生殖萎縮的罕見疾病（亦稱為先天陰道發育不全疾病），這是無法治療只能開刀的疾病，也無法生育，醫生說發生率大約是四千至五千分之一。

疾病磨練靈魂

這病情沒有特別的不適，只是不會來月經，身體上就容易手腳冰冷，體質虛寒。更主要的問題是，覺得整個人沒什麼生命活力，對於身體有很大的陌生感跟切割感，人生很常出現不敢往前、為自己發聲與做決定等的情況，一直感到很困擾也很難過，常常覺得自己是不是不應該存在這個世界？另外就是在親密關係當中，很多時候沒辦法深入，有很多恐懼。

在生理方面，原本復原生殖功能需要開刀，才能有親密關係，但我卻因為這樣，而對陰道要開刀有恐懼，害怕親密關係以及進入男女朋友的關係，但在上完一系列身心靈課程之後，

因為開始與器官對話，逐漸接納自己身體陰道等狀況，當真實面對跟療癒後，在沒有開刀的情況下，身體的通道逐漸甦醒，深度變深，可以擁有親密關係了！

一路上我也渴望了解身體毛病的原因，上了許多的身心靈的課程，比如學催眠就是想找出原因。後來才知道在生命歷程當中，有很多想放棄自己的想法，常常沒什麼活力也都跟這些息息相關，原來都是我們為自己寫的生命劇本，目的是來磨練我們的靈魂，來協助此生意識提升的訊息，也因為這疾病的禮物，讓我一次次有跡可循，看見我是如何遺棄自己，從放棄生命到開始接納自己，我歷經了無力、難過、憤怒等情緒，好像也重新整合了自己的生命能量。透過舞蹈才發現，原來我內在有如此豐沛的能量與生命力，而當一次次清理、整合後，開始願意為自己的生命負責，超越自我的一切限制，找到自己的靈魂使命，帶著力量站在這天地之間，真正活出自己。

因為這樣，家庭、事業、親密關係都轉變了，甚至連身體上的病症，也開始有了變化，開始感受到身體有月經的潮汐變化，而透過靜心，原本萎縮的狀態開始甦活與修復，見證到心靈的力量是如何可能改變身體結構，從原本的疾病變成美好的禮物。大概到了26歲，整體身體感覺明顯好轉了，手腳冰冷改善，肚子也感覺到暖和，整個人有活力起來，至今健康生活著已有三年了。

療癒關鍵：發現內在智慧

我也每天做九式瑜伽、靜心，內在很深的決定信任自己就是愛，感恩自己的身體與他對話，並且有夥伴的信任陪伴與鼓勵。一開始做九式瑜伽其實沒有什麼特別感覺，做了三個星期、一天至少兩個小時的靜心後，慢慢的開始感受身體的熱能出現，每次做完總有舒暢的清醒跟熱能感覺，像是身體的細胞被甦活醒來的感覺；平常我是個頭腦有很多問題的人，這些問題在我打九式瑜伽的過程中，就會自動被解答，有一種清明的感覺，好像看清楚生命的軌跡，就不會讓自己陷落在裡面，原本許多向外尋找的問題，發現原來自己本身就可以有智慧回答，我想應該是因為透過運動和靜心的過程中，頭腦跟思緒變清，就容易看見問題的核心。

因為一次次的感受到自己原本的力量，更多的信任自己，從中得到的智慧去生活，看見自己的天賦，並因為前面累積的信任，對於接下來創業等決定就愈來愈有信心了，後來更成立自己的藝術工作室，是一個藝術、舞繪教學品牌與平台，希望將自己的生命經歷與學習的感動，分享給更多人，讓更多人能夠認識到自己是多麼珍貴與美好的存在！

在這個療癒的過程中，我發現自己有很多不安全感和恐懼，失去時往往直接放棄，逃避許多美好的可能。我發現其實不一定是疾病困住了自己，而是自己的心靈，一直抓著疾病跟痛苦，只是為了避免去經歷，去面對承擔生命的體驗、使命與結果。不安全感來自於對於生存的恐懼，後來透過身心靈課程學習，發現原來是因為從小的經歷，原生家庭父母從小離異寄養，總在親密關係中有很大的障礙，無法深入親密關係中，給自己內在下了一個「自己是不值得被愛」的印記設定，這些都會在關係中的相處上產生很多問題，因為不知道愛是什麼，總是推開真正渴望的事物。例如工作，以前總是做些不是那麼喜歡的，也不知道自己喜歡的是什麼，但內在就會很受苦，因為不滿現狀，但又無能為力。又如關係，以前戀愛，我都只能談得很表淺，當要進入更深的承諾與關係時，我就會逃開，現在開始能敞開接納了。

我們的身體是靈魂的聖殿，無論它現在如何呈現，所有的一切都是愛、禮物，祈願每個人都能了解到，自己是多麼珍貴與美好的存在。

我的療癒心法

相信自己，很深的接納自己的身體，愛自己。所有外境與限制，無法束縛我們的心靈、定義我們是什麼，只有我們自己可以決定我們是誰、想要成為什麼、如何活著。

李大夫心語

瓊蝶患上的病，在中西醫上都屬於罕見疾病，這類先天疾病往往十分難治，因此中醫十分重視「治未病」的思想，應該要在生病之前就要去預防它。可是瓊蝶的病，是先天因素引起的，我們很難怪責她：「你為什麼不在出生之前就預防？」

先天病因父母情志

當然這不是她的錯，先天的疾病通常要考慮父母的問題，就在《黃帝內經》之中，也指出這類疾病成因的關聯：

「帝曰：人生而有病巔疾者，病名曰何？安所得之？歧伯曰：病名為胎病，此得之在母腹中時，其母有所大驚，氣上而不下，精氣并居，故令子發為巔疾也。」

——《素問・奇病論篇》

這裡指出有人出生就患有「巔疾」，這首先是指頭部的疾患，例如各種先天精神智力的疾病，也可以指癲癇一類的疾病，這段文字討論這些病的原因？簡單來說，這就叫「胎病」，是由於孩子在母親腹中，母親受到大驚嚇，導致氣往上行而不下走，精氣上行太過影響頭部，繼而產生這種病。

從以上論述可以看到，古代對於先天疾病的原因已經有所認識，認為跟父母的情志有關，母親的影響會比較直接，而母親的情志當然與夫妻關係有影響了。就像瓊蝶的病，也跟父母的關係有關，訪問時我跟瓊蝶了解，她是母親婚前就懷上的，當時媽媽有許多的不安全感，尤其是在當時的社會之中，受到許多的壓力和無力感，這也肯定帶來很多恐懼，由於恐懼會導致氣往下沉，那就可能讓孩子產生這身體下部的疾病。

重新啟動生命創造力

在中醫上看，女性的子宮陰道萎縮，跟肝腎虛弱有關，這也代表她小時候已經容易膽小受驚恐懼了。而從身心靈醫學的角度看，女性的陰道、子宮、卵巢，代表著生育能力，也代表著她生命的創造力。生孩子本身就是一種創造，是女性特有的能力，而這也代表著女性可以發揮自己的能力，創造生命的無限可能。女性能夠有月經，每個月將自己的血排走，生理上的意義就是「去舊迎新」，將身體不好的血排走，迎來每月更新，為了更好的準備迎接生育的可能，這也反映女性容易更新變化的特質，代表著靈活、轉變，為了創造而隨時準備。

從這些意義反過來看，瓊蝶患有這先天的疾病，就代表她對於自己生命的創造力有所恐懼，不敢去創造自己的人生，這在她的故事訪談中也有論及，到後來她努力去活出自己，聆聽自己內心，甚至勇敢去創業之後，生命就不再一樣了！這才是根本的療癒。

這也是許多婦科疾病的患者的共同原因，例如患有月經不調、痛經、子宮肌瘤、不孕等疾患，這些也是有不同原因的受壓，導致不能創造自己的人生。要創造自己的生命，方法就像瓊蝶那樣，首先要學懂解答自己的問題，不向外尋找，因為我才是自己生命的主人；然後就是要活出自己，拋開恐懼，將自己的想法實踐出來，這就是真的創造成果了。

瓊蝶說了一句很發人深省的話：「不一定是疾病困住了自己，而是自己的心靈，一直抓著疾病跟痛苦，只是為了避免去經歷生命。」很多人會以為是疾病困住了自己，讓我做不到某些事，其實根本就是「自己做不到某些事」，這種想法才導致疾病的出現，而疾病讓你「實現」了自己心底的想法，於是形成了惡性循環。說「疾病導致我做不到某事」，這只是推卸責任而已，給自己內心的恐懼一個藉口，我就可以不用去突破困難了。瓊蝶的故事讓我們明白到，只要我們願意為自己的生命負責，生命就會不再一樣。

從僵直到自在人生

巫修惠，35歲，台中人，曾患僵直性脊椎炎，併發葡萄膜炎

我在20歲就讀大學三年級時發病，在二〇〇二年三、四月份，當時到野外實驗三天，睡硬板床，回來後出現起床時下背部很痛，翻身會不舒服，右腳踝特別痛，起床十到二十分鐘動一動後緩解，白天疼痛較輕，傍晚後下背僵硬疼痛增加，右踝痛時走路會一跛一跛。後來六到十月，因右踝有紅腫熱痛而去骨科看病，吃了藥但疼痛無法緩解，到十一月份時至大醫院免疫風溼科，確診為「僵直性脊椎炎」，檢測 HLA B-27 呈陽性反應，也有照X光攝影檢查，發現腰椎受前彎、側彎及伸展的運動受限，以及胸擴張受限2.5公分以下等檢查結果。發病至今已十五年。

壓抑的痛苦

我的病情，最初是晨起脊椎僵硬不適，下背痛，翻身困難，並出現右腳踝疼痛，晨起活動後會逐漸改善，傍晚後疼痛逐漸加劇，右踝疼痛不適使走路跛行。情況嚴重時，會疼痛得無法躺著睡，需趴在桌子才能入睡。天氣冷和經期來症狀會加重，嚴重時無法走路，需用拐杖

或輪椅，冬天半夜自行起床上廁所，從起床到忍痛慢慢移動來回約需半小時多，過程因疼痛而全身冒汗，令人筋疲力竭。約五年後，曾多次併發眼睛葡萄膜炎，眼睛畏光流淚充血腫痛，見光時眼睛刺痛難耐，左眼瞳孔縮小變形。

初起選擇西醫治療，吃止痛藥和免疫抑制劑，一日吃三次止痛藥，如止痛藥效一過就會痛，故在服兩年西藥後，停藥改服中藥治療，治療過程經過約二到三年。此病屬於中醫的風寒濕痺證，吃了不少附子烏頭硫磺之類的熱性藥物，期間曾出現服藥後身體排寒氣蟻行的症狀，此瞑眩反應（排毒反應）約一週後，病狀明顯減緩，中藥漸漸改為保養，已不會天天發病，大多為熬夜或女性經期來氣血虛、或天氣寒濕等因素時，才會較易發病而產生脊椎僵硬疼痛的症狀，如注意休息與保暖，多曬太陽並配合吃中藥，約一週後能逐漸恢復。

後來我去了大陸學中醫，就自己開中藥調理，發病時也吃中藥治療，後來透過一種電療疏通身體經絡後，感覺服藥效果變得更好，使吃藥次數逐漸減少。然而身體由於長期僵硬，較少運動，身體還是柔軟度低、不靈活。

到了34歲時，有機緣接觸到身心靈課程，發現自己由於長期情緒的壓抑與累積，把負面情緒能量壓到身體深處，故此我脊椎的病，有很大的原因是長期情緒壓抑導致。回想當初發病前約19歲時，曾與父母爆發衝突，長期累積的情緒壓力一次爆發出來，那時曾三天不吃飯、不喝水，絕食向父

18歲，生病前

母抗爭！最後還是不了了之，把內心的疑惑與痛苦往內吞，事隔約半年到一年後，就出現僵直性脊椎炎的症狀。

透由課程學到的知識，將自我身心整合，突破自己的框架，漸漸認識與接納自己，並願意讓情緒流淌，用愛消融，重新學會真正的珍愛自己，從身心緊繃的狀態，學會放鬆，透過呼吸引導慢慢深入情緒、釋放與療癒的過程，此時也會出現像吃中藥的瞑眩排毒反應，身體似乎可以慢慢不再依賴藥物來治療。

2017，現在的修惠

療癒關鍵：全然接納

二〇一七年八月底去西藏旅遊，期間正視與接納了原生家庭對我的種種影響，決定和媽媽修補關係，在身心狀況逐漸平穩漸入佳境的狀態，卻在十月初僵直性脊椎炎又再復發了，發展非常迅速，早上還能和媽媽悠閒的在花園一起曬太陽接地氣，下午和傍晚症狀就逐漸出現，需靠拐杖行走。當時內心也隱約知道，如果病要真正痊癒，身體一定會有清倉的過程，於是也比較欣然接納發病，而這次我決心不吃藥了！好好與我的身體、情緒和周邊的親人相處，這讓我驚奇的發現，我對待疾病與親人的心態，和過去截然不同了，在生病的時候竟然喜悅之情油然而生！三到四天後，身體就逐漸恢復過來了。我能感受到身體內部正在重新整理，症狀出現時，我可以運用靜坐和自我連結來療癒修復。

以往不吃藥狀態下，症狀會逐漸加重，病程二～三週，而這次自從十月發作之後，三天就自行恢復了，至今約二個月也沒有再復發了。

我認為療癒的關鍵，首先要找回心的感覺，需放掉頭腦和框架，全然敞開接受與感受，以放鬆的心，觀察自己的情緒與想法，全然接納發生在生命中的種種，透過每天靜心靜坐，與自己相處，靜心連接天地就可自我療癒身體。自我療癒，即是還我本來面目的過程，一切是如此的自然、如此的美妙！

過往我過度壓抑自己，抗拒負面情緒，容易自責，認為自己不值得被愛與擁有，頭腦過於二元對立，善惡黑白分明而陷入糾結；在關係上恐懼親密關係，與母親關係僵化；面對人生問題，我又恐懼生生世世輪迴受苦，怕此生仍無法解脫，可是連當下的生命都無法自控，導致對出離生死非常沒信心，無法安心。

在我療癒之後，現在的我感到人生從黑白變彩色，日常生活似乎沒變，但心中默默感受到全然不同，從過去對自己的批判到對他人的要求，回歸到對內在自我的接納與對他人的理解，生命處處都是奇蹟與精彩！都是意想不到的禮物，感覺生活就是自然，做本來的自己最美。

我的療癒心法

敞開、放鬆，活在當下，一切都是最好的安排，愛從未離開。

李大夫心語

僵直性脊椎炎又名強直性脊椎炎，目前西醫上對其機理尚未明確，凡是這類病因不明確的疾病，自然難有明確的對治方法，因此聽上去就會覺得患有這些病難以治癒，只能控制病情。這種病並非只是病在脊椎，往往會牽連周身的肌肉和關節，像修惠的例子就是影響到眼睛。

壓抑與痹痛

凡是這類周身肌肉關節疼痛的疾病，中醫上也會稱之為「痺」、「痺證」，這在《黃帝內經》之中有詳細的論述：

「黃帝問曰：痺之安生？歧伯對曰：風寒濕三氣雜至，合而為痺也。其風氣勝者為行痺，寒氣勝者為痛痺，濕氣勝者為著痺也……所謂痺者，各以其時，重感於風寒濕之氣也。」

——《素問．痺論》

凡是痺證，也是由於受到風寒濕三種邪氣所致，而視乎受到風、寒，還是濕三者哪種較多，偏向風多的特徵是遊走性發作，偏向寒氣多的會疼痛明顯，偏向濕氣多的就會固定在某個部位發作。實際上「痹」的意思並非一定要出現疼痛，「痹者，閉也」，痹就是閉塞不通的意思，人身體氣血不通，繼而受到邪氣，除了可以導致疼痛外，也可以出現肌肉拘緊僵硬、麻痺、麻木、酸軟、腫脹等各種不適。

這是從外在因素的角度，解釋痺證的發病成因，與自然界的風寒濕有關，而從《黃帝內經》的一貫思想去看，也是由於身體正氣先虛弱了，才會導致邪氣內侵。因此，情志對於痺證也有根本的影響，由於各種情志導致體內的氣血虛弱、不通，是導致痺證的關鍵。像僵直性脊椎炎的患者，這種病情如此頑固難癒，那就代表體內正氣不通嚴重，從修惠的案例就可以看得到，壓抑的情志如何與這病密切相關。到後來她的病情影響到眼睛而患有「葡萄膜炎」，這在西醫上也是一種原因不明的疾病，這就像前面文婷的案例，虹膜炎那樣的心靈原因，覺得自己的疾病和人生「看不到未來」，於是就蔓延到眼睛了。

從修惠的照片看到，她自小時候已經有一股怨恨的眼神，鬱悶、生氣、抱怨，跟家庭成長的痛苦有關，這種眼神一直到了生病時依然持續，到了康復之後，眼神終於鬆開來，懂得放鬆自在的笑。這在中醫上，就是整個人的氣血不通、肝氣鬱結，導致人體內血氣虛弱，因而容易受到風寒濕氣，當她內在的鬱結解開了，正氣恢復就有能力自癒了。

你哪裡疼痛？

修惠的康復過程中，也出現過排毒反應，健康的人身體表面受到風寒濕氣，只是會出現感冒的症狀，當感冒比較深入時，也會出現肌肉僵硬疼痛，例如頭痛頸痛、腰背疼痛等不適。可是健康的人得到感冒，是會出現發熱、鼻塞流涕等不適，這代表正氣充足，能夠驅趕邪氣，疼痛其實也是正氣祛除邪氣的過程，是由於正氣與邪氣「打架」，兩者互不相讓，造成了不通而疼痛。如果人體更加虛弱，正氣不足，邪氣會更進一步進入人體，這時候就「打輸仗」了，反而未必會出現疼痛。因此所謂排毒反應，就是當人正氣恢復充足的時候，正氣跟邪氣「再打過」！於是又再出現疼痛，除非正氣能夠一次過趕走邪氣，不然病就未能根除。

疼痛其實並非壞事，疼痛就是身體自己對抗疾病的徵象，就好像發燒是對人體好的自我療癒方式。疼痛是在告訴我們，應當好好休息，要讓自己暫停下來給身體療癒。所以中醫的觀念看，見到疼痛並不應該採取單純「止痛」的方法，這樣只會讓病情日益加重，真正要療癒，甚至往往需要好好的「痛一場」，病才能夠徹底驅除。

從身心靈醫學的角度看，疼痛的原因其實很簡單，那就是代表著「內心的痛苦」！可是我們很多時候倒過來想，覺得是疼痛導致我們痛苦，當然疼痛會導致痛苦加重，可是這不是根本原因，凡是生病都有情志的原因，要不是壓抑了自己內心，我們就不會出現疼痛。因此，如果覺得疼痛增加了自己的痛苦，那就是沒有看到背後的情志原因，病就難以痊癒，唯有當我們願意穿透疼痛的背後，透過疼痛的牽引看到內在，我們才能夠有一次成長。

因此外在的疼痛，就是一個信號，提醒我們要看到內心的痛苦，所以要療癒自己，就應該在疼痛出現的時候，好好安靜下來，首先不要執著於痛苦之上，而是放鬆自己，連結自己內心，問問自己為什麼會痛苦？人生出現了什麼問題？

在不同的部位出現疼痛，有不同的意義。什麼意義，可以用該部位的生活功能去認識，不能做到某種工作，那就是原因了。比如頭痛時，那就不能用腦了，這是代表本來想得太多，事情不能解決；頸肩背疼痛代表有壓力了、承擔了太多；到了腰痛，腰是支撐人體上半身的樞紐，腰痛反映人「撐不住」了，必須要休息；出現膝腿痛、足痛，那就會影響走路，身體希望你減少活動，成語說「裹足不前」，也代表遇到一些比較棘手的困難；如果見臂痛手痛，這會直接影響工作，反映你在工作上不順心，或者不願意工作。

疼痛並非壞事，所有疾病都是有智慧的，提醒我們人生出了問題，讓我們要重新審視自己。

當身體出現疼痛的時候，其實也是內心的痛苦跟我們「投訴」，如果我們能夠接納並且處理好投訴，這個投訴才不會持續出現，治病就是這麼簡單！

化解肩痛的執著

簡美珠，67歲，基隆人，曾患肩周炎、網球肘

我在40幾歲時開始患有網球肘、板機指，這算是職業傷害，到了大約60歲的時候，突然發現手舉不起來，患上了五十肩（肩周炎），大概三至四年之後，這幾種病都一起復原了。

無法舉手之痛

我以前身體非常不好，覺得人懶懶的，總是提不起勁，雖然沒有大病痛，但就是小病不斷，覺得自己可能快沒命了，因為一個月有二十天都在刮痧，所以從43歲開始，我就幫老公找新老婆。大約我57歲時，老公過世了，覺得生命沒意義，於是去廟宇修行拜拜，三年之後，就在一次廟宇舉辦傳法，行跪拜禮時，爬起來就發現左手舉不起來。

當時手痛到不能動，活動範圍非常小，只能來回左右活動約十公分的距離，像在扣內衣時，只能從前面扣完再轉到後面，兒子女兒找遍各大民間療法，或買標榜有能量的床鋪，皆無效果，因為這隻左手至少花了有五十萬台幣以上。身體不好，情緒就更不好！兒子女兒很可憐，常常被我的情緒波及，只要一句話惹到我就會發怒。有次去打類固醇，之後馬上好轉，

但一個月後又痛了，治標不治本，所以都沒有去找西醫，只要吃了西藥就會變得更嚴重。

後來去學習身心靈課程，讓我的情緒有釋放的管道與出口。我的印象很深刻，有次練習時，一位夥伴一直抓著我，而我也擔心夥伴會不小心弄到自己的左手，有許多的擔憂，當時悲從中來，就哭了。有次上完課程後，因為課堂中有很多需要大範圍動到身體的練習，本以為手痛會變得嚴重，結果竟然沒有。後來認識了一位老師，他就叫我打九式瑜伽，一開始覺得很痛苦，我就不能動啊！但還是在能活動的範圍內打九式，結果可以愈抬愈高，左手的活動範圍有慢慢變大。

後來我學習了一種冥想方法，能夠快速提高身體的共振頻率，正在練習的時候，手變得非常痛！像是肉被割起來的那種痛，當下非常的猶豫，不知道還要不要繼續進行？後來還是繼續把練習做完，做的時候依然非常痛，眼淚一直掉，大概痛了半小時，心中很怨恨，為什麼要這樣折磨自己？不過在第二天早上掃地時，突然發現左手三分之二竟然整片瘀血發紫，但是不會痛，更神奇的是，手竟然可以完全舉起來！讓我非常開心，現在想一想，可能是當時氣在運行導致疼痛出現。這次之後，病情就徹底好了，至今有七年沒有復發！板機指也沒有再出現過，也是因為做過很多活動，活化了手指。

生病前，40 歲時的美珠

療癒關鍵：從心解決

後來我發現，這些病症跟情緒都有關係，以前老公還在世時，很疼我，他在家講話很有影響力的，老公過世後，雖然小孩很聽話，但我心情老是不好，因為他走得太突然，無法調適。某一天夜裡我做了一個夢，在夢中我跟老公在散步，然後問他：「現在工廠誰在管？你會不甘願嗎？」因為老公過世後，在大陸的工廠被收掉了，老公回：「不會啊，現在有別人在管，我們在一起共事時也有很快樂的時候啊，你為什麼都不去想快樂的事？放手吧！」後來我對工廠收掉這件事情，竟然就淡化了，雖然還是會跟別人講起這件事，但是訴說的角度不同了，像是在說別人的故事一般，不會有怨恨的心。

67 歲，復原後的美珠

在這個療癒過程中，我也採取過許多方法，例如課程的練習、運動、站功、簡單的瑜伽拉筋等，當中最為關鍵的是，保持好的心情。之前我曾在某個團體學習，老師說一個月不發脾氣會百病全消，且會開悟，原本想試三天，結果不到三小時就破功了！因為原本就有所不滿，如果沒有從「心」解決，老師說的一個月不發脾氣就只是在壓抑，而不是在解決問題本身。無論是什麼疾病，最根本的問題都是出於情緒。過去我在關係上，與愈親的人愈會吵架，這都是上輩子說好一起來做功課的吧！與家人的相處，事件一來就會發脾氣了。看到這一點，是在療癒過程中很重要的因素。

這次疾病的療癒，讓我感到現在的人生是彩色的！以前我很怕死、怕沒錢，現在就能夠輕鬆看待生死。生病讓我學到了，不是每件事情都是別人不對，讓我遇到這些人、事、物，都是冥冥之中安排好的。

我的療癒心法

信任看不見的力量！

李大夫心語

美珠所患的肩周炎，民間多稱為「五十肩」，是指在五十歲前後的年齡比較常發病，實際上這病也可以在年輕人身上出現。這種病並非不治之證，在中醫上有很多治療方法，可是有些患者就是長期難以康復，美珠的案例就讓我們看到心靈成因的關係。

五十肩又叫做「肩凝症」、「冰凍肩」，一方面指肩膀好像凝固了不能活動，從中醫角度就是指肩膀受到寒濕凝滯，導致氣血不通，跟身體年長正氣虛弱有關。肩膀疼痛在中醫上也稱為「痺證」，在上一個案例之中已經有介紹了，基本的成因就是該部位的正氣虛弱了，受到風寒濕氣而成病。值得留意的是，在《黃帝內經》之中記載面診的觀察方法，肩膀的對應部位是在兩顴，從美珠的照片可見，她多年來左邊顴的黑斑比較明顯，這也是反映她左邊肩膀較為氣血不通，因此在一次「行跪拜禮」特別勞累之後就發病起來了。

承擔不了的疼痛

由於五十肩的原因是局部的不通所致，治療就是建議要多活動，透過活動使氣血流通才能治癒，因此像美珠那樣透過練習九式瑜伽，或者一些需要動手的運動也可有幫助，或者各種療法如推拿按摩、敲打、拔罐、針刺放血等也可有效，可是這些方法也可能相當痛苦！本身該患處就是疼痛了，還要動起來？這其實也是所謂的「排毒反應」，裡面有堵塞了，還是要通開它，通開的過程當然會帶來不適了，只要堅持才能好過來。這也是美珠後來透過冥想練習的過程中，出現劇烈疼痛，這就代表體內的血氣流通比較暢順的時候，遇到阻塞就會更為激烈抗爭，反而更痛了，當裡面的淤塞打開了，瘀血往外散開，病情就有所好轉。當然這樣的排毒反應並不好受，很多人也不願意面對這種疼痛，因此病情就一直沒有好過來，這也反映我們不願意面對自己內心壓抑的問題。

肩膀代表著承擔，「肩負重任」的地方，肩膀是幫助人背負東西，或者用力工作的部位，如果一個人無法舉手，就代表他無法工作了，承擔不了事情。美珠的分享也看到了這種想法，她從自己夢境中看到了原因，發現自己原來還是執著於工廠被收掉這事，念念不忘，後來內心放下了才能真正緩解病情。

這事件也讓我們看到，這些重擔未必是真實的工作負擔，思想負擔也可以造成疾病，有些人工作負擔很重，只要他的內心能夠輕鬆面對，那也不會出現問題，關鍵是在於一心。工廠被收這事情，也可能是表面的原因，更背後的原因是美珠自己說的，因為「老公過世了覺得生命沒意義」，過去也是依賴從老公身上得到愛，突然離開了就感覺自己失去了快樂的源頭，內心不滿足，就會向外去尋找，抓取讓自己覺得快樂的事，卻讓自己更執著於外加的事情之上。

美珠的分享讓我們明白到，最後還是要向內尋找。疾病疼痛都是給我們提醒，要停下來，不要再盲目去工作，回到自己的內心，看看心裡出現什麼問題？當我們不再逃避，學會放開、敞開自己的心，鬆開了，氣血才能流通，病就自然能夠療癒。

從自殺看到人生意義

林暐夏，24歲，彰化人，曾患憂鬱症

我在二〇〇七年大概13歲開始有情緒問題，其後逐漸嚴重，到了二〇一一年去了一家整合診所，診斷患有憂鬱症，我在整個患病過程也沒有使用藥物治療，到二〇一六年之後就比較好了。期間曾多次自殺，長期屬於自殺高風險的對象，在二〇一四、一五年都有很強大的自殺意念，但還好我學會求助。

人生有什麼意義？

我患憂鬱症的主因，是家庭成長背景長期忽略情感，以及缺乏溝通、眼神接觸，導致社交上較顯退縮，無法融入一般社會互動的人際交往。曾因為自殺而缺席期中考，學校及政府因此介入，同時受到學校輔導室、縣政府社工的關懷，但社會資源的介入並無法緩解我對生命的無意義感受，且遭致貼上問題學生、不上進、不願痊癒等標籤。我在學校被投以異樣眼光，常被看待成非正常學生，處處碰壁。因過去休學，時常覺得自己是個落後者、失敗者，學校老師也難以用跳脫常規的概念看待我，認為我只是無病呻吟，搗亂正常教學秩序，處處針對以及言語數落。

大約三個月到半年發病一次，每次都伴隨強大的自殺意念，身體會覺得寒冷、顫抖、胸悶，以及長期的低落情緒，悲傷、認知上的生命無意義感，自我對話中經常出現負面想法，對家人暴躁、不耐煩，覺得缺乏生涯定向、提不起勁，也無法升起一絲想繼續活下去的意志，不相信未來會有所轉機。

曾經試過多次自殺，國中時曾一次吞服半罐安眠藥、鎮定劑，高中時曾試過關在房間中燒炭，也常常半夜坐在陽台的圍欄上，也試過上吊自殺。但也不是全部時間都這樣，還是有一半時間可以當個聰明善辯的學生，低落的情緒不會在外人面前浮現，都是一個人在家時，回家關上門就躺在地上大哭，也不知道在哭什麼，也不知道為什麼哭完了。

念大學時，人際互動有很大的困擾。由於我是以該類組全國前二十名成績考上諮商系，但該類組的榜首都選填分數較高的醫藥、護理類科系，我與科系同學的學習方法差異甚大，導致人際溝通上有很大的落差，仍會因同學的言語、人際互動導致病發。大家的思維方法很不一樣，我覺得最大的差異是，大多數人會想著生活的問題，例如吃飯呼吸喝水活著，卻很難和他們討論夢想、希望，或是某種講起來他們會有熱情的事，如

18~20 歲，生病中的暐夏

果是我，當我學到新知識就會想，這個理論可以怎麼詮釋我的童年啊、其他人又可以怎麼從這些理論中受惠。

我當時年輕還不懂事，對人性的詮釋和見解，跟一般人有天差地別。比如在課堂上，當我見到其他同學的報告太敷衍，我就會直接指出來，真的就 google 搜尋關鍵字打進去，前三個搜尋出來網址的內容拼湊起來就是他們的報告，對我而言我是希望大家是「一起好」，心底總是希望身邊的人一起進步，所以才講出來，可是對他們來說就會覺得這是攻擊，或是貶損之類的。當然那時的方法是很不成熟的。

我二〇一一年開始，曾到整合診所嘗試過許多方法，例如情緒彩繪、身體放鬆、一對一面談等方式，亦參加過許多身心靈課程，從家庭關係、人際基礎開始進行整體性的學習，建構一個安全的人際交往環境，重新學習人際的肢體接觸、眼神接觸，探索自己身體的感受，以及釋放長期受到忽視而累積的緊張、不安、悲傷。在課程學習期間，讓我情緒困擾大量減緩，開始有親密交往的對象，在人際互動上有大幅進步。

一開始我比較主要的練習，是在前一百天努力練習九式瑜伽，如果有練習的日子，感覺整天的思緒都很清澈，沒練習的那天腦袋就很像被攪混的水池。之後更多練習靜心，也有練習觀呼吸，訓練自己的專注力，每天經常注意自己的一個身體部位，例如專注在下丹田、心窩、眉心等，整天一直提醒自己要專注。這些練習有顯著的幫助，以前刺激一來就會即時反應，持續練習之後就算有刺激來，比如同學間吵架、老師又在尖酸刻薄，當這些想法出現，會好像多一個「氣墊」，讓自己內心緩衝一下再產生反應。這樣一整天專注，其實好不容易哦！需要花很大的功夫，一開始訓練時根本整天都不能講話，其實到現在要說真正的一整天專注也還沒達到，這就像一種設定提醒，如果發現自己忘記了就再專注，這樣大概練習了三年多，就比較自然習慣了。

助人自助療癒自己

我有時會覺得，到現在我還會覺得厭世啊！這些念頭不會完全消失，我覺得沒有所謂的「治癒好了」，它就是會重複再來，只是學會如何與它和平相處，知道我不是只有「厭世」這個選項。透過探索自我意象的源頭，並從人生意義與目的角度、靈魂使命的高度，看待所有的經歷，讓我明白自己為何受苦，後來我甚至能夠到大醫院的自殺防治中心，為其他自殺者服務。

當時在二〇一五年九月，我到自殺防治中心實習半年，感覺每天都很刺激，覺得好久沒這麼痛苦了（大笑）！每天服務的對象都是會自殺的人，吞藥的跳樓的割腕的也有。其中我最深刻印象的，是服務到一個口腔癌的男人，大概50歲，他最後不是自殺死的，而是因為癌症走掉。他沒辦法說話，又窮又苦又老，一開始我是去門診找他，透過筆談，他一開始的態度就是：我不想要你關心，我就是沒錢又全身痛、又獨居，死一死好了！你會很深的知道，自己什麼忙都幫不上，只能用你的眼神、語言、用你這個人，在當下陪他，你必須比他還相信他。於是我就用全身去傾聽陪伴他，在第一次談完，其實也才不到半小時，他從完全不想講，到打開一點點心門的小縫縫，我開始鼓勵他，陪他找興趣或以前做了會開心的事情。之後他轉進癌症病房，我也會去找他，大概見過他三、四次，那次是我最後一次看到他，他邀我一起坐在他的病床上，我也忘記我們聊什麼了，只記得那一次，他很開心，他和我說他看武俠小說，很久沒有這樣輕鬆的看書了！那真的是一種你什麼都幫不上忙，到最後你能幫上最大的忙，就是很真心的陪他，他也很真心的陪你。後來他走了，我和我的夥伴還一起哭了，想說怎麼終於有很深的交流，他卻就走了。

這事件讓我覺得，他真的讓我瞬間長大，成熟了！也看到自己能做哪些、不能做哪些，回到人和人最核心的陪伴，那種品質和本質。這個半年的實習過程中，其實每天真的都很痛苦，很像那句話：「當你凝視著深淵，深淵同樣凝視著你」，我原本真覺得自己很健康了，當我投入這份工作時發現，我每天只要獨處，過去很痛苦的回憶就會閃現，一張一張畫面，突然出現在意識裡，很痛苦的感覺也是。

現在回想這段經歷，發現這一切對自己的意義，因為過去自己有過這麼多的自殺經歷，所以面對這些個案，我會更有耐心，更能感同身受，那就會讓他們有一種「我們是同一國」的感覺。因為過去自己整理得足夠了，你又有一個空間可以思考，怎麼幫他們現在困住的想法解套，有人是為了男人、有人是為了家庭、有人為了錢、有人因為健康，因為你自己走得深，所以你可以在這樣的痛苦中和他們有所共鳴，同時還能保有一份清明，和他們討論生命難題的其他可能。因為他們現在的答案，就是用「撕掉考卷」這一招，他們其實不是不想作答，而是害怕、恐懼、無助。因為「死過」，我知道他們想死的意念有多大，求生的意念就有多強，因為我就這樣走來的。

很多時候掛掉電話，或是結束會面，撇開那些被勾起來的回放畫面，我會真的很謝謝有這個機會遇見他們！不是我去幫他們，而是他們引發我內在那份身為人，很本質的呼應互動，幫我更徹底的去看到自己自殺的想法，更進一步去檢視和清理自己，根本就是他們在教我們這些「助人者」什麼是生命吧！一直到後來，二〇一六年一月我實習結束之後，我自己整個狀態就也就更好了。

療癒關鍵：辨別頭腦聲音

療癒的關鍵，是要不斷的辨認出腦袋中的不同聲音。有像孩子般任性的、有像嚴父般苛責的、有像母親般鼓勵支持的，最後由「高我」來看

24 歲時，復原後

待這所有的聲音，讓內心有空間可以包容這些截然不同的表達，因為有這空間才能有選擇權，選擇提高、選擇愛，讓悲傷化為療癒的沃土，滋養更多的人。

我看到我的成長經歷，曾經在身心靈課程的練習中，梳理原生家庭在我身上產生的影響，包括怎麼看待自己、怎麼規劃人生。發覺以前的視野十分狹窄，只有一條路叫做：「優秀的孩子」，內心很不快樂，不想只過著讀書考試考上「好」學校、「好」科系，結婚生子退休到處玩的「好」人生。

現在的暐夏

後來慢慢嘗試解開這些思想的套，內心會因此多出一個空間，那個空間出現的象徵是，感覺自己思想不再那麼固化，以前只會覺得事情不是這樣、就是那樣，非常的二分法，但後來明白到，人生可以出現第三種可能、第四種可能……這個過程之中，高我的聲音一開始不會那麼快出現，但是多了很多種可能性之後，看世界的角度就不一樣了，過去忽略的、或是認為理所當然的、甚至是不願意去思考體會的（可以是無意識的不願意），會突然變得很鮮明，這就好像是畫面從 240p 變成 1080p（標準畫質變成高清畫質），可以逐步整全的體會不同生命的感受，後來透過多去接觸自然，體驗到與萬物共存的合一感受，高我的聲音就在那狀態中出現。

比如一開始嘗試對身邊的同學，用同理心去理解對方，這過程中發現社會的集體意識，其實很不允許有同理心！因為同理心很多時候也是「弱者」、「笨蛋」的象徵，甚至被看作「人性的弱點」，像是新聞上看到的「碰瓷（指敲詐勒索）」，或是過海關時有人請你幫忙拿個東西，結果就揹上一堆債務或刑責。仔細查看這些頭腦的想法，會發現，哇！有這麼多細細小小的聲音一直在你的腦海裡面！意識到這些聲音，就不會再無意識地被這些聲音牽著走了。

在療癒的過程，最重要的是學會和自殺意念、深沈的悲傷「共處」，而非將其排拒在外。That's a part of me，雖然這些看似悲慘、痛苦的經歷，其實並非磨難，而是一種砥礪，讓我可以真正的看見生命的韌性，升起對人生的希望。我必須比旁人更加堅定，才能夠不被情緒的大浪吞沒，每一次的挫折，都讓我可以再重新看見所有磨難背後的祝福，並且漸漸地能將混亂的情緒、認知及身體覺受一步步的辨認，並為這一團團的混沌命名、分化、梳理、整合。

我的病不曾痊癒，他（憂鬱症）是我的一部分，而我學會了怎麼和他相處、與他合作。

我的療癒心法

憂鬱會提醒我，不要對自己那麼嚴苛，記得和自己在一起，先學會愛自己，才能夠真正學會愛人。

李大夫心語

本書最後，我們收錄了四個憂鬱症（又稱抑鬱症）的案例，讓我們看到憂鬱症的不同形式，也讓我們一起來探討中醫對情志病的認識。中醫上也有「鬱病」的說法，在《中醫內科學》的教科書上，將此病收錄進去，中醫上的鬱病可以包含了憂鬱症在內，但是中醫上的鬱病含義更為廣泛，可以指人身體五臟六腑氣的鬱結問題，也可以包含各種情志之鬱結，因此中醫上的鬱病概念，並不一定是情志疾病而言。

這是中醫的基本觀念，身心靈三者互為影響，情志可以影響身體的氣血，而氣血也可以影響情志，故此情志之病除了可以透過情志療法之外，亦需要考慮是否從身體入手治療。

鬱結皆因思慮太過

《黃帝內經》說：「思則氣結」、「思傷脾」，所有氣血鬱結，首先考慮人的思慮太過所致，導致人的氣血不通。就像暐夏的病情，他在一開始年輕的時候，覺得被學校投以異樣眼光，覺得自己是個落後者、失敗者……這些想法，都是自己頭腦裡面的念頭，因為內心不斷跟人比較，讓自己頭腦停不下來。比如說，在一間學校之中肯定有一些學生成績「不好」，但如果他們根本不介意成績高低，他的頭腦就不會這樣想問題了。

一個人為什麼會想太多？背後總是有一些原因在驅使他去不斷想事情，每一個人的原因不同，像暐夏的情況，就是因為他「太聰明」了！像他有這麼多情緒問題，卻還能考到頂尖的成績，本身足以入讀藥學系，卻總是被師長標籤自己不上進。一個人太聰明了，有時候也是一種咒詛！因為這跟一般人太不一樣了，無論是想法和言行，也跟同年齡的人不一樣，於是就很難跟人相處了。這種落差，也形成了一種自卑感，因為人是群體的生物，總是希望可以融入主流的人群之中，可是當自己要融入進去，又發現格格不入，這種矛盾就有苦自知。

在思慮的背後，也總有驚恐在推動著，害怕自己為何與眾不同？當自己不知道自己是「聰明」的時候，反而會覺得自己：我這樣想東西是不是很奇怪？跟大家不一樣，是否我有問題？而更深的恐懼，其實就是要去做自己、活出自己，勇敢去與眾不同，接受自己跟別人不一樣。

像暐夏這樣，從小就覺得生命沒有意義，這可以倒過來說，代表他從小已經不斷思考人生的意義問題，這當然是一個相當有智慧的想法啊！可是他得到了負面的結論，總是覺得沒意義，是因為他被困在這個框框裡面，這麼聰明的人，如果要跟著主流教育去走，往往會感到許多束縛、壓抑，為什麼我不能做自己？在這樣的環境，很難一下子找到自己「人生的意義」，沒有人的人生意義就是為了讀書、為了升大學，那只可能是一個過程而不是終點。

就算沒有得到憂鬱症的病人，在我們從小到大的成長歷程之中，多少總有類似的想法，只是我們或許不如暐夏那樣想得徹底，逼迫自己那麼緊。很多人其實也只是把問題拖延而已，心中也有著類似的無奈感覺，可是卻一直隨波逐流，跟著主流社會的波浪前進：讀書升學、工作結婚、生兒育女、買車買房、生老病死……這個過程一不留神就到老了，我們還是會問自己：這個人生究竟有什麼意義？

從自殺認識自己

暐夏的經歷，正面的看，是為了加速自己的成長，透過不斷的自殺、面對死亡，讓自己一次又一次的面對內心深處。如果我們身邊有朋友說「想要自殺」，我們很多時都會擔心憂慮，不知所措，其實面對想自殺的朋友，不妨直接跟他討論自殺的種種，詢問他想過什麼方法嗎？真的試過這樣做嗎？有沒有告訴其他人？為什麼想要自殺？……

自殺是一種逃避的方式，面對人生的考驗時，感覺這樣就可以一了百了，可以終極逃離。可是選擇自殺，也需要無比的勇氣，既然有自殺的勇氣，不如將這種勇氣轉化成為面對問題的力量？當我們直接跟對方交談，面對他自殺的原因，可以幫助他疏理清楚自己的想法，告訴他：既然有勇氣去面對死亡，要不也試試看，勇敢的嘗試踏出一步改變？這在中醫上就是「怒勝思」與「思勝恐」的方法，用果斷的言語幫助對方中斷雜亂的思緒，引導他用更有效的想法去克服自己的恐懼。

正確的思考十分重要，這是克服頭腦恐懼的好方法。像暐夏提到自己療癒的關鍵，是看到「高我」的聲音，這就是說人的內在有許多不同層次的「我」，有高有低多個層次的自己，他們有不同的聲音，低層次的自己通常稱為小我、自我，他就好像小孩子那樣有很多恐懼，常常跳出來干擾自己；高我就是高層次的自己，這也就是「心神」的根本聲音，這個層次的我能夠接連天地，充滿智慧的看待一切。

人是複雜的生物，人的頭腦就是有許多不同的想法，其實想法之間並非一定有矛盾，只是當我們硬要將不同的想法擺在一起，就會形成矛盾。比如大家要討論是否舉辦聖誕派對，當你說出一個支持的理由時，就有人說反對的理由，然後又有人說支持，這樣正反拉扯，真是令人相當疲累。著名的心理學家Edward de Bono愛德華・德・波諾，他就提出了「水平思考」、「六頂思考帽」等的思考方式，人的思考有不同的角度，彼此之間並不矛盾，只要學會分開思考的過程，就可以避免爭執和煩惱了。比如開會討論舉辦聖誕派對的好處，就一起討論好處，討論壞處時就一起討論壞處，那樣就可以避免兩類意見擺在一起的衝突了。這就像暐夏所說的辨別「高我」的聲音，只要我們明白頭腦的不同聲音，其實是代表了不同的觀點，他們彼此之間並不矛盾，「高我」好像是一個中立的主持人，能夠站在更高的角度主持頭腦的會議，能夠平衡各方的觀點，讓頭腦的思考得以順利進行。

暐夏到了最後的分享，明白得到這病其實沒有所謂「好與不好」，因為他能夠觀察得到頭腦的負面想法，其實也只是自己的「一種意見」而已，這些意見沒有所謂好壞，就好像開會時大家表達不同一樣，只要我們看到這些意見，無需要壓迫他，讓每個意見好好表達出來，大家的聲音都被聽到了，就會自然會平伏，不需要「解決它」、「治療它」。這樣的層次也屬於中醫上的「從治法」，本身是思慮太過的問題，最後是透過學習怎樣思考「以思勝思」，頭腦的問題，終歸用頭腦自己去解決。

躁鬱本來不存在

林睿騰，28歲，屏東人，曾患憂鬱症與躁鬱症

我在高中已經患病，一開始是被認為升學壓力太大，所以就開始接觸精神科和一些減壓、安眠藥之類的東西。到大學後，因為對人際、家庭還有未來種種的不適應，產生很大且不可控的情緒，有時甚至會有暴力行為，大概經歷了七、八年，直到我接觸到身心靈知識，學習自我療癒，狀況才慢慢平緩。

當時被診斷壓力大，是透過與醫師問答，之後被判斷有憂鬱，那時候會做一些憂鬱量表的測試。後來有負面情緒、自殺和暴力傾向，於是被強制住院，也做過一些心理測驗單、腦波檢測，後來被告知有躁鬱症。

什麼叫作康復？

一開始身體上很常有偏頭痛，或是肌肉痠痛的問題，有時也會失眠，有時情緒會突然很亢奮。但漸漸的發現自己的情緒變得不可捉模，有時因一件小事就會發大脾氣，沒事走著走著就會突然很難過。

16歲，生病前的睿騰

嚴重的時候，我幾乎是不能入睡的，絕望是最常出現的情緒，有很長一段時間幾乎都是在想著如何自殺，獨處不可被靠近，有人的話會讓我感到很不安穩，有暴力傾向。但我現在回看過去，那像是要保護自己的過程，我的內在覺得外在世界是危險的，自己是個被迫害者，所以想透過自殺離開，也透過攻擊來防衛自己。在最嚴重失控的一天，我把家裡東西摔得亂七八糟的，並打算自殺結束自己生命時，家人打電話報警，並被強制送到精神科，在病房待了一個多月。

生病中

如果你問我後來是否康復了？我是有療癒了，但其實應該「沒有」所謂的康復，因為本來就沒有一個真實的疾病存在過！主要是我對之前所認定會傷害到我，給我造成壓力的起源點，做了重新的定義和認識，現在種種的事件形式還在我的記憶裡，只是我對它的認知改變了。

比如我以前對每個人的認知：靠近我或是要跟我溝通的人，都是對我有所要求的人，我只要敞開自己跟他們接觸，我就會有面對要求的困擾，因為我必須要犧牲自己去完成他們的要求（可能是時間或體力、腦力，即便我那時沒有什麼事），還需要面對達不到期待的失望，或是之後可能的情緒傷害之類的。所以我那時把所有人都貼上「敵人」的標籤，世界就是一個充滿敵人的世界，特別是所愛、喜歡、或重視的人，他們幾乎是我最大的敵人！我對他們的期待最容易影響到我，所以我那時對他們的敵意最大，甚至對他們有暴力傾向。因為這是我內在的問題，所以我在接觸身心靈課程時，幾乎都是在為這些而改變，我對這些內心意識的假想敵做重新的認識。

你問我有沒有復發過？如果說像偏頭痛、失眠這類的身體不適，那些已經康復，舒緩很多了，可是在憂鬱情緒這方面，這幾乎可以肯定地說：「一定會的啊！」那些情緒想法一直是顆種子，會在內心發芽產生影響，還是可以感覺到以前所有的感受想法，所以可以說沒有「痊癒」這一說，好像痊癒了就完全不會有這些想法那樣。其實後來外在的情緒或行為展現上，已經變得自由了，感覺自己比它們還要有影響力，以前是它們在影響著我，它們一來就必須照著反應憂傷難過的情緒，或暴力的行為，但現在我可以去品嘗它們。這跟「控制」情緒是有差別的，控制比較像是用盡全力去對抗情緒，拿個比喻來說：如果脾氣是冬天的雪，我以前就是被雪掩埋，反應大時就是個暴力的雪人，到處破壞，「控制」就像要一直努力燒火、想辦法盡快把雪融化，要一直很用力的去對抗他；現在心態改變了，明白知道它就是雪而已，他的特性就是冷，當春天來的時候，他還是會被融化。我們內在的「四季」轉變也是很快的，這就是我學習在做的，每天做一些基礎的練習很重要。

療癒關鍵：走進情志

要學習重新去定義想法，這其實還蠻難的，因為它是我們原本內心所認知的某一個想法，是其中一個自己。我們都挺排斥去接受自己某一面可能是錯誤的（看我連說這個都要用「可能」這樣婉轉），這需要很多勇氣和決心，而且改變它就好像要把那個我刪除掉，這樣你才有空間去填上其他東西。但其實並沒有「刪除」什麼，而是對當下、下決定的那個我來說，其實那個想法始終還是存在的，只是我們內在的空間變大了，包容性大了。

所以我的療癒方法，就是進入想法或癥結點，去與它合一，然後回到中性。這是我們內在很有趣的地方！當我們一直做這一步，有意識去跟它結合時，我們的意識會了解自己不是它，他變成我們內在的一個部分（空間），走進它其實是最為它負責，用有趣的方法來比喻，有點像是在告訴它：「我是你的創造者，而你是我的創造物」。如果我們一直要對抗、排斥或想控制它的話，我們反而會把自己變小，或是成為了那個狀態。

療癒過程中發現，以前對情緒和關係挺困惑的，家人朋友在我內心佔很重的比例，但我對他們敵意和攻擊也是最多的！後來變得不敢去認識人、交朋友，因為潛意識覺得別人會傷害我，而表意識會給自己貼上一個會傷害人的標籤。後來一步步發現，我以前常說別人不懂我，其實那個最不懂的就是我自己。療癒之後，我覺得漸漸可以感受到自己的內心了，減少了煩惱和期待，而非只是想著如何活著或實現夢想。

27 歲，療癒後的睿騰

我的療癒心法

不好意思，讓你失望了，沒有打針吃藥就療癒了喔！有的只是我們對自己有個天大的誤會。真的很期待有天，也能聽到你們喜悅的分享自己的生命。

李大夫心語

睿騰的分享十分有智慧，他雖然已經康復了，可是卻說自己沒有康復和痊癒，這其實是經過了深入的思考與體悟，切入進去意識的深處，才能明白如此真相。

為什麼有躁鬱？

他不單得到了憂鬱症，也同時患上躁鬱症。憂鬱症的一般特徵是沒有動力，情緒低落提不起勁，對任何事物也沒有興趣，身心俱疲，也因此容易影響飲食和睡眠作息。而躁鬱症也有憂鬱症的特徵，可是在某些時候會出現狂躁，情緒高漲，充滿能量，精力充沛。這其實就像是一個彈簧，被用力壓下去之後，有兩種可能的反應：一是壞了完全彈不起來，二是愈是用力反彈愈厲害。

從中醫的理論看，一般認為憂鬱的情緒會導致「肝氣鬱滯」，肝鬱也可以有不同的轉變，例如出現「肝鬱化火」、「肝陽上亢」等的病情，就好像垃圾堆積，壓太多垃圾之後就容易生熱起火了。

凡是躁動不安，反映這個人體內有熱。這個熱可以分為虛熱和實熱，以上所說的「肝鬱化火」一般屬於實熱一類，需要人體正氣相對較為充足，正氣對抗鬱結，中間就產生熱了，這就好像水渠堵住了，用力去除淤塞的過程會產生熱力一樣；而「肝陽上亢」就屬於虛熱，人體的陰氣偏虛導致陽氣偏多所產生的熱，這種情況在生活中也很常見，比如一個人很忙累的時候，你請他幫忙再做點事，他就很容易煩躁生氣了。

從睿騰的故事中，我們看到躁鬱的躁狂可以到怎樣的程度，憂鬱症患者也經常想自殺，可是一般憂鬱症患者只是悄悄默默的進行，躁鬱則可以搗亂甚至攻擊他人。其實一個人患有躁鬱症，代表著他希望努力從憂鬱的低谷中爬出來，也是一種面對問題的處理方式，是鼓起勇氣來面對問題一樣。可是單有勇氣是不夠的，還需要有智慧，所謂「智、仁、勇」三者缺一不可，如果一個人有勇氣但是沒有智慧，就容易衝動出事。躁鬱症的狂躁階段，也是患者嘗試努力自救的方式，只是他們的頭腦還是太多想法，還未想好時就衝出去了，這就好像一堆人在火災現場中被困，究竟要留守還是前衝，總有一些人會沒想太多就衝出去。

究竟有沒有病？

憂鬱背後藏著很深的恐懼，從睿騰的分享，看到他害怕別人怎樣看自己，覺得別人對自己有要求，於是就會採取行動來保護自己。說到底，也是他對自己的要求太高了，弄得自己一事無成的感覺，因此才會感覺別人要求自己很高。從睿騰的照片也可以看到，他生病前的眼神不算很有自信，生病了之後就長胖了，這也是自我保護的方法之一，身體胖一點會讓人感覺安全。他療癒之後，就變成一個帥哥了！雙眼恢復神彩，大家可以看到強烈的差別。

睿騰回答自己是否康復的時候，他說：「本來就沒有一個真實的疾病存在過」，這句話十分有趣，從一個憂鬱症患者說出來的，究竟這算不算是病？這總是有兩面的看法，從西醫或心理學的角度，會覺得它是一種病，可是如果換一個角度，它就不一定是病了。就好像中醫診斷一個人患有「肝氣鬱滯」、「脾腎陽虛」，你去問西醫這個病怎麼治？他恐怕都會告訴你：「這個病根本不存在」，這就是因為他們的世界沒有這種觀念，「病」就自然消除了。

被診斷患有「憂鬱症」這種想法，對許多病人來說好像是一件好事情，因為知道自己患病了，就會積極治療；可是知道自己得憂鬱症，本身也可能是這種病難以康復的枷鎖，恐懼這種病沒法療癒，這想法本身就加重病情，反而沒有了「病」這個標籤，人才能夠真正的療癒過來。不少病人知道自己患病之後，會覺得：「這是我身體出了毛病，不是『我』的問題」，這樣的想法雖然會讓自己感到輕鬆一點，可是這也是病難癒的另一個原因，只是依靠服藥治療，而不去發現問題的原因。

從中醫的角度看，沒有單純的「精神病」。凡是身體的疾病也必然跟情志有關，一個人所謂「患有精神病」，實際上是指情志的問題已經嚴重到一個程度，自己控制不了自己的行為。因為心神是掌管著人的身體，所有疾病也可以是情志導致的病，可是輕度只是內在的情緒和想法不受控，而表面看不出來，如果要被稱為情志病或者精神病，則是連外在的行為也控制不了，影響到日常生活。

人人都可以有一定程度的情緒鬱結、人人都可以有憂鬱！只是比較輕的時候，就沒有表現出來，如果能夠在這時候察覺出來，及早預防「治未病」，這樣才能夠真正預防憂鬱症的發生。像睿騰過來人的感覺，他說其實沒有所謂的康復、痊癒，這種想法十分正確，因為這些想法念頭，其實普通人也有的！並不是需要「治療」。療癒的目標，並非要完全消除頭腦的這些念頭！千萬不要對抗內在的自己，這根本徒勞無功，一個人內心有不同的想法，愈是壓抑就愈是反彈，我們要學習好好面對自己、認識自己，將分裂的自己合一，和平共處，允許波浪起伏，知道無論怎樣波濤洶湧的大海，最終還是會恢復平靜的。

徘徊在暴食厭食之間

劉冠伶，30歲，台中人，曾患有憂鬱症、暴食症、厭食症

我從小品學兼優，但在高二時因為無心之失被記了小過，對我影響頗大。當時在英語的考試課堂，隔壁的同學詢問我一個單字的意思，當時我覺得這並非主要科目，以為不是直接回答答案，就隨口回覆同學了，可是後來被其他同學發現告訴老師，老師依規處理就被記過了。那年本來已經課業繁重，再加上疼愛我的爺爺也在此時去世，種種的打擊，讓我再也不想說話了，沒胃口也吃不下，到身心科就診，醫生診斷患有憂鬱症。

藥物控制治療一年，情緒無法很穩定，直到考上大學後症狀才稍微減輕，才把藥物停掉。但心情平穩維持不長久，大學期間也因同學的玩笑話而感到孤單，憂鬱症再次復發，爆發的整個過程一直到28歲才漸漸好轉，之前的狀況時好時壞。

情緒跟飲食

憂鬱症期間，心情低落鬱悶，不愛說話也不會笑，也不喜歡跟人接觸，但是內心有很深的孤單感，會有輕生的念頭，食慾降低，對人生的態度

17歲時，生病前的冠伶

是消極的，不知道人生活著目的是為什麼。

自25歲又患上了暴食症，初戀因被劈腿傷痕累累，加上種種負面記憶讓我無法跳脫，在職場上能力強被人忌妒孤立，外表的美麗又讓同性排擠，讓我百思不解，對人生產生更多怨恨，內心有極大的不平、怨天尤人，不明白為什麼我要經歷這些痛苦。發病時，會在短時間裡大量塞進許多食物，用吃吃喝喝來宣洩情緒，就算已經十分飽，還是會持續塞進食物，一直到胃脹凸不適才停止。我特別喜好甜食，大量甜食吞下肚感到甜膩膩的愉悅感，之後再吃鹹食來平衡。情況往往是在情緒低落（例如自責、生氣等情緒）、不安全感、逃避時會更加明顯。

因為暴食，我害怕吃下過多食物而發胖，繼而用催吐方式把食物吐出來以避免體重增加。這樣大量暴食再行催吐的循環過程，能夠吐出來的感覺很爽！可是催吐過程相當痛苦，噁心感甚至吐不出來，食道摳到流血，眼睛充滿血絲，嘴唇紅腫，手背關節與牙齒摩擦造成結痂，我都會感到痛苦萬分。克制不了暴食的慾望，吐不出來的恐懼害怕發胖，讓我常常升起輕生念頭，也曾拿起剪刀割腕。長期下來，我開始厭食不再吞下任何食物。肚子感到飢餓，會喝兩三口流質補足飢餓感就不再吃，我在厭食症與暴食症遊走，因為暴食大概也增加了二十公斤，陷入體重不斷上升下降的循環之中。

療癒過程中，我發現情緒低落、生氣、不開心、不平……只要情緒不是正向的，幾乎都有

生病中

暴食發生，只要發作後難以克制；這些情緒跟關係問題有關，例如覺得被遺棄、孤單、沒安全感、不被支持、不被信任、被忌妒、討厭、誤會……只要自己不被認同，就會感到負面感受；這些又是起於自己的人生問題，找不到自我價值、沒有自信、看不見未來的可能性、不知道活著的意義、找不到真正的快樂、物質無法滿足平衡內心、不相信自己的力量發揮出來……

療癒關鍵：聽從心的聲音

後來我到了一家整合診所做治療，從二〇一四年開始參加了身心靈課程學習，也從書本學習到許多協助的方法。在眾多方法之中，我認為最重要的是找尋自己的內心，從每一天慢慢的認識自己而接受自己，第一步是要願意耐心的陪伴自己，才能看見每一次事情的發生，或是情緒不穩定的時候，是什麼樣的起心動念引起？找出癥結點來，耐心的帶著自己找到情緒來源，挖掘種在心裡的想法，究竟是因什麼而影響。生病的過程因為太痛苦，所以我很努力去上身心靈成長課程，想要療癒自己，如果沒有想要改變的心，學再多聽再多都無法讓自己走向療癒之路，心的態度是關鍵點。

我接觸過許多課程，舞動、運動、香道、靜心、繪圖、牌卡、精油等等，其中我很喜歡一種叫「光之舞道」帶給我的內在變化，從散到聚，從緊到鬆，從閉到放，從無到覺，舞蹈是我從小就接觸的，跳舞會讓我重新找到小時候熱愛生命的動力，由於這種舞蹈沒有舞步的框架，沒有拍子、沒有概念、沒有邊界，用自己的內在生命去詮釋一切。每當我心情低落，我都會為自己跳上一首，無論呈現是憤怒、悲傷、情慾的開展，都讓身體跟隨音樂流動，可以拋掉大腦的思緒，舞動的過程只有靜而動，沒有紛爭沒有拉扯，世界只剩我一個人與心相貼。雖然場地空間都會受限，但是有心都可以為自己找到一個地點，盡情宣洩發揮。

30 歲，復原後

療癒過程雖然反反覆覆，也有低潮復發的時候，但每一個方法都會適用每個時刻。例如香道的燃香，透過嗅息也是一種快速法門，讓自己快速地放鬆平緩，點上一盆香，看著燃燒，隨著火光散發出來的香味，閉上眼睛靜靜地品嘗寧靜，讓香慢慢去撫慰內心的不平。精油的揮發與按摩，也會達到身心靈的平衡，找個三五好友，彼此按壓身體，精油滲入細胞，空氣中飄散的味道，都會讓我很享受這樣的按摩體驗。

療癒的關鍵，我覺得是靜心和運動，這都會讓腦波變慢，情緒也更會穩定，以及改變大腦的思考迴路，一次又一次的轉變就會改變細胞的記憶，整個舊有的慣性和習性，會慢慢轉化成新的模式，甚至用自己喜歡的方式去更新。記得要找到自己喜歡的、有興趣的方法，會讓自己更專注、更有精力投入其中。

在這一路上，有很多次宣告失敗面臨暴食催吐，可是我發現，重點不要放在責備自己吃多少與催吐的想法上，飲食上千萬別對自己太過苛責與要求。肚子餓了就讓自己放鬆的去吃吧！慢慢咀嚼進食，才不會一次過量。如果心情不好想吃甜食，允許自己吃一些，甚至開始佈置環境，創造氛圍，放個柔美的輕音樂，點上小蠟燭，開始來個甜點下午茶，過程是多麼享受，如果注意力放在暴吃再去催吐上面，會讓自己掉進無限的循環裡。看著自己營造出來的氛圍，製作出來的甜點食物，品嘗自己的傑作，都會讓自己心情好上幾倍，瞬間也會改變心情的幅度。

以前的我，很容易不開心也會情緒化，痛苦到把所有的情緒都切斷，也不會哭鬧，更不能體會快樂是什麼感覺，看著別人享受物質快樂，自己無法感受其中。當我開始改變了，發現我的家人也變了，大家都一起深愛著對方。尤其我能慢慢敞開心房，表達心裡想法讓家人了解，讓彼此更深的走入心中。心與心的交流對我是非常滿足的，更容易時時刻刻體會到生命的感動而落淚。

康復之後，我發現自己看待事物的角度不同了，能夠用新的角度去發現生命的真諦。發現快樂並不難，在於每一次的突破，都能愈來愈了解自己並愛自己，與真心愈來愈靠近，可以明白我內心真正想要的，並聽從心的聲音，做自己的主人。

透過各種療癒方法，病情好轉能持續一段時間，這當中也會復發，但復發的時間愈來愈少，至今緩減已有一年以上了。每一次的發生，都是讓自己很深的看見生命的真相。我也很高興可以跟大家分享自己的經歷，從分享當中再一次整理自己。

我的療癒心法

強而有力的特效藥就是走入自己的內心，你將會發現自己純淨的愛，與更多更浩瀚的可能性發生。

李大夫心語

冠伶的故事讓我們看到憂鬱症的另一面，可以延伸出飲食失調的問題，這種問題可大可小，暴食可以傷害脾胃，如果出現了厭食，可以因為體重下降嚴重而有生命危險，有時候我們從電視上見到一些厭食症的新聞，患者瘦骨如柴，無疑也是一種慢性自殺的情志病。

食物滿足內心

憂鬱症跟思慮太過有關，而思慮又跟飲食有密切關係，中醫上說「思傷脾」，脾胃主管人的消化吸收，由於思慮太過，導致脾的氣不通，一般情況下首先會出現不欲飲食、飽滯的感覺，一般憂鬱症的患者，也容易有食慾下降、茶飯不思的表現；如果影響到胃出現了火氣，就會有食慾旺盛的特點。

暴食和厭食，中醫的基本成因是胃火和胃虛所導致的。無論是虛火或實火，也可以增強食慾的感覺，兩者的分別在於，實火的消化能力比較強，吃下去也真能夠消化，食量較多；胃虛火者同樣是吃飽了還會想繼續吃，可是吃下去不容易消化，吃不多也容易有胃脹滿的感覺，因此總是吃不夠而繼續想吃。一般是從實到虛的演變過程，像是冠伶的經歷，也是先暴食，後來才出現厭食，這也是暴食導致腸胃受傷了，之後減少飲食一段時間，脾胃比較恢復之後又再想吃東西，如此左右搖擺。

一個人的飲食跟內心的慾望有密切關係，當內心不滿足、不開心，就希望向外尋找方法，填補內心的空虛，通常會選擇尋找各種物質生活來填補自己，很多人會選擇去購物，累積物品在家，這會讓人覺得抓取了一些東西，很真實的填補了空虛，感覺多了東西就有安全感。所以一個人家裡特別喜歡收藏東西，不願意丟棄，或者日常每天上街都要帶上個大包包，也是代表這個人的不安全感。

從物質與人的關係之中，飲食是最為直接的一部分，食物是各種物質之中，能夠直接進入身體的，填補身體的空虛，是讓人很有感覺的物質。人們吃東西，大部分時間都不是因為身體需要，而是因為各種情緒原因，不開心的時候會「化悲憤為食量」！開心的時候也是約朋友大吃一頓慶祝，我們習慣了將情緒與食物做連結，所以當自己有情緒的時候，都轉化了在食物身上。

吃甜食又與情緒有密切關係。很多售賣蛋糕、冰淇淋、飲料、湯圓豆花等的店鋪，都是主要賣著甜食，為什麼這麼多人喜歡吃甜的東西？從中醫上，凡是甘甜的東西都能補益，主要能補脾胃，吃甜的東西能夠有補身體的感覺，可是如果吃太多也會感覺難以消化，反而傷害脾胃。從心靈層次看，甜的食物代表幸福、快樂，喜歡吃甜食代表內心的許多不足。

真正的快樂泉源

從冠伶生病前的照片，當時已經有一種「下三白眼」的眼神，就是眼睛黑眼珠偏向上，露出下方眼白，看別人總是好像低著頭看那樣的，這種眼神代表內心不滿、固執、不順心，喜歡壓著下巴低頭看人。這反映了她當時的內心空虛，自我形象比較低落，於是容易看到這個世界的許多問題。

小時候的成長，對一個人的性格有很大影響，冠伶說她高中時被記過的經歷，我自己也深有同感。我在小學的時候也是很沒自信，因為是個「乖孩子」所以一直也被老師挑做班長，可是大概五年級的時候曾經跟同學一起作弊，後來被老師發現了，於是就變得更加自卑，覺得無地自容，不敢見人。後來我升中學之後，就一直不斷逼迫自己要努力，決心要「洗心革面」做人，不讓自己停下來。這種心態不斷驅使著自己，往後十多來一直沒有休息過，把每天生活填滿滿的，從來不放假，放假也在學習工作。也就是因為小學發生這一件看似「小事」的事情，所以作為父母師長的，對孩子的教育真是十分重要。

後來冠伶生病了，她整個人就發胖了，這當然跟暴食有關，一直到療癒之後，整個體型就回復健美的身材，容光煥發，判若兩人！一個人的胖瘦，除了跟食量和運動有關外，跟情志也有密切關係，就像上一個案例睿騰的情況，他也是在生病的過程長胖，在病癒之後就瘦下來。當我們不夠安全感、恐懼的時候，人就會想吃多一點，這是相當實際，吃胖一點可以「積穀防饑」，就好像動物一樣，不吃東西很多天也可以慢慢消耗，如果體瘦的話就沒那麼安全。另一方面，體型比較龐大的動物，在自然界之中也會感覺比較有力氣、威嚇感，如果比較瘦小的動物，就相對沒那麼安全了。

這一方面我自己也很有體會，我年輕的時候比較瘦，後來也曾胖起來，最胖的時候就是讀博士、剛出來工作的時候，近年懂得放鬆之後才回復健康體型。回顧過去，就是因為壓力大的時候，人就想吃多一點了，於是也就胖起來，所以可以說，胖瘦雖然是飲食問題，可是跟背後的情志有密切關係。

冠伶的療癒，讓我們可以看到如此嚴重的飲食失調，也可以徹底好過來，是因為她認識到最根本的原因——「了解自己並愛自己」，明白到快樂並非來自身外的物質，也不是來自食物，而是來自真正認識自己的內心。當我們能夠平靜下來，看到自己內心真正喜歡的事情，好好投入進去，生活中的每一件事情，都可以是自己快樂的泉源！那時候就不再需要憂鬱的提醒了。

走出失眠的痛苦

彭琪鈺，37歲，新竹人，曾患輕度憂鬱

我的憂鬱症，發生在我念博士班一年級的時候，因為課業壓力很大，同儕競爭，又剛好與相戀四年多的初戀男友分手，那時候開始無法專注做研究，逃避人群，愈來愈自卑，不與人接觸。一直到三、四年之後，我才覺得自己愈來愈不對勁，開始尋求心理諮商，後來發現沒有用，然後才到身心科，診斷為憂鬱症，醫生開了憂鬱症的藥給我，但劑量不算重。

從身釋放情緒

當時的我，主要的問題是失眠，曾經一個星期幾乎沒有闔眼睡覺！只有瞇著休息半小時左右，非常疲累但無法入睡，去藥局拿助眠藥劑也完全沒用，這個狀況持續了半年。後來皮膚開始出現蕁痲疹，身體很癢，一抓就泛紅浮腫，非常可怕，當時也是去皮膚科吃西藥，但症狀一直反覆發生。

後來經朋友介紹，去了一家整合診所就醫，那邊強調不用藥的治療法，一開始也是半信半疑，但第一次作完身體療程之後，整個釋放情緒，我

32歲，病中

印象很深刻。當天療癒師幫我按壓身體，什麼話都沒有說，我也沒有像之前去心理諮商那樣，訴說我的生命故事和痛苦，只是身體被溫柔的照顧，然後突然在一個瞬間，我爆哭了出來！哭了好久好久然後睡著了，但那一次之後我的失眠就好了很多，好像積壓在裡面的情緒有了出口。

之後開始參加身心靈課程，學習調整能量，之前在身心科拿了憂鬱症西藥之後，我不敢服用，因為上網查了資料，不希望自己變得傻傻暈暈的，由於我的狀況一直慢慢好轉，所以我沒有再考慮服藥了。後來我的病情也沒有再復發，雖然偶爾情緒會陷入谷底，但是不會再持續很久的低落，也不大再失眠，至今已經五年了。

37 歲，復原後

療癒關鍵：看見自然改變

我覺得是整體能量的調整，當意識波頻提高，根本不會往負面的地方鑽牛角尖，從裡面改變才是根本的治療方法。在學習身心靈課程中的體驗，讓我打開自己的邊界，看見我深層潛意識的信念，不斷在影響我處理外在事物的一切思維邏輯，我明白了，先看見才能改變。

我的主要情緒問題是，我很希望得到別人肯定，很需要愛，然後又不認為自己值得被愛，所以我裡面的情緒張力很大，想要又不敢要，追求完美，對自己的標準非常嚴格，同時也以這樣的標準要求我身邊的家人和男友，只要發生的事情不合我的意，我就會失控，情緒崩潰不知道如何處理，顯現在家庭關係上變得冷漠，不想和家人相處，顯現在伴侶關係上，我變得很強勢很控制，非得要對方照我的意思去做。

現在我覺得我不只是康復了，我變成一個比未發病前更美好的自己！勇於挑戰與嘗試，勇於付出愛，碰到邊界的時候，會有不舒服，但也更覺察自己的狀況，最重要的是我常常感受得到愛，從心裡莫名湧出很多喜悅和感動。

我的療癒心法

相信自己，與愛同在。

李大夫心語

琪鈺的憂鬱症看似不算嚴重，可是從失眠的病情來看，半年沒法好好入睡，連續一星期不能睡覺，這真是相當痛苦。

失眠因為不想睡

失眠是憂鬱症常見的特徵之一，在中醫上失眠也稱為「不寐」、「目不冥」，這在《黃帝內經》之中有明確記載其成因，是由於陽氣不入於陰所導致，這就好比自然界的太陽，正常晝夜規律應該是太陽升起又降落，如果太陽不能落山，那就總在白晝而沒有黑夜，這樣當然無法好好休息。

另一方面，琪鈺後來也曾患上蕁麻疹，這種皮膚出現風團搔癢的病症，在中醫上稱為風疹，跟濕疹的病因有相似之處，也是由於身體表面受到風寒，而且體內正氣偏於虛弱所導致，情志方面也是跟壓抑的怒氣有關，這方面的論述可以參考本書第三個案例婷丰一章的介紹。

失眠也許是人人都會遇到的問題，只是程度輕重之別，有些人只是稍微難入睡，也有人整夜不能入睡；可以是入睡尚可但容易醒來；可以是半夜醒來之後不能再入睡；也可以是多夢、噩夢；可以是整夜能入睡，但自覺睡眠不深、淺睡，睡醒好像沒睡過一樣。如此種種也都算是失眠。

失眠的心靈層次成因，說起來也簡單，睡不著的心靈意義就是一句話：「不想睡」。當然這樣說也許可能覺得抗拒：「我是很想睡啊！只是睡不著。」當然這也是我們不理解心底的想法，一個人睡不著，肯定是自己頭腦的念頭太多，不能控制所導致，所謂「日有所思，夜有所夢」，想得多就睡不著，這也是很多人經歷過的，例如明天要去旅行了，今天晚上牽掛就睡不了。當然這樣說也可能會讓人覺得：「我沒有特別想什麼啊？」很多人心中以為「想得多」是指工作忙要做特別用腦的事情，其實思慮可以是一些很普通的碎碎唸：明天旅行要帶什麼？還有什麼沒準備好？有誰要聯絡？去了洗手間沒有？……我們頭腦的念頭，很多時跳出來自己都沒察覺，除非有刻意練習靜坐，不然大部分人也不知道自己想得多。

睡不著是因為自己「不想睡」，就是因為內心有太多事情沒做完，沒心情去睡，睡著也會牽掛，所以就睡不了。如果我們一天沒有面對自己內心的心煩事，好好處理而且平伏自己的心，讓自己能夠每天心安自在地上床，才能夠真的一夜好眠。

怎樣才能安心？

像琪鈺這樣，本身已經念到博士班，才患上憂鬱症的情況其實十分常見，念研究生的壓力相當大。就看琪鈺的照片就能知道，她當初患病期間左眼眼神充滿驚恐，右眼眼神卻帶有一點怒氣，就可以知道當時的內心矛盾了，表面強悍底層卻是恐懼。

可是或者有人會覺得，你已經唸到博士了，不是已經很厲害了嗎，怎麼還有壓力？一個人自己有沒有壓力、有沒有思慮，跟他的學識、頭銜、年齡等都無關，這是個人的修為。我自己也深有同感，我從小也是自卑、沒自信的人，於是一直很努力去證明自己的能力，考取各樣的證書、獎項，可是就算我得到了博士頭銜，做了大學講師，這些也沒有讓我放鬆下來，反而讓我徒添壓力，經常質疑自己，是否真的有這才能？別人怎樣看我？

所以說，一個人的自信，並非因為外在名成利就了，你的自信就會增加了，相反這些外在的名與利，很多時候只是一個外殼，在外面保護著裡面的柔弱心靈，不可被觸碰到。所以當一個人總是拿自己的頭銜、財產、經驗去告訴別人：「我是有能力的」，就可以知道他的內心是有多麼的脆弱。

要解決恐懼、沒自信等的問題，還是要懂得向內尋找，了解自己在害怕什麼？跟自己內心溝通，這就是琪鈺所說的：「先看見才能改變」，如果沒發現身心靈的原因，當然不會改變，也不會願意去做什麼行動。我們很多時候習慣採取鴕鳥政策，閉上眼睛把頭埋進去泥土裡面，什麼都看不見，以為那樣就好安全了，這當然是在逃避吧！只要我們願意張開眼睛，看到是自己的問題，知道問題出自內心，解決方法就是從心去改變，其實很簡單，只要看到了，改變就自然發生。

失眠的解決方法很簡單，兩個字——靜心。失眠就是因為想太多，導致人體中間的氣不通了，於是陽氣就不能入陰了，因此對治方法，只要別想太多，那就可以解決問題。靜心的方法非常多，有些人會做點運動，或者聽音樂，只要專心做某些事情，就會讓自己平靜下來。其中「打坐」是最直接解決失眠的方法！很簡單吧，很多人剛開始打坐，沒多久就睡著了，根本「坐不住」！這對於打坐修煉來說，看似並非好事情，睡著了就沒有練好功夫哦！可是對於失眠的人來說，不就是想要睡著嗎？這裡的關鍵點就是，願意不願意去嘗試打坐，很多人逃避靜心，實際上就是逃避去認識自己的內心，因為打坐的時候很容易看到內心的念頭，願意不願意打坐，就是等於我們願意不願意去看到自己了。

琪鈺的療癒故事，從一次按摩開始，反而不是什麼特別的心靈練習，這讓我們再次認識到，身心靈是合一的，雖然我們十分重視心靈，可是身體也需要被照顧，離開了身體的心靈，那樣人就容易「離地」，空談心靈而不注重身體，這也是身心分離與健康無益。本書的宗旨是提倡身心靈合一的醫學觀念，雖然我們十分重視心靈，可是也別忘記了，我們是人，人有肉體部分，整全的健康思想，需要身、心、靈三者並駕齊驅，開進完滿健康的人生。

第九章

療癒身心的瑜伽九式

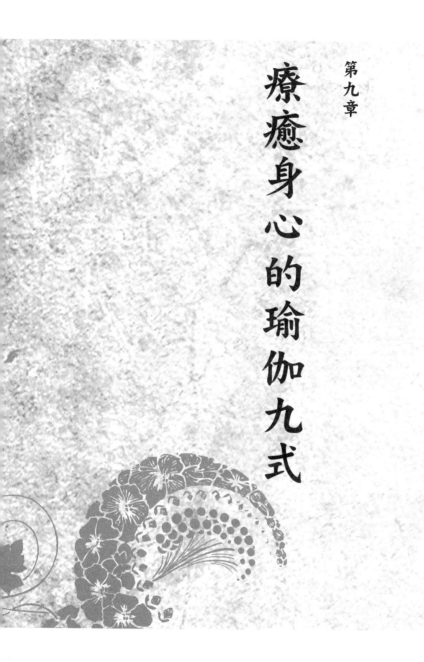

瑜伽九式究竟有什麼樣的奧秘跟魅力，可以讓那麼多人推崇並且全世界有愈來愈多人不斷見證它的功效？我們可以看看原創者聖塔達瑪老師分享瑜伽九式的源起：

「十七年前，我已練過很多功法，我知道要淨化身心、要開通智慧就必須把中脈打通。所謂中脈就是一個在脊椎前的能量通道，從海底輪到頂輪。打通中脈後，我印證到 big data，big data 就是訊息場，訊息場是無所不在的，只要你的頻率愈高，你愈會接收到不同的訊息場。

當時我丟出一個問題給訊息場，我說有沒有一個很簡單的方法能讓廿一世紀所有的人打通中脈，開通智慧，當時我就知道，唯有改變能量場才能改變命運。我丟出這個問題後，很短的時間內，答案從直覺來了。那天晚上，我正好在靜坐，第一到第四個動作就自然浮現了，於是我趕快把它畫出來；睡覺時做夢又夢到其它五個動作，醒來後我一一記下每個動作。當時的我也曾懷疑，這是騙人的吧？怎麼可能這麼簡單？

後來我開始教覺隱、琀瀞等聖達瑪學院的資深師資練習瑜伽九式，為的就是想要改變他們的振動頻率。

實驗一年後，我發現真的有效，這九個動作不是騙人的！我研究過各門各派的功法，不管是道教或是瑜伽，我發現這九個動作好像把所有的功法濃縮了。經過這幾年的印證，真的如此。

打太極拳的老師都知道，太極拳打到一個階段時，要再進入更深的境界是沒那麼簡單的。如果你『裡面』體會不到，是無法到點到位的。曾有一位太極拳老師，他來這裡清理自己的內在之後，回去再練太極拳時，他的師兄弟跟老師都嚇一跳，問他最近是去學了什麼，打出來的拳全部到點，全部提升。

後來經過印證確實如此，科學共振原理的確有其道理，因為它是來自一千赫茲的訊息，就帶有一千赫茲的頻率，所以你能夠很容易得到這樣的頻率。信心為萬法功德之母，也許你剛開始沒有辦法全然相信，可是當你愈打愈來愈相信的時候，就會愈容易共振，因為心打開了，你完全想要這個新的可能性進入你的內在。所以，愈持續的打瑜伽九式，就愈能夠體驗到它帶給你的改變及幫助。」

瑜伽九式，優雅而簡單的九個動作，運用呼吸、冥想、能量的導引，抒解壓力、穩定情緒、提升身體機能，產生身心淨化與舒暢的效果，增進我們生活與工作的品質，這樣迷人的功法真的適合你我每天好好的「愛自己」一次！只要持之以恆練習的人都一定會獲得身心靈的改變。

掃描了解更多的瑜伽九式

完整教學

起式

動作說明

1. 雙腳打開與肩同寬❶。若您有心臟病或高血壓，腳掌可外八；您若氣較虛，腳掌可內八聚氣；若一切正常，腳掌平行朝向正前方即可。
2. 舌頂上顎（即上排牙齒的後方），膝蓋微彎，全身放鬆，雙手掌相對，放在胸前的位置。同時將注意力集中在雙手掌與胸前的位置，手掌心放鬆，手腕盡量與地面平行，全身放鬆舒服的站著，配合腹式呼吸，鼻吸鼻呼。

● 起式就是預備式，掌握五大要訣：鬆、靜、定、覺、自然。

重點提示

如果是初學者，請把注意力放在胸前——心輪的位置（在兩乳之間進去靠近脊椎的地方的膻中穴），可幫助我們的心靜下來，讓我們的身體和宇宙浩瀚的愛力融合對焦。當你感覺到能量從你的頭頂進來、穿透你的身體時，也代表我們準備好了。這時你可透過向您所信仰的神佛祈禱，讓自己更可以和愛力合一。

第一式

動作說明

1. 雙手慢慢地往下移動，直到手掌大約在肚臍的位置，手臂約與地面平行處。❶
2. 吸氣的時候，雙手慢慢的向左右兩側拉開；呼氣的時候，雙手再慢慢地收回來，差不多二十公分左右，感覺好像捏住那顆球。當收回來時，能量很快就流通了，雖然手指沒碰在一起，但感覺能場是流通起來的。❷

● 呼吸以緩慢進行為佳，讓動作配合呼吸的速度，放慢下來，整個人一下子就能靜下心來！

重點提示

第一式就好像煤炭要起火，自律神經的能量會開始調整，愈放鬆、腦波的鬆、靜、定、覺愈放慢，就愈有感覺；配合呼吸，吸氣、吐氣，舌抵上顎，做腹式呼吸。練到一段時間可以加入住氣，再吐氣回來；當住氣的時候會開始流汗，自律神經會開始做調整，愈放鬆、腦波就愈慢。手部動作愈慢，會愈有感覺。當呼吸變得長且深時，手的張開會更大，但是手絕對不要打直，而是自然微彎著，能量才能流動。

第二式

動作說明

1. 雙手臂自然垂放在身體兩側。❶
2. 吸氣的時候，雙手緩緩地朝前方、上方拉起，至大約頭頂的高度時，住氣約三～五秒；接著呼氣時，雙手隨之慢慢放下，回到原處。❷❸❹
3. 重複第二步驟，九次。

● 進行此動作，觀察雙手臂與肩膀是否完全放鬆了；輕鬆、柔軟的進行，可以讓整套動作更加順暢。

重點提示

第二式是感覺身體的能量持續的燃燒加大。手腕順著往上，可以感覺到氣的流動，能量開始往上竄；想像把地心的能量拉上來，也好像是把我們自己的能量往上帶。這時候你會感覺到背脊都是熱的，任督二脈也會通，甚至中脈的能量會自動竄上來。住氣的時候如果覺得有一些地氣，再住氣、往下帶，想像那些不好的氣往下從腳底排出去；你可以想像水往下沖，將體內不需要的能量沖洗出去。

第三式

動作說明

1. 雙手臂與身體約呈三十五～四十五度角。❶
2. 吸氣的時候，雙手慢慢地往上拉起，至額頭中央眉心處時，住氣約三～五秒；接著呼氣

時，雙手隨之慢慢放下，回到原處。❷❸❹

3. 重複第二步驟步驟，九次。

重點提示

第三式是將前三層體的能量集中梳理、轉化的過程。一開始是四十五度斜放身體兩側，像個金字塔一樣。眉心輪是智慧之眼的位置，將手抬到眉心輪時，手掌的氣會對應到眉心輪，可以開發眉心輪的力量。因為經過第一二式的起火、加大火的力量，到第三式能量是更飽滿、更集中。所以當手掌對應在眉心輪時，同時可以激活眼睛，有近視眼的人，度數會因此降低；若愈專注、能量就會愈集中、愈強，會流更多的汗。但是，是很放鬆的。前面三式已經完全將能量啟動了，我們這個身體裡的小宇宙已經準備好要開始跟更高等能量意識共振。

● 前三層體分別是，第一層體，肉體。第二層體，情緒體。第三層體，思想體（意識）。

在生活中，人們常會在前三層體的部分產生煩惱和混亂，瑜伽九式能清理能量場，幫助我們穩定思緒放慢腦波。

第四式

動作說明

1. 雙手以虛空掌合於胸前，先準備著；虛空掌，意味著我們內在的謙虛與接納。此時，我們可保持在這樣的感覺裡，靜思數分鐘，覺得準備好了之後，便可開始進行。❶
2. 吸氣時，手掌持續合掌狀，慢慢往上拉起，經過鼻尖時，開始往前方劃圓；雙手掌經過胸前，手臂大約平舉時，開始慢慢呼氣，手臂持續往下劃圓；完成一次劃圓之後，雙手開始往上移動時，再繼續下一次的呼吸，以此循環。❷❸❹
3. 重複第二步驟，九次。

重點提示

雙手在心輪位置呈虛空掌，象徵空心、空杯，把你過去的概念、思緒所有一切通通放掉，就像是回到空一樣，回到最原始、中性的純淨狀態。如此我們才能真的接收到宇宙純淨的能量，否則能量是無法接收進來的。當雙手往前劃的時候，感覺能量場不斷的往外擴展，任督二脈的能量不斷的貫通起來，體內的陰、陽能量也開始合一。我們所有的創造力量也開啟了，如果流更多的汗，表示能量是更飽滿的。這時候我們的意識已經準備好要跟更高次元的意識合一，不斷擴展出去，所以這時候可以祈禱，祈禱你相信的最高意識，例如聖靈、基督、佛、大慈悲愛力、光，連結到你相信的神，甚至可以在這時候念祈禱文。

第五式

動作說明

1. 雙手以虛空掌合於胸前，預備。❶
2. 吸氣時，雙手合掌往上慢慢舉起，同時我們可以讓頭部慢慢的跟著往後微仰；接著，雙手舉至最高點時；開始向身體兩側打開劃圓，慢慢放下，並且呼氣；雙手放下後，再慢慢的讓雙手掌再度合起。此時已完成一個完整的循環；當雙手掌準備慢慢往上舉起時，便開始吸氣，進行下一個循環。❷❸❹❺❻

3. 重複第二步驟，九次。

重點提示

因為在第四式我們已經擴展出去，身體也更打通，當雙手打開時會更加擴展，並與內在的光連結上，進入到自己內在的光海、不可思議的境界中。那種愛力的銜接會非常大，把所有窒礙都剝開了，並剝開了累生的業力、慣性，完全進入到愛海裡面。這時候內在會非常寧靜、喜悅，甚至會哭了。這時候可以更伸展，把胸腔整個拉開，自然的拉開，感覺到每個細胞都在張開呼吸。感覺心更敞開、更接納自己。吐氣時配合呼吸開始擴展，想像自己在無垠的宇宙裡，在那邊停留數秒，把宇宙裡的能量拉回來，拉到身體後住氣，這時候會感覺到和宇宙的能量完全合一，並且開始共鳴。第一次打九式的人無法體會這麼多，知道可以把愛擴展就好。

第六式

動作說明

1. 雙手以虛空掌合於胸前，預備。❶
2. 先吸飽氣，接著雙手掌在胸前分開；手臂往身體左右兩側平行推動、伸展時，慢慢吐氣雙手臂拉回時，慢慢的吸氣；至胸前合掌後，暫停一下再進行下一回合。❷❸❹
3. 重複第二步驟，九次。

重點提示

練的時候要協助自己擴展到宇宙外，再把它的能量拉回來自己的三層體（肉體、情緒體、思想體），然後住氣。這時候若要縮肛是可以的，但出去的時候肛門就要放鬆，不要一直縮著，閉氣時會流很多的汗，也有助於我們把毒素排出來；有個小技巧，心臟心脈不暢通的人，建議把手臂平舉與身體成九十度角，這時會拉到手臂內側的心脈，擴展出去時會覺得很舒暢，再把那樣的能量帶回來、全身放鬆。四五六式整個跟愛海融合，合為光與愛並且擴展出去，七、八、九式是更不一樣的狀態，這時候腳會痠，但還是要讓自己的腳平衡。

第七式

動作說明

1. 雙手以虛空掌合於胸前，預備。❶
2. 先吸飽氣，左手先舉起至頭頂處，右手伸向後背腰部的等高處；左手掌朝上，右手掌朝下；左右手各自上下方慢慢推開，並配合呼氣。接著，左右手臂伸直如同一直線般旋轉，同時吸氣；至兩手位置交換，以右手掌朝上在頭頂處，左手掌朝下於後背腰部等高處一樣的，上下推開時，慢慢吐氣，完成一整個循環。❷❸❹❺

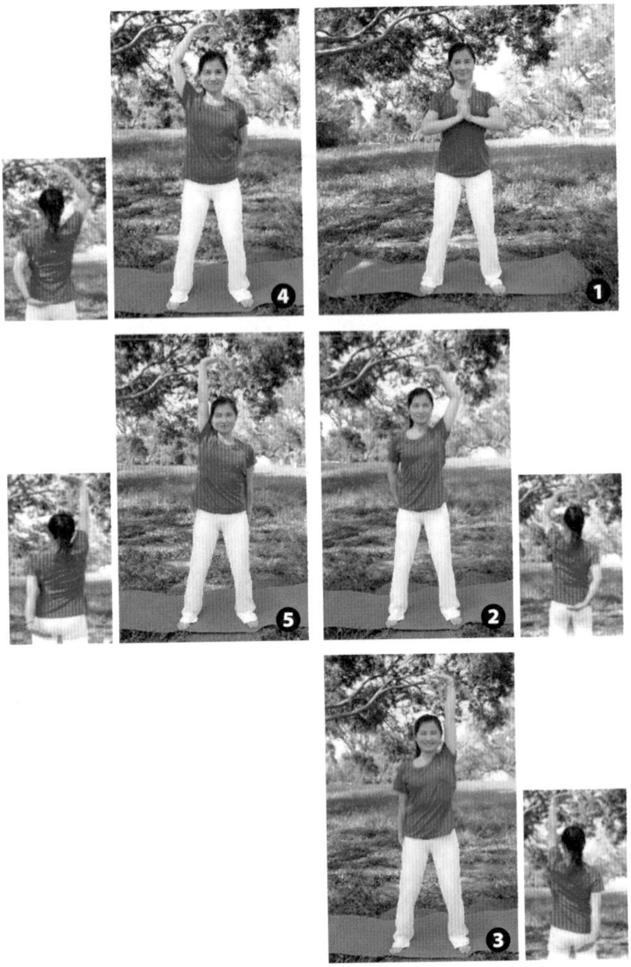

3. 重複第二步驟，左右各九次，也就是九個完整的循環。

重點提示

這裡是陰和陽，推手時是陰和陽的合一，旋轉象徵整個創造能量。我們剛剛已經與整個宇宙的愛海連結，旋轉是將整個很大很大的法界的能量都轉動起來，是創造的次元。左手先推，右手再推，很緩慢，整個大法界的能量已經開始轉動。所以，在這個步驟是與整個七層體合而為一，整個創造的能量會從靈魂一直不斷地流暢出來。兩邊各做一次為一次，左右、陰陽一定要平衡。呼吸也是盡量吸到海底輪，有時我們在推時感覺身體一直變大變大，那是能量充飽，一直不斷擴展到其他層體。如果身體有病氣，或想療癒自己，可以觀想在推轉時想像不好的能量跟著推轉出去。

第八式

動作說明

1. 雙手以虛空掌合於胸前，預備。❶
2. 先吸飽氣，右手緩緩的推向左肩，左手輕鬆的往身後伸去成反掌向上，同時腰部以上開始向左方扭轉（下半身不動），將整個上半身慢慢地帶往左方，並且呼氣；至極致之處，開始慢慢的向右邊回轉，同時開始慢慢的吸氣；身體轉正之後；換以左手緩緩向右肩推去，右手自然的放置於身後成反掌向上，並且開始呼氣，將上半身往右方扭轉，使腰部以上的上半身帶往右方至極致之處，此即完成第一個循環。如此再回轉往左方時，則開始下一個回合。❷❸❹❺

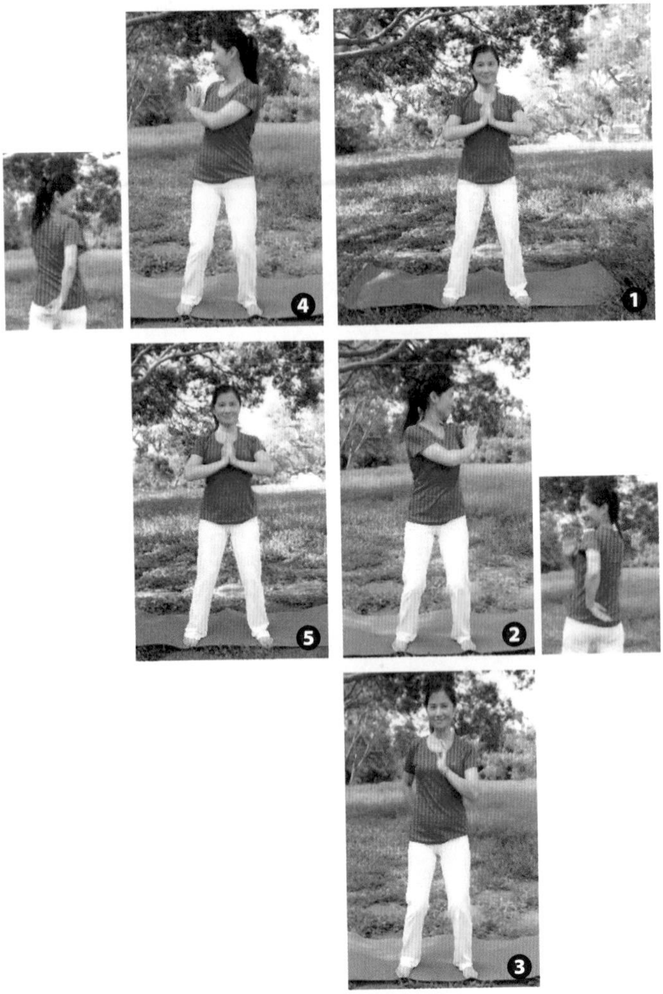

3. 重複第二步驟，左右各九次，也就是九個完整的循環。一樣的，這個動作需要左右各做一次，才是完整的一個循環！

重點提示

透過第八式，再繼續把法界巨大的能量擴大，吸氣往左，右手推左肩，推時肩膀是平的，腰不動，像扭毛巾一樣，腰不要跟著轉，感覺微細脈的振動，也把裡面的東西都清出來，這是對身體的部分。為了可以清得更乾淨更深層，可以刻意再蹲低一點，感覺好像站在宇宙裡，像跳起舞蹈一樣，力量大時甚至可以創造一個宇宙。在推轉時請「量力而為」，因為整個下盤的肌肉群都會帶到，這時候整個能量會很飽滿。

第九式

動作說明

1. 雙手以虛空掌合於胸前，預備。❶
2. 吸氣時，想像身前有一池水，雙手如同舀水一般，由身體前方往身體處舀入，並慢慢的往上拉起，至最高點時，住氣約三至五秒；接著，雙手掌面向自己，同時手指尖彎曲摳住狀，對準身體中央脊椎處，雙手慢慢往下拉動，同時呼氣。❷❸❹❺❻
3. 重複第二步驟，九次。

重點提示

吸氣，吸到腹部；腦腔、胸腔、腹腔在此合一；想像手掌在清理中脈，把中脈的負面能量帶出來。能量排出去時並不會流到別人身上，因為這裡都是愛力，自動會回到愛力裡面，所

以不會有互相干擾的問題。吸氣時，與自己的本覺本質合一。吐氣時，再次清理自己，把中脈裡面所有的業氣障礙全部排出去，完完全全與自己的內在合一。哪裡開始哪裡結束，慢慢的結束，回到臍輪，這時候腳是有一些壓力的，不要馬上起來，先調和好呼吸，再慢慢回到伸直的狀態。

收功

動作說明

1. 男左女右；女性以右手掌握住左手掌❶，男性以左手掌握住右手掌❷，準備。

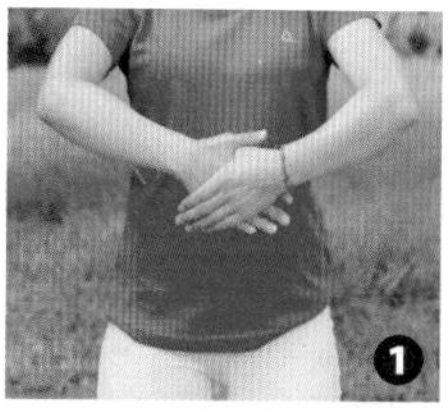

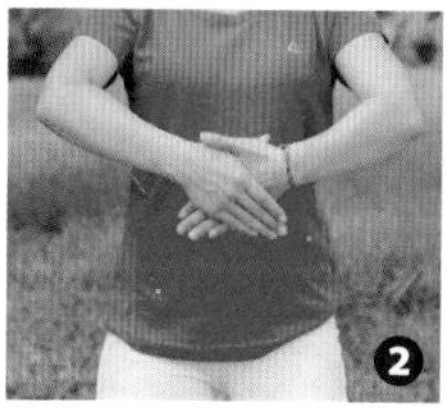

2. 將相互握住的雙手掌，置於腹部上肚臍的位置❶。

3. 想像以肚臍為中心點，十二點的位置在下方，六點的位置在上方，先以逆時針的方向轉九圈，一面轉動，一面輕輕按摩腹部❷；接著以順時針的方向轉九圈，同樣的，一面轉動，一面按摩腹部❸。

4. 最後雙手掌放置在肚臍上，大約十八秒，並且安靜地感受一下，全身細胞受到能量洗滌後，重生的感覺。

重點提示

先逆後順。我們所有的銀河星系都是逆時鐘轉，逆時鐘代表「創造」，也代表把所有的雜氣轉換出去，先把雜氣轉出我們的能量場之外，最後再把好的能量順時鐘轉回來，順時鐘代表「聚集」，把好的能量聚集起來，都是九圈。哪裡開始、哪裡結束，回到原點便可以靜默二至三秒，甚至可以坐下來靜心。

第十章

李大夫私房養生方法

在四時、飲食、情志三大養生之中，情志養生是最重要的。在本書結束之前，介紹五種情志養生方法，也是我在學習身心靈的路上的一些心得，是我認為精華實用的方法，跟大家分享。

以下方法，其實我很多年前已經學習過，但過去只是在頭腦上學習，到後來參加了一些身心靈課程，多了親身體驗感受，才真正明白怎麼一回事。這就好像形容說一個檸檬有多酸，跟自己品嘗過的感受很不一樣。因此鼓勵讀者，多多嘗試，找尋自己最適合的養生方法。

太陽冥想

第一種介紹的方法，是《黃帝內經》記載強身防病的方法，很多人聽過中醫的一句名言「正氣存內，邪不可干」，這句話本身出自《黃帝內經》的一個篇章，裡面討論如何預防感染疫病的方法：

「黃帝曰：余聞五疫之至，皆相染易，無問大小，病狀相似，不施救療，如何可得不相移易者？

歧伯曰：不相染者，正氣存內，邪不可干，避其毒氣，天牝從來，復得其往；氣出於腦，即不邪干。氣出於腦，即室先想心如日。欲將入於疫室，先想青氣自肝而出，左行於東，化作林木。想白氣自肺而出，右行於西，化作戈甲。次想赤氣自心而出，南行於上，化作燄明。次想黑氣自腎而出，北行於下，化作水。次想黃氣自脾而出，存於中央，化作土。五氣護身之畢，以想頭上如北斗之煌煌，然後可入於疫室。」

——《素問遺篇．刺法論》

這段提出一種問題，在疫病流行的時候，很多人會同時染病，如果我們不想要得病之後才治療，怎樣可以預防染病？這個問題十分實用，我們都很想知道，其實就算不是疫病，例如我們家中有人感冒了，怎麼可以預防被傳染？這也是我們想學習的。

後面提到，只要正氣在身體內充足，那就不會受到邪氣的干犯、不會傳染。怎樣可以避免受到毒邪侵犯？首先毒邪可以從人的鼻子吸入，進入人的身體，我們可以透過呼吸和想像，使氣出於腦，邪氣就不容易進入人體。具體「氣出於腦」的方法，是透過一種冥想方式——「想心如日」，即是心中想像有一個太陽，然後後面還記載了一系列的五行冥想，五色分別從不同五臟之中往不同方向流出，最後再想北斗七星在頭上閃耀，經過了這一個過程，就算進去疫病病人的房間之中，也不會染病！

為什麼這個方法可以強身健體，預防疾病？這有兩種層次的理解，最基本的道理，就是當我們這樣做一次冥想，人的頭腦就能夠集中精神，減少思慮雜念，那就是減少思慮導致的氣血不通，因此就有助人正氣流暢。從這個角度來看，其實冥想想什麼也無所謂，最終的目的是讓自己內心平靜下來。更深一步理解，這裡的冥想方式就是中醫理論的應用：陰陽與五行。第一步是透過太陽的冥想，這就是「以陽消陰」的理論，第二步是透過五行的冥想，希望幫助五臟之氣流通。

以上「太陽冥想」也許有點複雜，向入門者推薦以下「簡化版」的方法。我曾經學習過魏鼎老師的辟穀食氣課程，他是《原來，我還可以這樣活》一書的作者，曾經有22個月辟穀不吃東西的經驗，他講授的主要練習之一，就是透過「內在喜悅」的冥想，這種冥想方式跟《黃帝內經》所提到的「心想如日」十分相近，這裡介紹魏鼎老師的方法，分成三個步驟：

第一步：在心中想像有光，就好像太陽一樣，從內而外散發，可以遍及周身。

第二步：跟自己說一句話：「允許我的內在喜悅自如散發。」

第三步：看到光，光代表愛，感受全身充滿光線和喜悅的感覺。

這種冥想方法，十分符合中醫理論！《黃帝內經》認為人的心就是「陽中之陽」，即是有如太陽的作用，透過太陽冥想就可以對應心的功能，陽光好比人身體的陽氣；心中本身藏著愛和喜樂，只要願意將他散發出來，我們就可以隨時得到愛！這裡的關鍵是「允許」，我們平常都壓抑著自己的喜悅，總是覺得人的愛是需要一些條件才可以擁有的，如果沒條件就不應該有愛，這就是所謂的小愛、有條件的愛。透過這種冥想方法，就是允許自己有愛、喜悅，並不需要任何條件！只要我們願意，我們隨時都可以擁有。這樣跟自己說一句話，也就好像是給自己說一句「咒語」一樣，讓我們身體聽命於自己的心神，從而心神合一。

多多練習這種方法，可以只做幾分鐘，或者只要有空的時候都這樣想，那就是學習大愛、無條件的愛的上佳方法，是各種養生方法之首，故此《黃帝內經》之中，亦教導人用這種冥想方式去提升正氣、預防疾病。

內觀外觀

情志養生十分重視內心平靜，如何幫助自己減少思慮？平復情緒？情志不生？方法非常多，這裡介紹其中的核心理念：內觀法與外觀法。是一種大法則，讀者可以按自己能力創造屬於自己的方式。

所謂「觀」就是指觀察，透過集中在觀察上，我們的內心就容易平靜。其中比較入門的方法，可以透過專注觀察走路，這可稱為：正念步行、覺知步行、行禪等技巧，方法是：

1. 找一個公園或自然環境走路。緩慢的走路，走路並非為了運動，而是為了放鬆身心。
2. 走路過程專注在眼睛和耳朵等感官上。那就是看看風景，聽聽自然的聲音，我們會發覺，如果專心的在看在聽，內心會比較平靜不能想東西，相反如果自己在想東西的時候，看風景就沒有那麼仔細、聽聲音專心不了。這就是難以一心二用，我們的感官觀察能力，跟內心的思想是相反相對的，想要減少思慮，方法很簡單，就是集中去觀察。
3. 走路過程內心保持平靜，如果有念頭生起，提醒自己回來繼續觀察。記得有念頭跳出來的時候，不要批評自己，覺得：「哎呀！怎麼我又靜不了！」這樣想反而增加了思慮，不妨直接放下批判，能夠注意到自己有念頭產生已經很好，生活中很多時候根本不知道自己在想東西。

4. 每次最少半小時。頭腦需要平靜下來，往往需要一段時間，就好像是一個波濤洶湧的大海，要平靜下來，首先要風雨減少，也不要有船經過，經過一段時間海面才能恢復平靜。我們內心也是如此，需要一些時間才能平伏的。

以上屬於「外觀法」的一種，就是向外去觀察身邊各種感官，不單是眼睛和耳朵，可用自己的「五感」：眼耳鼻舌身，除了眼睛和耳朵，可以用鼻子聞氣味，也能夠舌頭感受味道，也可以用身體感受感覺，例如走路的時候感受足底下的感覺，風吹皮膚的感覺等等。

上述練習如果習慣了，就可以將這種觀察方法，保持在整天生活之中！例如：街上走路、坐車、運動、跑步、洗澡、吃飯、洗碗、打掃、日常工作等等。例如在洗澡和洗碗的時候，聆聽水聲，感受水流過皮膚的溫度；吃飯的時候專心的吃，感受食物的味道，觀察食物的顏色。

這就是訓練自己「活在當下」，頭腦不想像過去和未來的事情，專注在現在這一刻的感受上，頭腦不亂想事情，可以幫助我們習慣一無掛慮。這就是過去常說的禪修、默想，也是現代流行的 Mindfulness 正念靜觀的基本方法。

除了外觀法之外，還有更重要的「內觀法」，所謂內觀同樣是去觀察，但是現在就不是觀察身外的感受了，而是觀察身內部的感受。由於身體內部的感受比較細微，因此就需要更安靜專注的方式了，所以通常是需要配合靜坐的姿態，找一個地方安靜下來。通常最入門的內觀方式，是觀察自己的「呼吸」，方法如下：

1. 找安靜的地方，坐下來。可以坐在椅子上，坐姿與盤腿不是重點，能稍微挺直腰背較好。

2. 先專注在呼吸上，集中觀察鼻孔的感受。例如感受氣能否流通，有沒有鼻塞，有沒有冷熱或者麻痺的感覺？呼吸之間稍作停頓，若能做腹式呼吸更佳。腹式呼吸，即是吸氣時腹部能夠脹起來的呼吸方法。

3. 讓自己周身放鬆，從頭到腳，每一部分逐一感受皮膚肌肉感覺，提醒自己放鬆。

4. 專注呼吸，頭腦如果有雜念跳出來，就回來提醒自己，專注在呼吸上。

5. 可以選擇數算自己的呼吸次數，每一次呼吸，到吸氣停頓的時候數1、2、3……如此類推不斷數下去，看自己什麼時候神游了忘記了數字，就從1開始再數。

6. 入門者建議早晚靜坐各5～10分鐘，若能做半小時、一小時更佳，但不宜一步登天，刻苦自己一次過做太久，沒有享受到過程，會容易導致一曝十寒。

以上的靜坐法，屬於比較入門的「內觀」方法，就是向內去觀察自己身體的感受，可以觀察自己鼻子的感覺，也可以觀察身體的感覺。透過專注觀察身體的感覺，也是一種減少雜念的方式，那就是「以一念代萬念」。

「內觀」的方式也包括觀察自己的頭腦，其實頭腦並不需要完全不想東西，要做到念頭完全不生起來，這相當不容易，可是如果能夠觀察得到自己的念頭生起，知道自己想什麼，甚至觀察這個念頭是怎麼來的？牽動了什麼記憶？什麼情緒所引起的？這樣也是一種內觀方式，可以幫助我們認識自己，減輕思慮的好方法。

外觀和內觀兩種方式，哪種更好？其實兩種都十分重要，內觀的方式雖然深入，可以帶給我們深層的平靜，可是如果日間生活工作的時候卻頭腦紛亂，那代表練習沒有做好。外觀的方法，提醒我們每天生活也可以是養生的機會，並非打坐才能夠平靜；內觀則是我們每天平靜的重要基礎，就好像睡覺，休息充足人就可以更好的生活工作，內觀做好也能夠幫助外觀做得更好。

想像死亡

接下來介紹三種生活上的態度，幫助我們更好的轉變情志。

第一個是想像死亡。這種想像，並非一定要觀賞自己現在就死了、想像自己要發生什麼意外或者疾病，而是經常跟自己對話，生命無常，我們可能隨時會死掉，我這一刻應該做什麼？

曾經有一位朋友告訴我，他就是用這種方式來解決了自己失眠多年的問題：每天晚上睡覺之前，想像自己睡著就是死亡了，那我現在還有什麼還未放下？朋友分享，一開始會很不捨得睡覺，要跟家人交代很多「身後事」，後來就發覺想來也是多餘的，根本沒有什麼值得懼怕！於是就逐步睡得好了。

這樣想不是讓我們「杞人憂天」，而是一種「從治法」的觀點，學習面對自己的恐懼。很多人都有恐懼，而人最終的恐懼就是疾病死亡，如果都能學會坦然面對，不去逃避，那就可以超越自己的恐懼了。

想像死亡的方法，就是有時候提醒自己，如果我沒多久要死了，我現在還會做這件事嗎？我還有什麼事沒去做？我還有什麼人沒有去修和？我還有什麼執著的事沒有放下？學習告訴自己，執著也是沒用的，如果死亡突然來臨，總得要放手，為什麼不早點現在就學會放手？如果我們還是不能放下，就代表這件事情我們還是渴求要完成的，那就應該更加努力去完成它吧！

死亡的冥想有很多方式，除了透過想像和思考之外，也有不少具體方法，例如不妨多參加喪禮，每一次都是很好的機會，讓我們去反思己身。也不妨多到墳場墓碑面前，感受這種氣氛，看看自己有沒有恐懼？甚至想像自己進入棺材、入土為安，或者火化的感覺？可以給自己寫遺囑，寫下自己離世之後有什麼需要說的，要怎樣處理自己的遺體和財物，也不妨找機會親口告訴親人自己的心底話；亦可趁自己某一次生日的機會，給自己舉辦「生前告別會」，就是當作自己已經死了，看看身邊的親友怎樣看待自己，更好的過餘下的人生。

當我們不害怕死亡，就會更有勇氣和力量去面對每一天的生活。因此有一句話說：「死亡是生命最寶貴的禮物，告訴我們什麼執著都可以放下。」

傻極限

這裡所謂的「傻極限」，是我創製的一種技巧，可以幫助我們學會放下執著。

傻極限的概念來源於「零極限」，很多人看過《零極限：創造健康、平靜與財富的夏威夷療法》這本書，其中提到一個很簡單的方法，跟自己說四句話，能夠療癒自己許多疾病以及人生問題。我自己也經常教導患者使用這方法，幫助自己解決一些明顯跟情志有關的病證。

這裡也不妨先介紹「零極限」的方法怎麼用來治病？「零極限」並非只是說四句話這麼簡單，最少要有三個步驟：

1. 當身體不適出現時，跟自己說「我知道」。例如濕疹的患者覺得皮膚搔癢，會不自覺地抓癢，這時候要告訴自己，我知道我在癢了。這一步就是「發現問題」，如果沒有發現，根本去不了第二步。

2. 然後問自己，我有什麼情緒？例如生氣？憤怒？驚慌？恐懼？由於每一種病證不適，背後都有一些情志原因，在症狀出現的時候，代表這些情緒正在浮現，這時候好好連接上情志與病證的聯繫，重新感受自己的情緒，例如濕疹，就跟壓抑的怒氣有關係。

3. 跟自己做「零極限」，反覆說：「對不起、請原諒我、謝謝你、我愛你」。所謂零極限就是指這四句話，透過這四句話讓我們的心靈回歸到「零」、「沒有極限」的狀態，從本書的角度而言，那就是回到一、回到心神、形與神俱的境界。這四句話是要跟自己說的，無論我們的情緒是否別人不好所導致的，我們也需要說「對不起」，這個對不起不是跟別人說的，是跟自己說，有一句話說：「生氣就是用別人的錯來懲罰自己」，當我們壓抑自己的情緒，那就是對身體不好，我們需要承認自己的錯誤，願意改過，也要原諒自己，更愛自己，謝謝自己做出更好的選擇。

零極限的方法會成功並非只是去念這四句話，如果沒有做前面兩個步驟，只是不斷去念這句話，那樣的效果會比較有限。最重要的是重新連結情志與疾病的關係，讓我們針對這個情志的原因去做出轉化，而不是只是看到疾病的表徵，這才能根本治好人的問題。

解釋完零極限，這裡再分享「傻極限」的方法！所謂傻極限，就是透過四句話來轉化自己：

「不要緊，無所謂，隨便啦，放鬆點！」

使用方法也跟上述三步一樣，以針對自己的病證或情志使用。曾經有一位同學聽到我分享這個方法，他說跟自己說了這句話沒多久，本身他正在面對考試的緊張，說幾次之後很快就放鬆了，身體的不適也逐漸緩解！

這四句話，跟零極限的觀點有異曲同工之妙，其實都是同一件事，就是學習放下執著。很多時候當我們面對問題，被問題卡住的時候，內心就會產生各種情志，其實問題通常來源於問題自身，只要我們不去想這個問題，這個問題就立刻不存在了！

這聽上去好像是「阿Q精神」，的確逃避有時候也是一種急救方式，但很多問題的確是來自於執著，就好像一個有名的故事：一個小孩子把手伸進去裝滿糖果的瓶子裡面，拿了一把糖果的時候，拳頭變大了，手掌就被瓶頸卡住了，小孩子哇哇大哭，喊著說好痛！當然大家都明白了，只要他學會「放手」，不要抓住糖果，那就自然可以把手退出來。

學會看到自己的執著，不妨在面對任何問題的時候，都說這個「傻極限」，可以跟自己說這四句話，不用執著於這個順序，也可以分開單獨用這四句的其中一兩句，甚至不用執著這四句話自身，可以千變萬化說相近的詞語：沒所謂、輕鬆點、隨心啦、隨意隨緣隨性隨喜……這四句本身的目的就是放下執著，當然也不用執著於這四句話怎麼用！總之就是將這四句變成口頭禪，讓我們生活上經常這樣說。

當然很多人這樣說的時候，心中其實還未放下的，那也不妨繼續多說，有句話：「一句謊言說上一千遍後就變成了事實」，這可以理解為一種心理暗示，當我們說得多之後，一開始可能是表面說說，後來卻能夠成為自己深刻的記憶，變成自己根本思想的一部分。所謂「大智若愚」，能夠傻傻的、什麼事情都嘻哈帶過，放下執著，這樣的人生才是大智慧啊！

「快樂是一種選擇」，其實一切情志也是一種選擇，我們習慣選擇放開執著，選擇輕鬆自在，這是可以透過訓練達成的。

內自醒

在本書的最後，我們還想告訴大家，一個提升身心靈的高級方法，這方法稱為「內自醒」，就是向內自己省察自己之意，能夠達到內心的覺醒提升，這種方法至今我仍每天在做。

這方法的理念，來自我們的孔老夫子，在他的《論語》中說：

「見賢思齊焉，見不賢而內自省也。」

——《論語．里仁》

很多人小時候就學習過這段名言，這裡說當我們見到賢能的人，我們應該思考如何跟他平齊，也就是學習如何做到像他一樣；相反的，見到不好的人，我們應該要向內去反省自己。

這句話說來很容易理解，但是在生活上，大部分的人都沒有做到，我們的社會習慣了「批判思考」，也習慣了批評別人！例如我們在電視上見到什麼新聞人物做壞事了，我們首先總是覺得是對方不好，很少會去反思是否自己也有這樣的問題。

這種思考方式，在中醫養生的觀念上來看，就是「智者察同，愚者察異」。這在本書前部討論「什麼是情志」一節中有介紹到，懂得養生有智慧的人，會觀察所有事物的相同之處，而愚笨的人則聚焦在彼此的差異。例如我們看到有人犯法，我們就說他不好，認為我不會像他這樣做，這樣想是愚笨的，相反的如果我們去想想看，我有什麼跟他一樣？那樣就能夠有所進步提升。

有句話說：「當你用一隻手指指出去時，就有三隻手指指向自己。」所有向外的憤怒，批評別人，其實也是在批評自己！就好像我們批評別人：「完美主義」、「不夠聰明」、「封建守舊」……當我們說這些話批評別人的時候，其實也是在批評自己有這方面的問題。

可是，或許很多人會覺得：「不是啊！我沒有這問題，是對方才有呢！」比如別人犯法偷竊東西，我批評他，當然是他有問題我沒有啊？可是雖然我們沒有這個行為，我們是否曾經有這樣的想法，只是我們不敢去做而已？如果有，我們也只是五十步笑一百步而已。其實每一個人都有陰陽兩方面：一個是我們希望看到的自己，另一個是我們不想看到的自己，這在榮格心理學上稱之為「陰影」，陰影就是我們未能完全接納的自己。那個負面的我，自己不願意看到的，就是我們所不接受的自己，這才是導致我們不接受別人的根本原因。

俗話說：「原諒自己就是原諒別人」，真正的錯都不是別人，而是我們不願意接受自己。所以，在每一次憤怒、批評別人的時候，也正好是我們學習接納自己的好機會！

「內自醒」的具體方法，就是在每天生活之中，每逢遇到什麼我們抗拒的人事物的時候，心裡在批評抗拒對方，這時候我們要想想：我們抗拒對方什麼？例如說：他對人要求太高，他十分貪心，他經常遲到，他做事情太慢，他太情緒化，他很自私，他好懶惰，他做事無能……當我們察覺到心裡對別人有負面想法的時候，其實也正是代表，我們跟自己的內心有抗拒不和，這時候，我們就要將對別人的抗拒，轉換成「我」開頭的一句話，說：我對別人要求太高，我十分貪心，我經常遲到，我做事情太慢，我太情緒化，我很自私，我很難過，我做事無能……我就是他。不斷反覆跟自己說同一句話，看看自己的感覺如何。

在這樣說的過程之中，一開始往往很容易出現抗拒，心想：「我怎會是這樣的人啊？我不是**！**」有這樣的抗拒，正好反映我們不喜歡這個部分的自己，所以我們就不斷壓抑自己，不願意看到自己的問題，如果我們真的沒有這個問題，內心是不會有抗拒感的。因此要繼續跟自己說，直到看到了心底的確有這個部分，感受自己的感覺，釋放被壓抑的情感，那時候就能夠身同感受理解他人的痛苦。如果我們能夠原諒自己，那就也能夠原諒別人，這時候可以跟自己做「零極限」或者「傻極限」，跟自己說這四句話，讓自己回到平靜。

這種方法孔夫子叫作「內自省」，我將之改為「內自醒」，因為「反省」好像是帶有批評的想法，實際上這種方式不是要去批評自己，不是要人沉醉在負面感受上，反而更重視接納、原諒自己，這是為了**自己的覺醒！**各種情志問題的背後，都有一些美好的原因，是我們希望體驗別人痛苦，是幫助這個世界的動力。

這種技巧，在中醫上也屬於「從治法」的一種，就是勇敢面對自己的問題！我們很多時候壓抑自己的情志，習慣了連自己也不知道有什麼問題。怎樣可以發現自己的情志問題？

每天人生中所遇到的抗拒衝突，也是一次給自己提升的好機會。這也是邁向身心靈合一的捷徑，如果我們能夠完全接納自己的黑暗，那麼我們的內心就恢復心神合一，獲得終極健康！

向癒

作　　者——李宇銘
責任編輯——楊淑媚
封面設計——張巖
內文設計——葉若蒂
校　　對——李宇銘、楊淑媚
行銷企劃——許文薰

總 編 輯——梁芳春
董 事 長——趙政岷
出 版 者——時報文化出版企業股份有限公司
108019台北市和平西路三段二四〇號七樓
發行專線——（〇二）二三〇六—六八四二
讀者服務專線——〇八〇〇—二三一—七〇五
（〇二）二三〇四—七一〇三
讀者服務傳真——（〇二）二三〇四—六八五八
郵撥——一九三四四七二四時報文化出版公司
信箱——一〇八九九臺北華江橋郵局第九九信箱
時報悅讀網——www.readingtimes.com.tw
電子郵件信箱——yoho@readingtimes.com.tw
法律顧問——理律法律事務所　陳長文律師、李念祖律師
印　　刷——勁達印刷有限公司
初版一刷——二〇一八年五月十八日
初版七刷——二〇二三年十一月十五日
定　　價——新臺幣四二〇元

向癒 / 李宇銘作. -- 初版. -- 臺北市 : 時報文化, 2018.05
ISBN 978-957-13-7409-3(平裝)
1.心理衛生 2.心靈療法 3.養生
172.9　　107006528